产教融合视域下学前教育专业人才培养模式研究

张慧丽 ◎ 著

电子科技大学出版社
University of Electronic Science and Technology of China Press
·成都·

图书在版编目（CIP）数据

产教融合视域下学前教育专业人才培养模式研究 /
张慧丽著 . —成都：成都电子科大出版社，2024.2
　ISBN 978-7-5770-0924-7

　Ⅰ.①产… Ⅱ.①张… Ⅲ.①学前教育 - 人才培养 -
培养模式 - 研究　Ⅳ.① G61

中国国家版本馆 CIP 数据核字（2024）第 041482 号

产教融合视域下学前教育专业人才培养模式研究
CHANJIAO RONGHE SHIYUXIA XUEQIAN JIAOYU ZHUANYE RENCAI PEIYANG MOSHI YANJIU
张慧丽　著

策划编辑　罗国良
责任编辑　罗国良

出版发行　电子科技大学出版社
　　　　　成都市一环路东一段 159 号电子信息产业大厦九楼　邮编 610051
主　　页　www.uestcp.com.cn
服务电话　028-83203399
邮购电话　028-83201495

印　　刷　三河市九洲财鑫印刷有限公司
成品尺寸　240mm×170mm
印　　张　14.25
字　　数　233 千字
版　　次　2024 年 2 月第 1 版
印　　次　2024 年 4 月第 1 次印刷
书　　号　ISBN 978-7-5770-0924-7
定　　价　76.00 元

版权所有，翻印必究

前言

产教融合最初的意思是指，高职院校以自己所设立的专业为依据，主动构建出专业的产业，通过产业和教学的密切联系、相互扶持、相互促进，使学校成为一个集人才培养、科学研究和科技服务于一体的产业化经营实体，由此形成了一种校企一体化的办学模式。后来，产教融合模式的应用不再局限于职业院校，而是逐渐向本科高校普及。总而言之，产教融合是一种适应市场经济发展需要的新的人才培养方式，在国家的政策扶持与激励下，"产""教"两个领域的资源与信息相结合，使各自的优势得到最大程度的发挥，从而为社会主义现代化事业提供高素质、高素质的人才。产教融合的核心是推动政府、学校、企业三方主体的协调发展，立足于经济产业的升级优化，以技术转移和共同开发为主要载体，构建"产教融合、校企合作"的长效机制，使现代人才更好地适应社会的需要。

但到了今天，由于教育的价值愈来愈明显，全球各国不但争着向上延伸，以求最大限度地发展高等教育，也争着向下延伸，以求最大限度地重视学前教育。教师是教育教学中的第一资源，在教育教学中发挥着至关重要的作用。不遗余力地加强教师的培养，提高教师队伍的综合素质，是实现教育强国的必然选择。学前教育是一个人正式开始学习的出发点，也是整个教育事业的基石，它是国家教育制度的一部分，也是一种重要的社会福利，还是提高一个国家综合国力的基础性事业。

《产教融合视域下学前教育专业人才培养模式研究》一书从产教融合概述入手进行阐述，全书共六章，涵盖了产教融合概述、产教融合背景下人才培养概论、学前教育专业人才培养概论、学前教育专业人才培养模式现状及反思、产教融合背景下学前教育专业人才的职前培养体系和职后培训体系。本书以产教融合背景下学前教育专业人才培养为重点研究内容，以产教融合为宏观主题，深入探究了学前教育专业人才培养的前沿理论。

本书内容框架完善，每一个章节都做了详细的阐述与分析。通过产教融合改革人才培养模式，为学前教育专业人才培养模式研究与实践建构了可资借鉴的理论框架，为学前教育专业人才培养研究提供了有效经验并指明方向。

目 录

第一章　产教融合概述 1
　　第一节　相关概念的界定 2
　　第二节　产教融合的相关理论 12
　　第三节　产教融合的功能作用 28
　　第四节　国外产教融合的发展历史及现状 33
　　第五节　国内产教融合发展现状及存在的问题 49

第二章　产教融合背景下人才培养概论 73
　　第一节　高职产教融合的动因 74
　　第二节　产教融合人才培养的基本概念 83
　　第三节　产教融合人才培养的理论基础 94

第三章　学前教育专业人才培养概论 99
　　第一节　学前教育及其相关概念 100
　　第二节　人才培养模式解读 111
　　第三节　学前教育专业人才培养模式的理论基础 122

第四章　学前教育专业人才培养模式现状及反思 133
　　第一节　学前教育专业人才培养模式的现状 134
　　第二节　学前教育专业人才培养模式改革思考 136
　　第三节　学前教育专业人才培养模式展望 150

第五章　产教融合背景下学前教育专业人才的职前培养体系 161
　　第一节　学前教育专业人才职前培养的途径 162
　　第二节　学前教育专业人才职前培养层次的提升 172
　　第三节　学前教育专业人才职前培养模式的发展趋势 180

第六章 产教融合背景下学前教育专业人才的职后培训体系⋯⋯189
第一节 学前教育专业人才职后培训的理念更新⋯⋯190
第二节 学前教育专业人才职后培训的管理与评估体系⋯⋯200
第三节 学前教育专业人才职后培训模式的发展⋯⋯215

参考文献⋯⋯220

第一章

产教融合概述

- 第一节　相关概念的界定
- 第二节　产教融合的相关理论
- 第三节　产教融合的功能作用
- 第四节　国外产教融合的发展历史及现状
- 第五节　国内产教融合发展现状及存在的问题

第一节　相关概念的界定

一、产教融合的含义及其特性

（一）产教融合的含义

产教融合作为一个新出现的相关构想目前尚无统一的定义。通过调研发现，在我国最先提出产教融合的是江苏省无锡市技工学校，该学校是高职教育的典型代表。产教融合最早由高职院校提出，并且在高职院校根据其人才培养特点提出，现在已经扩展到各个层次的教育之中。江苏省无锡市技工学校之所以提出产教融合与其自身的发展密不可分，其在办学过程中结合高职人才培养的特殊性和时效性，对已有的教学方案和人才培养进行了专门的改革。该学校通过不断的改革与探索提出了一个重要的论断："千方百计寻求与生产实习紧密结合的产品，以提高学生产教融合的水平意识、产品意识、时间观念及动手能力。"在调研中了解到，上面所提到的产品就是学生实习，虽然从范围和层次上来说这个相关构想所涉及的面比较狭窄，但这毕竟是中国职业教育第一次提出了产教融合这一全新的相关构想。产教融合非常符合时代发展要求和人才培养要求，已经逐渐成为各个层次人才培养中的重要环节。

在江苏省无锡市技工学校提出产教融合这一相关构想之后，《中国职业技术教育》《中国劳动保障报》和相关教育报刊先后在不同版面中引用了产教融合这一说法，当时只是觉得这一说法比较具有前瞻性，但未能明确其定义。从此开始，产教融合逐渐引起了教育界的关注，人们纷纷探究到底该如何给产教融合进行一个完整的诠释。教育部曾在2011年的《关于加快发展面向农村的职业教育的意见》中提出一个要求，就是要促进产教深度合作。这时产教融合才开始逐渐被国家教育部门所重视，在随后的教育改革和发展中，产教融合逐渐成为人们所关注的重点。

产教融合的相关构想是一个从无到有、从模糊到具体的过程，这符合事物发展的一般规律，更加符合教育发展的规律。我国的一些学者对产教融合进行了专门的整理和研究，但是由于缺乏一手材料，所以研究所取得的成果非常有限，仅仅是以时间顺序对产教融合的发展进行了简单的梳理。笔者为了深度研究我国产教融合发展的实践专门进行了大量的调研，调查了成果丰富的高职学校，也对理论进行了专门的研究，从而在前人的基础上取得了一些成果。在我国教育体系中，产教融合的两个主体是学校与产业行业，通过产、学、研一体化的深度合作，可以提高人才培养中产教融合的水平，从而实现双赢。传统的人才培养中，学校非常重视校企之间的合作与协同培养，但是校企合作的层次有限，无法实现深度的人才培养和发展。产教融合与校企合作的最大区别主要还是双方合作的程度，产教融合的方式有很多种，但是其中最重要的一点，就是要让双方形成一种稳定、高效、深入的合作关系，通过提升人才培养中产教融合的水平，促进企业发展和办学实力的提升。在调研中发现，有的产教融合助推校企双方建立新的实体创新人才培养模式，有的产教融合侧重研发和学术升级。从调研的结果来看，不论哪种形式的产教融合最终都会提升学生的个人素养和就业能力，企业也因此获得了更多宝贵的人才，缩短了人才与企业之间的磨合期。最终所能产生的连锁效应会不断助推区域经济向前发展，从而实现共赢。产教融合让越来越多的用人单位和高职院校看到了机会和希望，它们也非常愿意参与其中，所以产教融合的发展也逐渐进入了快车道。

通过对历史资料、文献和调查结果进行分析可以发现，当前的产教融合更倾向于职业院校。但是，本研究对这一相关构想进行了扩展，把高校也纳入其中。这是因为国家层面越来越重视产教融合的发展，已经出台了相关的政策进行支持和帮助。回到产教融合的相关构想上来，传统的产教融合指的是职业院校把所开设的专业进行社会主义市场经济产业化发展，把产业发展的经验和技术引入教学之中，通过产业与教学之间的融会贯通强化学校和企业之间的合作关系，从而优化传统的办学模式。目前，越来越多的高校也在探索产业引入专业，所以上述相关构想中的职业院校可以扩展为高校。但是，职业院校和高校的产教融合又存在着比较大的差异，就是职业院校的产教融合进行得更加彻底和全面，更容易获得企业的认同。高校在发展产教融合方面存在一定的弱势，这主要是不同层次的教育目标所导致的。

虽然职业院校在产教融合方面取得了比较好的成绩，但是不同地区、不同类型的职业院校也存在着比较大的差异。笔者在调研中发现，经济发达地区的产教融合发展得非常深入和全面，对助推地方经济的发展也有着重要的助推价值。人们也探索出了丰富的产教融合经验，这些经验具有比较强的地方性和产业性，要想大面积地复制和推广存在一定的困难。但是，笔者在对调研对象的经验进行抽象和提炼之后又总结出了本研究中的观点。

产教融合对于学生、学校、产业和社会来说是一个多方共赢的机制，尤其是对于学生来说，既能够提升专业能力，又能够为以后立足社会提供保障。传统的职业院校虽然给学生提供了实习的条件和场所，但是由于各种条件的限制导致实习缺乏针对性和激励性。产教融合中有大量的实习、实践机会，而且这种实践是经过专门设计的、有针对性的与学生在校期间所学知识融会贯通的实践。传统的职业院校学生实践的一个很大弊端就是缺乏针对性，这导致了学生所学与所用之间无法实现无缝对接，而产教融合能够弥补传统实践存在的缺点。

产教融合的学生实践就是把课堂所学到的知识应用到实践之中，在课程设计上就存在着对应性，这是一个非常好的现象。产教融合会涉及每一门课程，从专业培养目标入手，学校与企业在充分合作的基础上共同制定培养标准以及课程标准。所涉及的骨干课程均是理论与实践高度结合，这就可以让学生带着问题学知识，并且在实践中解决问题，形成了一个遇到问题、解决问题的良性循环。产教融合培养出来的学生具有较强的实际操作能力和解决问题能力，能较好地对问题进行分析，并能根据实际情况作出正确的决策。与此同时，人才培养模式的改变，对学生的三观也会产生很大的影响。另外，产教融合还能激发学生的创新欲望和积极性，使学生在实践中进行不断的探索和创新，培养创新意识、创新能力和创新人才是高职院校教育的培养目标。产教融合除了允许企业参加外，还可以在具备条件的高职院校，也可以自己开办企业，把学生作为主体来发展。在这个过程中，学生能够获得一定的工资，这在客观上也为学生工读结合和勤工俭学创造了有利的条件，还能够解决贫困学生的学费和生活费问题，为学生顺利毕业提供支持和保障。

产教融合在更大层面上能够为助推地方经济发展提供专门的服务，因为我国的职业院校多为地方性的，其最主要的作用就是服务于地方经济发展。我国当前的职业教育是以就业为导向的教育，在社会主义市场经济制度之下主要以培养技能型人才为主要目标，技能型人才的特点非常明显，为生产、建设、管理、服务等各领域提供高素质的技术骨干。这一类型的人才在职业、技术和应用性等方面有着明显的岗位特征——简单地说就是工作在第一线，懂技术、会操作、能管理的技术人员。

产教融合的培养思路也正是在上述背景之下产生的，为了满足需求而改进相应的教育策略，这是我国教育不断改革、发展和完善的重要体现，也应当受到更加广泛的关注。产教融合的重要参与对象是企业，在融合的过程中要格外注重对企业需求的满足。只有充分调动企业的积极性和资源，才能实现产教融合效果的最大化。通过调查发现，目前开展产教融合的企业大部分都是生产制造型企业，这就给学校带来了新的需求，同时，学校要根据企业需要的产品和技术来开发，以发挥学校培养人才、产品研发和技术服务的三大职能。要将企业的需求和学校的教学紧密地联系在一起，紧跟科技发展的趋势，就必须以企业的技术骨干为基础吸收经验，邀请专家、学者共同讨论人才的培养目标，制定教学计划。产教融合的根本在于"产"字，也就是要建立在真正的产品制造之上，只有在这种环境下，才能让学生学会真正的技能，让教师传授真本领。这种"产"不能简单地局限于"工业"，而要和"教学"密切结合，以"教"为目标，在产教融合比较成熟的情况下，逐渐走向"产""学"和"研"相结合。学校真正形成了"产""学""研"的能力，学校与市场的需求相匹配，所形成的发展能力就会落到实处，为做强做优奠定基础。

目前已有的产教融合主要是根据学校和企业双方的情况进行深度融合，正如前面所提到的全社会还没有形成一套完整的、可以通用的经验体系，应对已经完成的调研总结出当前教育界比较常用的一些做法。产教融合的发展实际上经历了一段时间的摸索，学校和企业在探索中寻求最佳的解决途径。在产教融合中学校和企业始终坚持"双赢"原则，实施责任共担，这就形成了一种具有约束力的制度保证。其中，最重要的一条途径就是从社会上引进一些管理水平比较高、技术比较先进的公司，他们愿意与校企合作，利用学校的设施，开展产品的生产，将教学内容和生产联系起来，学校和企业共同制定一份产学结合的实施性教学生产计划，使教师学习技术，使学生主动参与到生产中，使生产产生效益，使企业和学校能够共同生存、共同繁荣。

我国社会主义市场经济取得了非常大的进步，经济的进步和发展对我国的高职教育产生了具有深远意义的影响。这种影响包括为我国高职教育提供了良好的校企合作环境、为高职毕业生提供了工作和实习场所、为高职院校培养了大量的双师型教师。当然，经济的进步对职业教育的影响远不止如此，实际上，中国经济产教融合水平的提升就是依靠人才素质的不断提升实现的。

在经济发展的大背景之下，应用型本科也应运而生，并且加入了高职教育的大家庭。在实践型人力资源理念的指导下，培养合格师资的任务将会更加艰巨。应用型本科要想实现发展目标，就要提升校企合作的产教融合的水平、增加校企合作的数量。经济的发展和社会的进步对教育提出了更高的要求，这种要求主要体现在对人才产教融合水平要求的不断提高上。应用型本科要能根据社会经济发展的需要灵活调整人才培养方案，提供可供经济社会发展需要的社会服务，并能开展科学技术研究，为相关行业提供前沿的技术指导，为社会经济的发展提供技术支持。总之，应用型本科要不断调整自身的发展，适应经济发展的需要，并且争取成为经济发展的助推力量。正是基于此，在社会主义市场经济背景下，高职教育"产教融合"是一种产、学、研"三位一体"的融合模式，不仅具备教育和企业的多种功能，而且具备随时应变产业结构调整和参与市场竞争的能力，是在学校、企业、行业以及社会相关部门的不同程度参与下形成的一种新的社会组织结构，肩负着助推高职教育改革和社会经济发展的重任。从这个角度来说，产教融合的发展在很大程度上会影响经济发展，进而也会影响两个一百年目标的实现。

（二）产教融合的特性

1. 立体式融合

社会主义市场经济追求的是多元化，产教融合服务于社会主义市场经济，所以其发展的路径也必然要受到社会主义市场经济的影响。产教融合在发展中也更加注重立体式的融合。立体式融合区别于平面融合，从融合的层次来说，校企合作属于层次比较低的融合，也就是平面融合。产教融合是高层次的融合，可以说是立体式的融合，它打破了原有单一合作或双项合作的局限，在产、学、研三方面进行全面、深入的合作，融合后的组织结合了生产、教学和科研的特点，不仅自身是生产的主体，具有企业创造经济效益的功能，而且能提供产业发展需要的专业技术人才，为产业的可持续发展提供源源不断的智力支持。通过对比产教融合培养出来的人才与传统模式培养出来的人才，就可以发现二者存在着比较大的差异，产教融合模式下培养出来的人才具备更强的可持续发展能力。从另一个角度来说，企业的需求也能为学校的教育教学改革提供方向和目标，保证了高职教育能满足行业需要。融合的组织能科学配置内部资源并开展基础研究、应用研究和开发性研究，为产业发展提供有力的技术支持，为学校教育内容的更新提供最前沿的信息资源，保证了教育的与时俱进。三者融合在一起，形成一个良性的循环体系，开展教学、科研、生产等服务活动，在促进内部发展的同时，不断向外辐射，发挥其更大的社会效应和作用。这种立体式的融合对于经济发展和社会进步都有着非常重要的助推价值，反过来也促进了教育的发展和进步。

2. 社会主义市场经济产业化发展的融合

社会主义市场经济产业化发展是指某种产业在社会主义市场经济条件下，以行业和企业的真实需要为导向、以实现效益为目标、依靠专业服务和产教融合的水平管理形成的系列化和品牌化的经营方式和组织结构，其基本特点是面向市场、行业优势、规模经营、专业分工、相关行业配合、龙头带动、市场化运作。对于不符合市场需求的项目，要遵循市场进退机制，及时终止不必要的投入，避免产教融合运作过程中出现机制的片面性。所以，社会主义市场经济产业化发展的产教融合是一种面向市场需求的融合，在产、学、研方面做大做强，分工合作，强强联合，能创造出良好的市场发展前景，具备其他组织无法复制的竞争优势，进而形成自己的品牌，在市场中具备核心竞争力，并且能形成一定的规模，带动其他合作项目不断深入开展，严格按照市场规律来开展活动。

3. 以企业需求为出发点

教育是以培养人才为主要目标的，早期的教育在人才培养中并不注重与企业之间的对接，产教融合在培养目标方面领先于传统的教育，产教融合的出发点是企业的需求。企业在整个人才培养的全过程中，可以最大程度地表达出自己的需求，并通过课程的设计来达到。传统的高职教育在产教融合实践过程中，搞形式、走过场、学校"一头热"的现象，是每所高职院校都会遇到的现象。通过分析可以发现，导致这种现象出现的原因很多，主要是双方在合作的早期并未找到能够让彼此共赢的路径。而很多企业迫于政策的压力或是学校的单方意愿，在没有找到双方合作的需求点时就盲目开展形式上的校企合作，合作之前双方缺乏严谨的调研。

这样的产教融合违背了社会主义市场经济的需求导向，不可能产生有益的效果。真正实现产教融合的组织，能够以企业、学校和相关合作部门的需求为前提，结合各种市场正在发生的变化，明确市场的供需状况，确定各自的实际需求，寻求利益结合点开展相关合作，在满足自身需求的同时，能为市场的供给和需求的均衡做出一定的贡献，并能根据供给和需求的均衡变化，调整自己的需求发展战略，这样不仅解决了合作的随意性、被迫性问题，而且提高了合作双方的积极性与主动性。

4. 多主体管理的融合

产教融合就是一个重新确立组织主体地位的过程，也是在社会主义市场经济条件下产教融合活动获得法治保障的关键要素。以往很多的校企合作活动难以实现产教融合的关键原因，主要还是没有明确各个主体之间的权利和义务关系，关系的不明确导致了合作的问题，从而影响了校企合作的发展。产教融合的主体正在悄然变化，已经从学校转移到了企业和行业，这种变化既与当前的社会发展有关，也与教育的进步有关。正是基于此，在有效的产教融合组织中，学校、企业、政府、行业协会等分工合作、共同管理，在开展任何活动之前，都应明确各自的权利和义务，并对其后果承担最终的法律责任。这样不仅可以增强企事业单位对此项工作的责任意识，发挥其主人翁地位，而且可以让学校和合作单位在此项活动中的管理工作更为合法、有序，避免了产教融合管理工作的凌乱性。

二、产教融合的原则

产教融合的发展已经逐渐由萌芽发展成了一个成熟的制度。产教融合制度包括了教育、经济、产业和社会发展制度，这些制度只有协同发展才能发挥最大的效应。一个成功的产教融合体系，将构建"政府、学校、社会"三方协同发展的新模式，在政府宏观调控、高职院校自主办学、广泛参与的条件上，推动社会、行业、企业等多方参与，以资本、知识、技术和管理为主体的产教融合。从而建立政府主导、社会参与、办学主体多元、办学形式多样、充满活力的高职教育办学体制，具备政府、行业、企业和学校等多方主体协同融合，推动校企全过程培养人才的特点。根据高职院校产教融合的特点，高职在构建"产教融合"模式时，应遵循以下几点基本原则。

（一）多主体原则

实践证明，产教融合所要孙遵的原则是多主体共同发展的。高职院校进行的大学生双创教育，包括政府、学校、产业、企业、学生、社会五个主体，他们在产教融合中各自发挥着与之相适应的功能，作为其中的一个重要主体，也能推动产教融合发展。全社会要以舆论为导向，促进创业文化的构建，促进社会大众的心理、思想、行为准则、习惯和价值观的转变。因此，在高职院校开展双创教育的过程中，还应引入社会力量，使其在学校中发挥作用，从而达到促进双创教育的目的。学校作为推动校企合作育人的另外一种实施主体，应与学校进行对接，发挥双方的共同作用。要对校企合作建立专门的"就业前实习"基地进行创新，在资金、设备、场地等方面为大学生进行创业实习提供必要的硬件条件，使他们能够在真实的现代企业管理环境中了解社会主义市场经济的运行方式，在培养其专业技能的同时，也能增强其创业能力。大学生要转变观念，充分理解双创对个人成长、就业和社会经济发展等方面的重大意义，把双创转化为个人的意识和行为。在产教融合过程中，重视培养产教融合的水平原则具体包含了两方面内容：一是重视学校自身人才培养产教融合的水平，二是重视产教融合人才培养产教融合的水平，学校人才培养产教融合的水平会对产教融合人才培养产教融合的水平产生影响。

第一，在高职院校开展双创活动中，政府是主导与管理的主体。高职双创活动的成功实施，有赖于政府的支持。所以，从宏观上讲，政府要强化政策的指导、措施的执行、监督和服务的建立，用法律、法规和政策来引领和促进高职教育与产业和企业的深度结合。

第二，高职院校是学生实施"双创"的主体；高职院校承担着为社会输送创业和创新人才的历史任务，其所起的作用也最为重要。

第三，在高职院校开展"双创"活动中，企业是最大的受惠者与承担者。一批具有创业和创新能力的高级技术人员，能够有效地提高生产力，推动行业创新和转型升级，提高企业的竞争力和效率，给行业和公司都带来了巨大的回报。

第四，大学生在双创教育中，既是学习的主体，也是受益的主体。

第五，社会是大学生双创教育的参与主体和监督主体。

（二）自组织原则

产教融合的发展在探索时期主要是依靠学校和企业的自组织发展，在这样的发展过程中，自组织发展逐渐成为一种共识。所谓自组织，就是指事物本身在发展的过程中能够结构化、系统化和有序化。高职学生双创教育的各个实施主体在进行双创教育时，都是一种自组织的行为，它表现出了自组织的演化特征。这一自组织原理是在政府逐步认识到产教融合发展对其进行规制的过程中逐步被打破的。在高职产教融合的过程中，运用产教融合的理念原则，从符合性、适用性和经济性三个层面来考察产教融合人才培养的水平。以符合度来考察人才培训与用人单位就业需求的契合度；用适用性考察所培养的人才能不能在本行业内找到合适的工作岗位；用经济性考察人才将创造的经济效益情况。就高职而言，尤其是其自身的发展特点，所以在这里有必要对其做一些阐述。

第一，高职院校的大学生双创教育具有开放性特点，要想培养学生的创业能力，就必须打破传统的教育体制，实行开放性、交互性的教学。

第二，高职院校的大学生双创教育的过程是非常复杂的，学校与行业、企业之间存在着不同的专业类别，产业种类繁多，规模各异，科技含量不同，经营方式不一。在教学、科研、生产、管理和市场等诸多因素相互作用的情况下，教学活动中的各主体的自组织机理也呈现出错综复杂的联系。因此，高职学生的双创教育在机制上也应多样化，分级组织、分级引导、分级实施。

第三，高职院校的大学生双创教育，表现出了一种自发性的特征。它处在一个经济社会发展的大环境中，是一个动态、开放的系统。在此过程中，每个具体实施的主体结构将与外部世界发生相互作用，并由此获取各种资源和能量。然后，通过对组织中各因素的交互作用，形成了企业自组织进化的核心竞争力。只有通过这种方式，才能使高职大学生双创教育的机制能够自我调整、自我完善，最终实现从稳定到不稳定再到稳定的持续有序发展。

（三）协同性原则

与自组织原则相对应的就是协同性原则，产教融合在探索阶段主要依靠的是自组织，但随着发展的深入，各个利益群体需要进行协同发展，因此协同性原则便应运而生。要在协同教育的思想上，进一步探索政府、行业和用人单位、学校之间的整体和局部、各要素或子系统间的协作，促进高职产教融合中多个主体的协同。高职要真正做到产教融合，最重要的是要调动五大主体的积极性和主动性，特别是政府、行业和企业在大学中实现产教融合。政府要完善相关法规和政策，加大对企业的监管力度，形成一种系统的激励机制；高职要不断提升自己的服务能力，加大对行业和企业的支持，增强高职在教育领域的合作和交流；行业和企业都要以培养人才为己任，突破仅限于利用学校主体资源要素的协作瓶颈，积极地为校企合作提供支持，促进高职院校与企业的产教融合，为高职开展产教融合创造更多的资源平台与合作空间。因此，要加强"产教融合"的宣传，增强高职学生对这一理念的认识，增强他们的参与性。要协同目的、协同内容、协同资源、协同时间、协同各主体的责任和成果分担，构建出政府有效宏观管理、行业与企业主动对接、社会广泛参与、学校主导、学生执行的产教融合机制。

产教融合的水平是组织机构、体制机制等事物发展的根本前提和动力。在评价事物产教融合的水平时涉及符合性、适用性及经济性三个层面。高职教育的人才培养与市场就业需要存在很大的差异，其原因在于：一是在经济快速发展、产业转型升级较快的地区，其技术技能更新十分迅速，因此，行业企业需要的人才不但要具备高水准的技术水平，还需要不断地学习，不断提高自身的技术技能。从某种意义上来说，这样所产生的学习氛围和动力并不强大，学生缺少内在的学习动力和外在的学习氛围和动力，因此很难提升高职院校人才培养产教融合的水平。然而，高职院校也必须要提升教育教学、产教融合的层次，提升学生的社会影响力，才可以提升自己的社会地位，吸引更多的产业和企业加入进来，从而提升高职教育产教融合的深度。

第二节 产教融合的相关理论

一、杜威"从做中学"理论

（一）"从做中学"理论的提出

美国著名教育学者、专家约翰·杜威（John Dewey）认为教学的过程就是"教学主体"在具体"做"的一个过程，这个"做"强调的是要以主体的兴趣和冲动为出发点。我们知道，人产生认知体验主要是通过自身的感受反馈得出的，由此，杜威就将学校比作原始社会，这个"社会"为生存个体（学生）提供生存所需要的农场、厨房、工厂等，这样他们才能在这种"小型社会"中得以生存，得到自己想要的东西。基于此，他还认为教学需要一定的情景设置，在具体的、感官的情景刺激下，才能激发学生的创新思维，根据教学内容，以具体情景为出发点，让学生对所处情景中的问题进行解答和延伸，这就是杜威的教育理论——"从做中学"。总之，杜威主张，学生必须要在学校得到知识，满足自我的认知和进步的需求，这才是教育的意义所在，他的思想在当时社会是极具创新的理论，对后期的教育发展有着重要的影响。

杜威主张，人类首先要具备的是探究问题的能力，而这种能力的养成需要通过一种科学的方法来实现。基于这一点，杜威还提出了"思维五步"和"问题五步"的教学方法，具体包括：其一，学生需要具有实际体验的学习环境，并要求学生对学习活动本身保持着浓厚的兴趣，也就是说，让"做"可以成为一种能实施的情境；其二，在这种情况下，这样才能引出一个实际的问题，即要有一个可"做"的内容；其三，他们需要掌握知识，需要进行必要的观察，也就是说实现"做"就必须有必要的支撑；其四，学生要为他们所问的每个问题负责，即要有一个完整的"做"的过程；其五，给学生一个验证自己观点的机会，让他们明白自己的观点的意义，并且让他们自己来评判自己的观点是不是正确的，这就是对"做"的效果的一种测试。这里的"五步"教学表面上看完全是一个学生"做"的过程，但在"做"的过程中却是对"学"的积累，这就是将教学和实践紧密地结合起来，实现学生的"做"，从而完成学生的"学"。

（二）"从做中学"理论的具体内涵

1. 学生是学习的主体

在杜威看来，学习对于学生而言，关键在于学生内心的那份可以自由抉择的情感，以及敢于"试错"这个过程中的自我认知与肯定。他把学生放在教育过程的中心，认为学生有一种潜在发展的可能性，而教育就是为学生提供优良的环境，使其充分地实现这种可能性。教师必须忘掉试图用来塑造学生的那些成见、先见和理论。人性在不断地发展，不断地扩大，不断地追求着能够满足自己需求的事物。任何对这种发展的阻碍无论它出于怎样的好意，都会是歪曲个性的。这是杜威的"参与者知识观"的认识注定的。学生必须作为一个学习的参与主体来进行学习。

杜威认为，学生是学习的中心，他们是自由的人，而不是受外在摆布的"受"教育者，他们是自己学习的主人。从杜威的"教育即生长"就可以看到，学生的学习和成长是内发的，并借助来自自然的环境。杜威认为生长是指机体与环境相互作用的过程和结果，他指出，人的生长包括两个方面：一是身体的方面，二是心理（或者说智力、道德）的方面。这两个方面是相辅相成的，没有身体的发展，心理的发展是不可能的；同样，仅有心理的发展而没有身体的发展也是不可能的。同时，学生的成长和发展都需要内在条件，即学生当前的身心状况（兴趣、能力和后天形成的习惯），以及他们发展的可能性（可塑性），同样需要一个外部条件，也就是学生成长的社会环境。当然，这并不能完全依赖于外在因素，而是要以学生为主体，积极主动地参与到学习中去。

2. 知行统一

在杜威的学习观中,"做与学"是不可分的,只有学生主动去做,去探究、去实验、去反思,才是杜威所说的真正意义上的学习。知识与行动是紧密结合在一起的,"求知即行动"。学习是依赖于学习者主动地做某件事,在身体和心智上均是主动地进行学习;学习不是被动地接受和等待别人的灌输,而是不断地在"做"事中进行探究、实验和反思。杜威认为,从学习中获取的知识,既是行为的过程,又是行为的结果,而探索与反省都是行为的过程。知识是动态的。行为也变成了主体的一个重要特征,已有的、外部的知识只有经过个人的实践,才能变为个人的知识,而这种知识反过来又是个人的实践与探索的手段。因此,杜威提出的教学和学习的原则就是"从做中学",也就是"从行动中学""从经验中学"。他说:"从教育上来说,就是要使学校中知识的获得与在共同生活的环境中所进行的种种活动或作业联系起来。"[①] 所谓的"知识"或"学习",是指人们在不断改变的环境中"互动"。相互作用是自然界生物的一种普遍特征。在一切生物的活动中,为了维系自己的生存,生物必须不断地适应和改造自己的环境。人与环境的"互动",也就是人在其所处的环境中,持续地获得"经验"。人在"经验着",也就是在"学习着"。

杜威认为:"有生命的地方就有行为、有活动。为要维持生命,活动就要连续,并与其环境相适应。而且这个适应的调节不是全然被动的,不单是有机体受着环境的塑造,而是主动加以若干改变。""在生物当中是没有只顺从环境的,就是寄生物也不过是接近这个境界而已。要维持生命就要变化环境中若干因素。生活的形式愈高,对环境的主动的改造就愈重要。"[②] 同样,人也总是在"做"中认识生活和自然环境。比如,小孩遭到火烧,感觉着痛苦。"这个动作和感受,伸手和火烧,联结起来。这一件事警醒了他,其余就可以类推了。于是就得了一个意义非常重大的经验。"[③] 这种经验是知识,也是学习。以"经验"为中心,将教育视为对经验的转化和重组,而由教育引发的学习则是主体的一种"主动经验"。在此,"做""行动""动作"都是指人们在与周围的"互动"中,提出假说、反省、探究、解决问题、检验、获取知识的过

[①] [美] 约翰·杜威. 民主主义与教育[M]. 北京:人民教育出版社,2001:222.
[②] [美] 约翰·杜威. 民主主义与教育[M]. 北京:人民教育出版社,2001:44.
[③] [美] 约翰·杜威. 民主主义与教育[M]. 北京:人民教育出版社,2001:153

程。这意味着人从冷漠的"旁观者"转变为主动的"参与者"。求知或学习就是形成"实验的智慧"。"智慧并不是一旦得到就可以永久保存的东西。它常常处于形成的进程中,要保存它,就要随时戒备着,观察它的结果,而且要存着虚心学习的意志和重新调整的勇气。"[1]人的认识行为也从"谛听""静观"转变为"智慧行动"。

因此,学生的知识理解与学习不是"老师讲,学生听"地传授,而是通过自己的研究、思考、想象来获得知识,通过行动,也就是探究知识来获得知识,但这种"理解"并不是指根据需要,将存储在记忆中的课本复述出来的"理解",而是指参与者的个人理解。这是一种探索式的学习方法,它是一种行知同一的学习。这就意味着,一个人必须通过自己的探索、自己的实验、自己的研究,通过这种方法得到的知识,才能展现出它的情感和行为,才能成为"个人知识"。

(三)"从做中学"理论的启发

从上文提到的"思维五步"不难看出,"从做中学"思想在高职实践中的运用,主要表现为对教师与学生之间的关系进行正确的定位,对教师与学生之间的关系进行正确地认识,对教师与学生之间的关系进行科学分析。在"从做中学"的初始阶段,人们往往会产生这样一种错觉:老师只是"做"的预备员,也就是给学生们准备一切材料、器材,当学生真的"做"了,老师却只是一个看客。如果对"从做中学"采取这种态度,就会造成学生盲目"做",没有"学"的现象。强调"从做中学",这不是说忽略了老师,不管是将教室移到实验室或工厂,不管采用何种方式进行教学,没有老师就不行。只是,现在的老师已经不是"一言堂"的主人,而是一个"方向标"。他的具体作用有三个,具体如下。

第一,为学生营造一个能让他们感受到生活的情境,在情境中提出问题,以激发他们的学习兴趣。

第二,就是当学生在"做"的时候,出现了错误、疑惑、困难,或者有了新的发现,有了争议,就会有针对性地、富有智慧地进行指导,在有了操作

---

[1] [美]约翰·杜威.经验与教育[M].北京:人民教育出版社,2005:246.

经验之后，就会对其进行提炼和总结，不然的话，学生的操作就会变得没有效果，效率也会很低。

第三，为学生提供一个机会，让他们检查他们"做"的成果。"从做中学"理论以学习者为核心，以"做"为"思"，以"学"为目的，是以学生为主体，以自身为主体，在实践中获得知识和能力的发展。在这一过程中，除了老师这一"指挥棒"的指导之外，还需要学生自己去实践和思考，他们只能用自己的双手和大脑来分析和解决问题，在"做"的同时，感受到自己所学到的东西。

在高职院校持续发展的同时，它的教学方法也越来越注重它的实用性，着重强调与社会和用人单位的需求密切相关，注重培养学生的实际能力，但是无论采取什么样的教学方法，它的实施都是围绕着"教与学"展开的。在传统观念里，"教"是指教师站在台上，以言语、动作、教具、多媒体等方式进行讲授，而"学"则是指学生通过阅读、倾听、写作等方式进行学习实践。按照这种观点，处于较高地位的教师，必须以教授、告知的行为来"教"，不然的话，教师就会被视为懒惰和不负责。这就是太注重"教"了。至于教师的"教"是否会对学生的"学"产生真正的作用，则不是所要探讨的问题。"从做中学"则是"教"的另外一种更人性化的解释，"做中学"并不是简单地"做"，而是要在教师的引导下，"做"和"思"都要有意义。这实际上就是将"教"的过程与真实的情景相结合，使教师在情景中教学，使学生在情境中"做"。要达成"做"以成"思"，"思"建立在平等与对等的关系上，平等比等价更有价值，没有平等，就谈不上对等，平等是对等的先决条件。

二、陶行知"教学做合一"理论

（一）"教学做合一"理论的提出

学者陶行知是近代著名的教育家和思想家，他曾在美国留过学，曾师从美国最有影响的教育学家约翰·杜威（John Dewey）和威廉·赫德·克伯屈（William Heard Kilpatrick）等。他回国后，将美国先进的教育思想与中国国情相结合起来，进行了一系列的工作。1926年，陶行知确立了其人生教育观。陶行知提出的"生活即是教育""社会即是学校""教学做合一"等三个教育思想,"生活即是教育"则是重中之重。陶行知认为,离开生活的教育是死亡的,没有生活的教育是死亡的。陶行知的人生教育观,对当时中国"反传统""反旧"教育的实践产生了巨大的影响,其人生教育观具有重要意义。他的"教做合一"思想深刻地批判了旧社会的种种弊端,并有针对性地提出了一些具体的对策。其教育思想的改革和实施对当时的社会具有积极的意义。在这个基础上,提出了要注重教育与实际生活的联系,要善于利用新的教学手段,要从"学"的角度进行教学。无论"教"还是"学",都要把"做"放在核心位置,只有"做"才能让学生真正地掌握知识。

(二)"教学做合一"理论的基本内涵

陶行知在不断地探索、实践中,从"教授"到"教学",从"教学"到"教学做",再到"教学做合一",其内涵在不断丰富。

第一,"教与做相结合"是生命教育学的基本方法。陶行知主张"教与做相结合",这是一种对生活现象的说明,首先,他们的生活模式。通过"教学做合一",人们在事上做,做事之后,就会得到回报,会的要传授,不会的要学习,这些都是生活中普遍存在的现象。所以,在生活中"教学做合一"无处不在,在生活中"教学做合一"处处都在受教育;"教学做合一"也是一种教育方法,它的意义是要用学习的方法去教,用实践的方法去学。该怎么做就怎么学,怎么学就怎么教。"教"和"学"都围绕着"做"为核心,"在做上教的是先生,在做上学的是学生"。生活中以"教学做合一"的方式,使生活与教育、学校与社会相结合。

第二,教学做其实是一件事,而不是三件事。从"教学做合一"的提法上看就能看出,"教学做也只是一种生活之三方面,三位一体,而不是三个毫不相关的过程"。那么我们就要知道"教学做合一"过程中是怎么统一的。这个核心便是行动。"不在做上用功夫,教固不成为教,学也不成为学"。一个活动中通过在事上做,对自己来说就是在学,对于其他人来说,这是教导。"教学做合一"则是通过"做"这一实践活动将"教"和"学"融汇统一起来。

第三,"教做合一"的重点则是"做"。陶行知先生认为,没有目的的行动和没有目的的胡思乱想,都称不上为"做",要"做",就必须是一个用体力、用精神去实践的一个过程。劳力与心力不能同时被兼顾,所以要以心意为统御之力,我们在做事情时要学会轻重缓急,查明对象变化的道理;"做"是发明、是创造、是实验、是建设、是生产、是破坏、是奋斗,它是一种"行动和思考,产生新的价值观"的过程,再以新的理论去引导生活,促进人生的前进。此外,"做"与生活、人生共始终,是活人必定会"做",且必须"做"。活一天就要"做"一天,活到老就要"做"到老。

第四,"教学做合一"要培养有生活力的人。陶行知指出:"我们深信教育应当培植生活力,使学生向上长。"[①]培养方式为"教学做合一"。当然,每个学校都有自己的目标。以农村教师为例,陶行知先生提出"教与练",要成为农村儿童敬重的教师,其目的有五:康健的身体、耕作的技术、科学的思想、审美的趣味、社会的变革。可见,无论在哪种学校,通过"做",都能使人的体质得到锻炼,提高人的抗病、斗争的本领,学会驾驭自然、利用自然、改造自然、解决问题、对自己负责、对社会进行改造的能力。

(三)"教学做合一"理论的特点

1. 师承性

陶行知是美国哥伦比亚大学的学生,陶行知深受杜威"教育就是生活""学校就是社会""从做中学"的教育理念的熏陶。陶行知于1917年回国后,对杜威的教育思想进行了积极的宣传和实践,尤其是对杜威"五步法"的支持,他主张"把杜威的理论应用于实际,才是最佳的教学方式",然而实际操作之后却发现"此路不通"。虽然杜威的教育理念在中国并不适用,但也是成为"教学做合一"产生的重要思想基础之一。陶行知明确表示:"教学做合一是实行'教育即生活'碰到了墙壁把头碰痛时所找出来的新路……没有'教育即生活'的理论在前,绝产生不出'教学做合一'的理论。"[②]可见,杜威"从做中学"和五步思维法为"教学做合一"的产生提供了养分,又成为"生活即教育"产生的源泉。

---

① 陶行知. 我们的信条[J]. 新教师, 2018(4):1.
② 江峰. "教学做合一"——从做事到做人[J]. 南京晓庄学院学报, 2007(2):25-32+106.

2. 传承性

中国古代对知行观的详细论述，不仅为"教做合一"提供了理论依据，也在现代教育学中起到了无法替代的作用。其中，"知行合一"是王阳明所提出的一种思想。墨子提出了"亲知""闻知""说知"的思想，孟子的"劳心者治人，劳力者治于人"，这些思想深刻地影响了陶行知。陶行知对王阳明、孟子的知行之道进行了批判，并对墨子思想进行了继承，这就是他批评并建立了正确的知行之道的思想源头。此外，也有其他传统知行观，例如，孔子的"行有余力，则以学文"，"必有事焉"；颜元对"格物"所做的"亲下手一番"的解释等。这些都填充了"教学做合一"中"做"的内涵。"教学做合一"是对我国唯心主义知行观的批判，是对我国唯物主义知行观的继承，其理论内涵也包含了一些可以借鉴的优秀传统。比如，"教与做结合"中的"教学相长"，就是教师要边教边学；"教做合一"强调使学生在"做中学"，这就是墨子重视生产与劳动的教育理念。墨子注重生产劳动相结合的教学思想内化为"教学做合一"中注重让学生"做中学"的内涵。

3. 批判性

陶行知对传统教育中只重教而不看人的做法非常反感，他明确表示，应该把重点放在学生的学习上，陶行知倡导教与做合一，提倡教与学、学与用、知与行，理论与实践相整合，提倡教师要教生学，要教授的方法要和所学的方法相符，这样做，学生才会有自觉性，从而才会去追求真理。而在实际的操作中，又体现出教育与人生、学校与社会的紧密结合。这是我国教育界的一项革新，它打破了过去那种不顾学生的生活和爱好，不顾学生实际情况做法的一次最激烈的改革。同时，陶行知还对"洋八股"与中国教育改革的具体情况不相适应进行了批判。"教做合一"思想，是在对"老八股""洋八股"都不相干的情况下，提出并发展起来的。

4. 主体性

陶行知生活在中西文化融合的年代，深受"进化论""民约论""资产阶级共和"等思潮的影响，非常注重个人的价值和创造能力，提倡"人人有责"，每个人都要对自己负责，陶行知的"教与做合一"观念，主张每一个人都要去"做"，要在"做"上努力，陶行知主张做上教的是先生，做上学的是学生，每个人都是在做上相教相学。他号召要尊重学生，并提出"不愿拜小孩子做先生的人，不配做小孩子的先生"。在基于尊重学生主体地位的基础上，陶行知提出要对学生因材施教："我们必须先了解受教育者成长过程中的能力需求，然后才能知道该教什么，该怎么教。"

5. 实践性

陶行知深受辩证唯物主义的影响，特别注重实践和对立统一的观点。他提出了"行动是老子，知识是儿子，创造是孙子"的断语，又指出了"行动生困难，困难生疑问，疑问生假设，假设生试验，试验生断语，断语又生了行动，如此演进于无穷"的科学生活步骤，论证了"劳力"和"劳心""知"和"行""教"与"学"等矛盾关系的对立统一。在此基础上，他特别注重做，做就是"必有事焉"，要多参加实际工作，做到思想联系实际、理论联系实际。陶行知"实践"思想中包含了"教学实践"和"社会实践"两种因素。在陶行知的思想中，不但实验、实习、作业这样的教学活动是做，而且阅读、讲解等教学行为也是做。比如，种稻是做，那么为种稻而看书、讲解同样是做。陶行知不反对读书，但也不主张全都依靠书籍。他对于书本的根本观点是：书籍是一个工具，只是一个用来"做"的工具。陶行知认为，只有将教学和学习融入到生活中去，才能使教学和学习才能真正地发挥出作用。

6. 连环性

"教学做合一"的连环性，首先，它既是一种生存法则，也是一种教育法则。在人生中，对事情叫"做"，对自己的进步和退步叫"学习"，对他人的影响叫"教"，三者通过"做"有机地整合在一起。"教学做合一"是生活的方法，同时也是教育的方法，"教学做合一"的连环性就在于生活与教育二者相连，彼此沟通。"教学做合一"的联通性也体现在，教学和做这三者是一个互相交流的等边三角形，这三者的连接就是以他们为中心，在做中教学，在做中学习。经过做的交流，三者之间并无绝对的界线，而是插上电流就可以循环流动的等边三角形。最后，在"教学做合一"的过程中，将教育活动和社会生活结合在一起，"让教育和大社会紧密相连"，从而实现了"生活就是教育"、"社会就是学校"。

三、福斯特的产学合作理论

英国著名学者、教育家威廉·爱德华·福斯特（William Edward Forster）他的"产学合作"思想对于教育事业的发展有着极高的战略意义。福斯特认为，目前很多高职的教学项目之所以不能顺利进行，其根本原因在于学生没有掌握所需的基本理论和基本技术。因此，福斯特主张在产学合作中，必须从专业课程的设置入手，从基础理论入手，最后才能构建出实践性的教学平台。在高职教育中，要重视中、初级人才的培养，并以"产学融合"为重点。因此，在实施各类职业培训时，学校应从下列几个方面对其进行培育与改造。

第一，从培养人才的角度出发，结合我国社会、经济发展的实际情况，对地方工科院校的发展提出了一定的要求。

第二，要对地方工科院校的教学内容进行改革，开设更多"三明治"的工学与读学交叉课程。

第三，要把地方工科院校中学生人数控制在一定的范围内，如果可以的话，可以把在职职工作为地方工科院校生源的一个重要渠道。福斯特提出的产学合作思想，对于中国乃至其他发展中国家的教育有着重要的参考价值。

福斯特作为一名在世界范围内具有一定影响力的著名学者，毕生致力于职业教育理论的研究。他毕业于美国伦敦大学经济学院，曾经担任芝加哥大学前比较教育中心主任，并兼任教育和社会学教授。澳大利亚麦夸里大学教育学教授兼院长；美国纽约州立大学教育学和社会学教授。福斯特以其著名的《发展规划中的职业学校谬误》一书享誉全球。文章发表于1965年，文中对职业教育发展提出了许多重要见解。福斯特职业教育思想中的许多观点已被世界银行采纳，并被广泛地运用于职业教育方针中。20世纪60年代以来，西方"发展经济"在这一领域得到广泛的应用。该理论认为，在发展中国家的发展过程中，"政府可以扮演主导角色"；可以采取"非市场导向的中央集权规划模型"。在这种思想的影响下，当时的教育理论界，有人提出"人力资源说"，即根据国家的经济发展计划，根据"长期的人力预测"，培养一批受过训练的，能为经济建设服务的人才。这一理论的主张，从教育发展的视角来看，发展中国家应该重视学校形态的职业教育，并将其纳入普通学校的课程体系，促进经济发展。联合国教科文组织和世界银行等许多国际组织都对"人力资源说"的观点表示赞同，并将其视为发展中国家发展的一个重要准则。英国经济学家巴洛夫是这一学派的代表人物。

作为对巴洛夫的主导理论的回应，福斯特根据自己多年的研究积累，撰写了《发展规划中的职业学校谬误》这一著作，系统地阐述了自己对教育发展的一些基本问题，其中许多观点与以巴洛夫为代表的主流观点相悖，因此在职业教育理论上引发了长达二十多年的激烈辩论。最终，福斯特从一个小流派发展到了今天的职业教育中最具影响力的一个流派。福斯特在其著名著作《发展规划中的职业学校谬误》及其后的著作中体现了他的职业教育理念，可以归纳如下。

（一）职业教育必须以劳动力就业市场的需求为出发点

福斯特认为，决定职业教育能否成功的最重要因素是学生在劳动市场上能否找到工作，能否找到工作后有更好的发展。在这种背景下，高职教育的发展应立足于我国劳动力市场的现实需求。

（二）"技术浪费"应成为职教计划评估中的一项重要内容

福斯特指出，目前世界上很多职业院校的学生在职业教育中的工作与他们所接受的职业培训之间存在着很大的脱节，因此，他认为职业教育中存在着"技术浪费"现象。在他看来，"技术浪费"一般由三种因素导致：一是为了推动经济发展而培养出的一批专门的人才，而目前的社会却无法使用、吸收；二是市场急需此类人才，却被安置在与培训无关的岗位上，其所用而不是其所学；三是由于就业前景不佳、工资待遇不高等原因，高职的毕业生大多倾向于从事与技能训练没有直接联系的工作。对这些"技术浪费"资源贫乏的发展中国家，应引起高度重视，并将其纳入高职教育规划评估体系之中。他还指出，虽然发达国家也有"技术浪费"，但是发展中国家更为突出，而且发展中国家的资源相对有限，对"浪费"的关注应更多一些。

（三）职业化的学校课程既不能决定学生的职业志愿，也不能解决其失业问题

巴洛夫等人的主要观点是，将学校的课程设置专业化，可以指导学生的职业意向，防止他们产生不现实的找工作欲望，降低失业率。福斯特相信，一个人的职业倾向更多的是取决于他自己对于在一个经济交流领域中工作的态度，而一个学校的课程对于这个选择是没有什么作用的。导致失业的原因并不只是学校的教学计划，最主要的原因是就业市场缺少真正的人才需求。

（四）基于简单预测的"人力规划"不能成为职业教育发展的依据

"人力规划"这一概念在20世纪60年代最为盛行，它所产生的大量人力资源预测成果，作为各级各类教育与人才培训的依据，对高职学校的发展起到了举足轻重的作用。福斯特对此持批评态度。第一，他质疑人类活动的预测是否准确，他说，"很难精确地估算出贸易领域的发展速度。"第二，他对人才计划的后果感到担忧，如果经济发展不能满足人才培养计划的需要，这不仅是一种浪费，也是一种社会失业问题。应当指出，大规模规划在计划经济中是行不通的，但是，应该鼓励小型的、紧密联系实际的训练项目，福斯特不赞成"大规模的"人才规划，而赞成"紧密结合现实发展"的"小规模的"职业教育方案。这也是他所强调的"职业教育发展必须以劳动力就业市场的实际需求为出发点"。

（五）职业学校谬误论

福斯特从职业教育的角度，指出"学校形态"下的高职教育运作模式存在着一些不能克服的缺陷，即高职教育的费用太高；培训设备与现实需求不相适应；在发展中国家，大学生不愿意放弃学业，把职业教育作为自己学习的根本，从而造成大学生对大学的期望和生涯规划的期望相冲突；学校提供的课程往往和应聘人员的工作经历不相适应，学生所学到的技术往往不能满足工作的实际需要，而专业培训又不能与工作的实际需要相匹配，师资难以寻找等。此外，职业教育周期长，通常在三年以上，无法快速、灵活地适应劳动市场。正是基于以上原因，福斯特认为，学校本位的职业教育最终难免失败的命运。正是基于此，就结果而言，职业学校只能是一种"谬误"。

（六）倡导"产学合作"的办学形式

福斯特认为，职业教育具有"规模经济"的特点，但是，由于职业教育自身存在着不可克服的弊端，因此，职业教育需要改革。其中，最主要的举措就是走"产学合作"之路。例如，在课程形式上进行改革，开设更多的工学交叉"三明治"课程；实习课程应尽可能选择在企业中开展，缩短职业教育与工作场景的距离等。此外，就生源而言，可以招聘在职教师。总体而言，我国的高职教育正逐步由"以校为本"向"产学结合"转变。

（七）职教与普教的关系是互补关系而非替代关系

福斯特认为，良好职业教育的建立应该哟一定的基础，必需要有完善的普通教育系统。随着社会的不断进步，生产活动对人提出了更高层次的文化基本功的要求。扎实的文化知识基础，对学生今后的继续学习、就业等方面都有很大的帮助。因此，必须以扎实的普通教育为基础，才能进行高职教育。

福斯特是一位对职业教育有着深刻认识的学者，他的职业教育思想是通过大量调研得出的，具有较强的理论依据和现实依据。当然，福斯特的"职教"思想是建立在非洲一些发展中国家职业教育发展的基础上的，因此，他的"职教"思想具有一定的局限性。而且，他对学校本位的职教持否定的态度，这与我国的实际情况明显不符，但是，他的产学合作的思想，对我国高职开展产教融合仍有一定的指导和借鉴意义。

四、协同论理论

（一）协同与协同论

协同论，也可以被称为协同学或协和学，它研究的是在各类截然不同的系统中，各个子系统之间存在着冲突和协同作用，使得整个系统呈现出一种新的有序状态所表现出来的特定规律的理论。这是一门新的学科，是一门以多个对象的共性和协同性为对象，在过去的十多年里得到了迅速发展和广泛的应用。这里重点讨论的是不论何种系统它都会表现出由混乱到有序的相似性。协同论的创始人赫尔曼·哈肯（Hermann Haken）说过，他把这个学科称为"协同学"，其原因之一在于，我们所研究的对象是多个子系统，它们在宏观层面上构成了一个整体的结构与功能。另外，为了探索自组织体系的普遍规律，需要多个学科的共同努力。从协同论的观点来看，协同是指在实现系统整体演化目标的过程中，各个子系统或各个部门之间互相协作、互相配合、互相支撑而产生的一种良性循环状态。它强调双方或多方同时处于平等位置，发挥着不可替代的功能与合作，互相依赖、互相协作。同时，它还着重分析了系统中各个子系统、各部门之间的合作而产生的新的结构和功能。

（二）协同管理与协同效应

协作理论在物理、化学、生物、天文、经济学、社会学、管理科学等领域有着广泛的应用。协同管理作为企业集团研究的一个重要概念，它是根据复杂系统的结构和功能特征，运用协同学原理，以实现可持续发展的期望目标为依据，对系统实施有效的管理，达到系统管理的协调，形成协同效应。它是在原有的不同文化、实施策略、组织机构和运作模式上，对企业进行不协调的综合。

与协同管理相提并论的还有一个关键词，即协同效应。在企业集团研究中，协同效应是指合并、重组或兼并两个或多个子企业的总体效应（价值）大于原来各个子系统（企业）效益（价值）的算式和，用公式表示为 $S=V_{A+B}-(V_A+V_B)$。其中 S 代表协同效应，V_{A+B}、V_A、V_B 分别表示为组合后复合系统（即企业集团）的价值、组合前 A 企业的价值和组合前 B 企业的价值。

（三）协同管理的特征

对企业集团而言，协同是一种资源分配的方法，其核心在于分享企业的有形资源，包括企业的人力、资金、物力以及组织管理等，同时还可以分享企业的品牌、企业形象、商誉以及企业商标权、专利权、特许经营权等，从而为企业创造价值。其特点包括目的性、联合性、动态性。第一，目的性。协同管理的目标是达到系统的整体演化目标，假如没有系统的整体演化目标，就不需要各子系统或部门之间的相互合作、相互支持和相互促进，这样的话系统就没有了指向性，也就没有了存在的必要性。第二，联合性。协作管理就是在特定的外部环境约束下，协调系统内各个子系统之间的协同工作。一个系统如果不能进行组织协作，就不能把各个子系统或各部分结合在一起，那么就没必要把它们组织起来，互相协作，互相协作。第三，网络化。协同管理的前提是系统的外部环境，以及系统内部的各子系统或各部门，唯有对整个系统的事物或现象有一个完整的认识，并对它进行细致的划分，形成多层次、多角度、全方位的主体网络，才能对系统的协同工作进行有效的组织。第四，动态性。系统协同管理由静态向动态转变。在这个系统中，为了实现整个系统的整体目标，各个子系统或部门都是相互关联的。在此过程中，应根据系统的发展状况，及时进行调整，不断修整各个子系统或部分的目标，以保证系统整体目标的达成。

（四）产教融合协同管理的目标与范畴

1. 协同管理的目标

产教融合就是指各地区高职和重点行业企业在平等、自愿、互惠互利的前提下，签订的一份合作契约。从协同理论的角度来看，高职院校和行业企业的合作关系可以看作是一个由高职、行业企业等多个子系统构成的复杂系统，这个复杂系统虽然是一个非营利性的组织，但也不可避免地具有一些经济性，这一现象的发生是根据学校、企业、政府部门三方主体间的"协同管理"，从而达到"协同效应"，也就是充分利用合作平台的优势，有效地整合区域内的教育资源，降低行业企业人力、技术资本的交易费用。

2. 协同管理的范畴

学校与企业之间取得这种协同效应，该从哪些方面进行协同管理呢？笔者认为其至少应包括以下四个方面。

第一，利益协同。在高职、校企、政府等各有关部门之间进行协同管理时，必须首先解决好利益协同问题。一个区域内的高职在教育资源、学生资源和就业等多个领域都有竞争，而作为一个非教育机构的企业，在与高职的合作中最重要的动因是获得人力资源的补充，获得社会声誉提高带来的一些广告效应、获得政府相关的一些税收优惠以及获取优势高职的知识的支持等，而高职在满足教育需求的同时会不得已占用企业的生产资源，严重时还会影响到企业的正常生产。因此，要解决好企业与牵头学校、成员之间的利益关系，使各子系统也就是参与单位的收益最大化，从而实现"多赢"的目标，这就是产教融合发展的关键。这个问题如果不能妥善解决，必然会影响各参与单位的工作热情，从而影响制度目标的实现。

第二，战略协同。由于利益的差异，甚至是存在着利益冲突，必然会影响到各子系统或各部门对复合系统的价值认知和发展策略设计上的矛盾和冲突。在产教融合方面，当地政府有关部门对产教融合的价值期望能够带领本地区内各高职院校之间的协调发展，从而推动本地区经济转型和产业升级，推动社会的和谐发展，因此，在制定校企合作发展策略时，一定要从地区大局出发进行思考。高职院校与相关企业因为各自的利益冲突，它们对于校企合作的价值期望也不可避免地带有"利己"特性，因而不可避免地产生了矛盾与冲突。可以说，基于利益协同的战略协同是产教融合长效机制建立的前提。统一的战略目标，是校企合作健康发展的方向保证。

第三，资源协同。对复合系统进行协同管理是一个创造价值的过程。资源协同，其本质是整合企业内部各个子系统、各个部门的资源，并充分利用它们，这其实也是企业协同管理的核心内容。高职院校与本区域的企业进行合作，为区域内各高职院校的教育资源整合、行业企业与高职间的人力资源开发与技术服务，提供了一个平台与交易标准，减少了资源浪费，节省了交易费用，有效提高了教学品质。在产学研协同发展的进程中，资源协同是协同管理的关键环节与核心，如何对资源进行有效的协同，不断提高资源利用效率，减少资源浪费，是检验产学研融合成效的关键之一。

第四，文化协同。文化协同是指，在高职院校与相关企业合作关系的构建与发展过程中，通过互动、对接、融合，把各自的区别或相互矛盾的文化特性融合起来，构建一个和谐协调的文化体系，这应当是高职与企业协同管理的最高层次。通过协同管理，将行业企业的不同文化与大学的育人文化融合在一起，在牵头学校的领导下，在政府主管部门的指导下，学校与企业之间形成了一种共同的价值观念，并形成了能够调节体制内利益的准则和行为方法，最后形成了一套统一、高效而又富有个性的管理与运作模式。这对于高职院校与企业的长效合作机制的健康、可持续发展有着一种潜在的、持续的推动力。

第三节　产教融合的功能作用

　　产教融合指的是把生产和教育相结合，使理论知识的教授与实际知识的教授相结合，从而提高学生的动手能力。通过产教融合、校企合作等模式，使学生既能掌握专业的理论知识，又能获得较好的动手能力，使其具有较强的实际操作能力。产教融合就是把企业、学校、政府、社会组织等紧密结合起来，通过对资源的整合与优化，实现优势互补，优势互补的目的，从而促进教师综合素质的提高。"产教融合"对高职教师提出了新的要求，也对高职教师带来了新的挑战。因此，"产教结合"对于促进教师产教结合、促进教育改革具有十分重要的意义。"产教结合"是一种新的高等教育形态、一种新的理念，也是一种对高职办学模式的创新。在探索和发展产教融合教学模式的同时，高职必须在课程体系、教学内容、评估方法等方面做出相应的调整与改革，以促进高职教育改革的进一步发展。通过对教育形态进行革新，将教育教学资源进行整合，提升教育产教融合的水平，从而使学生在工作中的技能与实际能力得到提升，从而适应社会的需要，这是产教融合的根本任务。同时，产教融合还有利于提升企业的技术创新能力、提升产品质量、提高企业的生产率、促进企业的高质量和高水平发展。由此可以看出，产教融合作为可以实现校企双方共同发展、全面提升的一条重要途径和有效手段，是大学的教育价值、社会价值、经济效益的集中体现。产教融合促进了高职按照企业的需求来培养人才，把理论知识和实践知识结合起来，为公司的发展提供强有力的人才支持和智力支持，从而提升了我国企业的综合实力，促进了社会主义市场经济的快速高质量发展。本节将从高职、企业和学生三个层面，对产教融合在高职、企业和学生中的作用进行详细的剖析。

一、高职方面

（一）有助于推动人才培养模式的转变

高职的教学目的不仅是为了向学生提供知识，更重要的是要培养具有良好的职业理想和职业道德，具有较强的动手能力和综合素质，能够就业、适应社会和推动社会发展的人才。要确立新的质量观、人才观，要加速高职人才培养方式的根本性转变，即由传统的以学校和课程为中心向工学结合转变。应该看到，这种人才培养模式的转变是以校企合作办学模式为基础和前提的。

当然，要推动产学研结合，必须找到高职与企业之间的利益契合点，构建校企合作的动力机制，达到互利共赢的目的。高职应立足于行业企业办学，积极向行业企业寻求扶持，以服务为支撑，以贡献为发展。要重视高职与企业的可持续发展机制，从管理体制、协作机制等方面进行改革，并注意建立校企关系的长效机制。在人才培养和应用上，学校为企业提供实习学生，而企业则为学生提供教育、教学和实践的环境；可以是学校依托企业培训教师，定期安排教师到企业实践，企业也可以将自己的优秀员工派往学校提供教学服务，同时依托高职进行职工培训和后备职工培养等。

（二）有助于高职教学改革的深化

随着社会的飞速发展，对人才的要求越来越高，高职教学方式的改革也变得越来越迫切，而产教融合的设施，对于高职教学改革的深化无疑起到非常积极的促进作用。

1. 促进教学模式的改革

要突破传统教育中以学校和课堂为中心的封闭式教学组织形式，密切加强与企业之间的联系，发挥学校和企业各自的优势，把教学活动与生产实践、社会服务、技术推广及技术开发等紧密结合起来，要处理好"工"与"学"之间的关系，大力推进学生到企业等用人单位顶岗实习，形成以学校为主体，企业和学校共同教育、管理和锻炼学生的教学模式。在开展顶岗实习的过程中，学校方面可以按照特定的专业培养目标，安排学生固定时间在企业工作岗位上实习。至于时间的确定，可以集中在一段时间内将学生统一安排在企业岗位上实习，也可以在保证总量的前提下，将学生在企业的时间划分成若干部分，再与学校教学活动交替进行，既可以集中完成，也可以分阶段完成。总之，在工学结合的具体教学组织形式上，提倡解放思想，实事求是，以确保教育教学质量为原则，鼓励工学结合教学组织形式的多样化。

2. 促进教学内容改革

当前，我国高职的教学规划大多侧重于专业的学科体系，而忽视了实践教学，尤其是在适应产业发展与社会人才需求变化的情况下，无法对内容进行相应的调整和更新。在教学计划中，理论知识的讲授相对较多，占了大多数课时，而对实际生产实践活动的安排不足，无法使学生参加实践学习。

理论知识的学习固然是基础，不能被忽略，但是实践的内容也很重要，特别是对某些有较强操作能力的专业，更要注意培养学生的实际能力。为此，高职院校必须对现有的教学方案作出相应的调整。在教学理念上，应着力突破"以专业学科为中心"的教学思路，重视培养学生的实际应用能力与综合素质。在制定教学目标的过程中，要根据市场和社会的需求来培养什么样的人才，注重对学生的实践能力、专业技能、敬业精神和严谨求实的作风进行培养，使他们的整体素质得到提升。在专业建设方面，要以市场需求为导向，对教育、教学内容、专业设置、课程设置进行适时的调整。在具体的教学内容设置上，要坚持"理论与实践能力并重"的指导思想，尽早对高职院校的课程设置进行调整，使其在文化基础课与实践课之间的比重达到最优。

（三）有助于办学资源的积聚

在产教融合中，高职办学资源的积聚主要表现在两方面。一方面，有利于积聚政府资源，充分利用政府的调控职能和政策制定者优势，发挥政府在高职教育中的主导作用，包括人、财、物等资源政策，校企合作政策等。从某种意义上说，这种资源虽然抽象，但受益面相当广泛。另一方面，有利于集聚企业资源，企业需要高职的服务，同时也能给高职的发展带来更多的机会，如学生实习就业的机会、教师实践和锻炼的机会，这些都是学校办学不可或缺的资源。在合作过程中，必然会相得益彰、互动发展。

二、企业方面

（一）有利于减少人力资源成本

伴随着企业的发展，企业对人才的需求也越来越大。然而，因为很多企业的员工经常不能满足其提供的岗位需求，所以企业就必须在员工入职之前，对员工进行二次培训，这就极大地提高了企业的人力资源成本。此外，如今的人才流动越来越频繁，很多企业在投入大量的培训费用后，却得不到自己想要的回报。校企合作可以将学习与工作、理论与实践、学校教育与企业用人需求等有机地结合在一起，从而使学生的知识结构得到优化，从而提升了学生的实际操作能力。学校与企业之间的"校企合作"模式，使学生在毕业后就能满足工作岗位的需要，为企业节约人力资源。

（二）有利于企业经济效益的提高

从实际出发，经济利益是企业成长的原动力，只有获得利润，企业才能成长。企业的经济效益受多种因素的影响，如产品，成本，资本，技术，人才等。在具体的生产过程中，公司经常会碰到一些技术和人才方面的困难，如果只靠自己的话，那么就会有很大的困难，或者需要很长的时间，这会对企业的业绩造成很大的影响。这就要求与高职合作，以解决自身的实际问题。

对于学校而言，由于双方的合作，可以为企业提供更多的学生，因此，在给学生的工资上可以减少，这样，企业就可以减少成本。而在学校里，经过一段时间的学习，学生通常都已经掌握了一定的技术。因此，学生到企业里进行顶岗实习，不仅能够对自己进行磨练，还能利用自己的技术优势，为企业带来更高的收益。在产教融合中，学校也可以为企业提供较强的师资，通过带队实习、检查指导等形式，参与企业生产，帮助企业解决问题。很明显，技术与人才两大问题解决了，企业就会自然而然地实现增效与收入增长。

（三）有利于企业技术创新

从我国目前的现实情况来看，高职和科研机构是一个知识聚集地，每年都会产生大量的新成果，但是在一般情况下，这些科研成果往往要花费很长的时间，才能将其转化为经济效益。这其中的主要原因是，企业和学校、科研机构之间的联系并不密切，他们之间的合作很少，双方之间的相互不了解，使得技术推广变得非常困难。在当今社会竞争激烈的今天，企业要想发展，要想提高经济效益，就必须缩短技术创新的时间，降低成本，提高效率。进行技术创新和产品革新，已经成为了企业保持并获得竞争优势的主要途径。然而，仅仅依靠企业自身的积累，是无法满足社会迅速发展的需求的。所以，学校和企业之间的合作，能够更快地将学校的研究成果转化为现实，并且双方还能够交流研发新技术、新产品。

三、师生方面

（一）有利于打造"双师"素质师资队伍

高素质的师资队伍是提高高职院校教学质量和人才培养水平的关键要素。利用产教融合中的校企合作，高职的教师能够以脱产或半脱产的形式，定期到企业单位去跟岗实习，这样就能够很好地弥补他们在岗位能力和实际操作能力方面的不足。同时，企业机构中的专业技术人员、高层管理人员，在接受了合适的岗位培训之后，还可以到高职学校做兼职，这样就能很好地解决了实践教学教师短缺的问题。因此，通过校企深度合作，可以培育出一支高素质、高技术的"双师"的教师队伍，使教师的结构得到优化，教师的整体水平得到提升。

（二）有利于培养学生的职业能力

在产教融合模式还没有启动之前，由于多种主客观因素，各专业的实训条件都不能满足课程要求，但是，在学校和企业之间进行合作，能够让学生选择与自己所学专业相匹配的实习工作，这样，学生就要转换自己的角色，按照一个职业人的要求去完成雇主交给他们的工作，在毕业之前，学生已经拥有了在该专业领域中的工作经验，一些人在毕业之前就已经获得了相关的从业资格证书。由此可以看出，在校企合作的过程中，能够对学生的动手能力、综合分析能力、独立完成工作的能力和应变能力等职业岗位能力进行培养，实现了学生从"学生—学徒—职业人"的转变。

（三）有利于拓宽学生的就业途径

学校与企业之间的合作，可以让学生及时地了解到自己所需要的工作信息，从而使学生在找工作时与企业间的工作联系更加顺畅。目前，大学生在求职的时候，由于信息的不对称，他们得不到必要的、及时的就业信息，从而导致了很多问题的发生。通过校企合作，学生与企业等用人单位之间的关系得到了很大程度上的增强，在实际的生产和服务中，他们可以更多地了解到企业对人才质量的需求，也可以更多地了解到公司招聘新员工的意向，从而可以直接或者间接地获取到一些有用的就业信息。在此基础上，通过"校企合作"，可以更好地了解产业发展动向，更好地了解企业对人才的需求，从而达到"订单式"人才培养的目的，从而提高学生的就业水平。尤其在现在的大环境下，拓宽学生的就业途径，提高学生的就业率就显得更为重要。

第四节 国外产教融合的发展历史及现状

校企合作在国外，特别是在西方的经济发达地区，已经得到了广泛的应用。校企合作和产教融合，以各国的国情为基础，从理论到实践，都已经形成了一种比较成熟的、固定的、稳定的模式，这些模式对推动各个国家的经济发展起到了很大的推动作用。如德国"双元制"模式，英国"三明治"模式，美国"CBE"模式，意大利"商企合作"模式，这些都是我们在推动"校企合作"，促进产教融合方面所需要的经验。

一、德国的"双元制"模式

德国阿克塞尔·格林格的《合作教育大学——卡尔斯鲁厄：德国高等教育的双重体制》对德国的双元制进行了阐述。彼查德·罗莎琳德《德国双元制：

教育的乌托邦》中分析了双元制的利弊，他提出，双元制的利在于，政府对教育的保证，以法律的形式体现，而学校是以企业为依托，培养人才；不利的方面是，受教育者、学院、企业、同行业的其他部门、企业的领导，以及其他相关的企业，在教育观念上往往存在着差异，甚至存在着差异，这样的情况会让彼此之间的关系变得更加紧张。

"双元制"的职业教育，是由高职院校和企业共同创办的，由用人单位和高职、老师和企业共同培训人员、学生具有双重身份，旨在充分利用学校和企业的条件和优势，加强理论与实际相结合，培养具有专业理论知识、专业技能、解决职业实际问题的高素质技术人才。"双元制"在高职教育中的具体含义如下。

（1）两个培训主体。即企业和职业学校。

（2）两种教学内容。在企业中，主要是对员工进行岗位技能培训，并提供相应的专门技术及工作经验；在职业教育中，除了专业的理论知识之外，还有一般的文化知识。

（3）两种教材。即实训教材和理论教材。为各企业提供培训，已使用联邦技术学院编写的全国统一教材，以保证培训的统一标准和提高教学与生产的结合程度；而高职院校所用的理论课本，多为各大出版社、知名专家所编，并无全州、全国统一的教科书。

（4）两种实施方式。企业根据联邦职业学校制订的训练规则进行训练；职业学校根据其所属国家的文化教育部门颁布的课程大纲进行授课。

（5）两类教师。即实训教师和理论教师。企业培训中的实习教师是企业员工；高职院校理论教师是一类国家公职人员。

（6）两种身份。即企业学徒和职校学生。

（7）两类考试。即技能考试和资格考试。技能考试是一种面向企业的培训，它的考核形式和内容都基于企业所进行的实际操作，目的是测试学生对所学技能、专业知识的熟练掌握程度，通常由行业协会进行。资格考试是针对职业学校的专业理论知识进行的，以所学学科为主要内容，考核方法有书面、口头两种形式，它是由学校组织的。

（8）两类证书。即考试证书、培训证书和毕业证书。证书一般不会受到就读学校的影响。在完成相关专业培训后，他们将获得一系列国际及全国公认的证书，如技术工人证书、伙计证书、商务办事员证书等。培训证明及文凭须由培训单位及专业院校颁发的与培训和学习地点有关的学历证书。

（9）两种经费来源。公司提供的培训服务费用，包括设备、培训期间的津贴、培训教师的工资；至于职校的经费，则是由国家与各州共同承担，像是教师的工资、退休金等，都是由政府承担，至于校舍的建设、设备的维护，以及行政人员的工资等，都是由当地政府承担。

（10）两个学习地点分别受两种不同类型法律的约束。企业培训受《职业教育法》的约束，职业学校则遵循《职业义务教育法》。

从以上内容来看，德国"双元制"高等职业教育总体上是一个整体，但是在具体的教学过程中却存在着显著的差异，呈现出鲜明的双重性。这样一来，可以将自身的条件和优势都充分利用起来，让学生在实习环境中获得有价值的实践体验，同时也可以在学校里进行的系统的专业知识学习，打好自己的理论基础，同时也可以锻炼自己灵活的思维方式，掌握科学的方法，为自己毕业后的就业打下坚实的基础。

高职院校的专业设置是否符合产业结构和经济发展的变化，是高职院校能否满足社会需求的重要表现之一。为此，职业教育的专业设置应体现下述三项基本原则：①企业需求原则：专业设置应满足行业领域内所有企业的普遍要求；②相对稳定原则：专业设置应满足相当长时间内职业发展的需求；③广泛适应原则：高职的专业设置要兼顾学科的广度与深度。德国大学在"职业分析"理论的指导下，采用"双元制"的科学化方法进行专业人才培养，使专业设置具有较强的科学性和稳定性，并能体现其整体素质。职业分析是对社会职业中涉及到的工作和工作内容进行肯定、定义和描述的一种科学的分析，是一种数据收集的过程，也是一种使用行为科学的手段，用以理解相关人员的现场行为及其行为模式。德国人把一种或多种社会职业归入一类，而每一类又对应一个特定的专业，称为"培训职业"。这样，就能够清楚地了解每一种职业所包含的主要活动内容，以及支撑该职业所需的知识与技能，并且能够从邻近的社会职业中找出技能与知识之间的连接点，从而为确定社会专业的类别、定义职业群奠定了良好的基础。同时，对高职院校的专业建设也有一定的参考价值。随着科技的发展和产业结构的改变，社会上的职业呈现出"复合型"的趋势，很多传统的职业被淘汰，很多新兴的、跨学科的职业被涌现出来，这就给高职学校的专业设置带来了新的挑战。

要知道职业教育是否能适应社会需求，也可以从其培养目标能否适应社会经济发展的需要来反映。当代社会是一个在规模上、速度上和能级上都发生着巨大变化的社会，对人才的需求也是空前的。比如，从单一工作类型到复合型工作类型的转换，对工作人员的工作技能有着更高的要求；科技的发展史由单一行业走向复合型，对人才的多行业能力也有了更高的要求；在信息爆炸的时代，知识和技能更新速度快，要求人们能自觉开发自我潜能，通过自我学习实现自我提升；社会竞争机制也要求人们拥有应对经济社会变化的能力。换言之，以职业能力为本位的职业教育目标就是现代社会发展对职业教育提出的新要求。为了满足社会发展的需要，为市场输送符合要求的技术人才，"双元制"模式一方面十分重视对学生专业能力、实践能力、社会能力等基本从业能力的培养，另一方面还重点强调对职业关键能力的训练。这里所说的关键能力是指从事某一职业必须具备的职业技能，它与专业知识没有直接关系，是一种超越职业知识和职业技能范畴外的能力。关键能力是实践能力与社会能力的进一步发展，是专业能力的抽象化提升，无论是职业产生变化，还是劳动组织发生变更，关键能力依然存在，并且不会因为人们不会因为专业知识与技能无法适应新的生产过程和工作组织结构而出现茫然无措之感，而是能在了解新的工作环境和生产过程之后获取与之相适应的新的专业知识与技能。关键能力由许多特殊的天赋组成，其中最主要的是计划、执行、控制和评估的能力。要达到这个目标，就必须在课程体系中加以体现。要达到"以职业为本"的教学目的，就必须在"以职业活动为核心"的基础上，进行"以职业知识、职业技能、职业能力"的教学设计。"双元制"的教学模式，是一种"以专业活动为中心"的教学模式。

"双元制"理论课程的设置，是围绕着学生的就业活动来进行教学内容的选择，并确立了以专业实践为中心的阶梯式课程体系。这种模式是一种以广泛的专业技能为基础的、以职业活动为中心的综合课程体系。从横向看，"双元制"的教育活动是以职业活动为核心的，围绕职业设了专业理论、专业制图、专业计算三门综合性课程，这三门综合性课程基本上涉及了所有专业的理论知识，且难度适中，具有很强的综合性，有利于促进学生分析问题的能力和解决问题能力的提升。从纵向看，"双元制"的所有课程都分为三个层次，分别是基础训练、分业训练和专长训练，这三个层次呈阶梯式上升。换言之，无论学生处于哪一阶段的学习中，都会涉及这三个层次的学习，并且会围绕着职业活动从简单到复杂、从浅显到深入的展开。可见，"双元制"的课程设计与职业活动契合程度非常高，所有课程都是为了更好地适应职业活动而精心设计的。职业技能的生成和获得是一个带有过程性特点的实践性行为。因此，在"双元制"的实训教学中，应以学生和实训相结合为主要内容。在特定的工业环境下，由一系列的生产工艺实现的。在此基础上，以职业实践活动为中心，对学生进行职业技能、职业能力的培养。任何课程的内容都需要通过一系列的教学活动转化为知识、技能，从而使之成为一种可供学生学习的能力。职业教育是高职教育中不可缺少的一部分。因此，从 20 世纪 70 年代起，德国职教学界就对以受训人为主要对象的职教活动进行了初步的探讨。

"双元制"职业教育模式在理论知识的传授和实践教学中都体现出以学生为主体的教育理念。在教学过程中，教师在课堂的教学方式也发生了变化，从单纯的讲授到启发式、讨论式和小组学习。实训教学由传统的四阶段培训法向项目法、引导性课文法、项目应用法及学习岛等过渡。即从"以教师为主"到"以学生为主"的转变。把学生放在学习的主体地位，将传统的师生关系从单纯的传授者和诠释者转变为指导者和咨询者。在"双元制"教育中，学生不是知识的被动接收者，而是充分具有积极性和主观能动性的知识的探索者、获取者。如针对某个学习项目，有的学习可以结合已学知识和技能和新知识、新技能制作完成项目的方案，在方案实施的过程中，学生进一步巩固已学知识和技能，还能训练新知识和新技能，并且在活动中能提升自身解决问题的能力、创新能力、团结协作的能力以及其他能力等。这种以学生为主体的实践教学活动关注学生职业能力的发展，这种教育模式在现代职业教育中仍发挥着巨大作用，这也是现代职业教育能力本位观必然要求。

德国的"双元制"之所以能在国际上享有很高的声誉，很大程度上是由于它的产教结合训练的高层次，而这种高层次的训练又离不开一个客观、公正、规范的测试与评估系统的支持。为保证考核的客观、独立，高职教育的"双元制"考核是由与其培养无关的行业协会组织进行的。行业协会下设考试管理协会，由职业学校、工会以及雇主联合会三方共同组成。其中，职业学校通常会派遣教师作为代表，工会和雇主联合会派遣出代表的人数必须相同。三方代表都应为职业考核方面的专家。考试管理协会的主要任务就是编写考卷、监考以及考卷评分。考试是由行业协会组织并实施的，因此考试要求必须符合《职业培训条例》的要求，而不能随意地以某个职业学校、企业或培训机构的教学内容和评价标准进行。这样做能够保障考试的客观性，使考试结果更具客观性和权威性。"双元制"职业教育考试注重考试的规范性和统一性，即便是不同职业的考试和同一职业不同科目的考试，都会在同一时间进行，并且按照统一的标准进行评分。"双元制"职业教育测试具有客观性和公正性的特点，因此，它的毕业证书不但在整个德国获得了认可，还被欧盟部分成员国所认可。

二、英国的"三明治"模式

英国对产教融合职业教育模式的探讨从很早以前就开始了。英国教育学家在探讨高职与产业之间的联系问题中认为，英国在产教融合方面主要采用的是校企协同研究、高职依托企业办学等集中形式。另一位教育学家在讨论了高职技术的掌握程度与企业合作模式的选择之间的联系中提出，在技术研发的初级阶段，高职应与企业建立共同研发的模式；当技术研发推动至中级阶段，且该项技术已经可以面向市场进行推广使用时，高职与企业应采取合作与委托的模式；当技术研发处于高级阶段时，也就是宣传阶段，高职与企业应加大宣传力度，将技术广泛地推广出去。

可见，英国的职业教育产教融合以产学研合作教育模式为主，被世界广泛熟知的类型有三明治教育模式、沃里克教育模式以及教学公司模式。其中，三明治教育模式是出现最早、发展最成熟、对英国影响最深刻的产教融合教育模式，也是世界各国研究英国产教融合教育模式的主要范式。直到今天，三明治教育模式已经历了一个多世纪的发展历程，完美地融入了高等教育体系之中，成为英国高等教育不可缺少的一部分。本节将会对英国三明治教育模式的发展历程进行梳理，分析该教育模式在不同发展阶段呈现的主要特点、支撑其发展的重要政策性文件以及政府在推动该教育模式发展中扮演的角色和发挥的作用等。希望通过对三明治教育模式发展过程中制度环境建设的分析为我国产学研合作教育模式的发展与改革提供有用的借鉴。三明治教育模式中的"三明治"是"学工交替""半工半读"的一种教育方式，它具有较强的实践性和灵活性。三明治教育模式的发展历程大致可分为四个阶段：①萌芽阶段，20世纪初—20世纪50年代，在这一时期，三明治教育模式产生，但发展艰难；② 20世纪60—70年代，是三明治教育模式快速发展时期；③ 20世纪80—90年代，是三明治教育模式发展走向成熟阶段；④ 21世纪至今，是三明治教育模式的稳定发展时期。

20世纪初期，英国一些高职院校因对高技能人才的大量需要而进行了"三明治"式教学的试验。由于是少数几个学校单方面采取的做法，与传统的灌输式教学方式不同，在初期并没有得到工业界的积极配合，因此发展缓慢，一直到1950年代英国政府建立了全国的技术教育制度，才渐渐有了起色。早在20世纪初，英国就有几所科技院校，以桑德兰技术学院（现改名桑德兰大学）为代表，开始尝试"工学交替"的教育方式。在学校成立初期，学校领导就认识到，以知识型、理解型为主的教学方式，已经不能满足社会对人才的新要求，因此，他们主张在修读课程的同时，也要有一定的工作经验。因此，第一个将一种名为"三明治"的工学交替式培养课程体系引进到了机械工程学院，1908年，25家机械企业开始采用该课程，到1910年，改进后的夜间课程已能招收两年预科后的专业人才。在三明治班就读的学生，可在日间工作，夜间进修，由此获得较高资历。但在这个时期，"三明治"课程得到的社会认同并不高，因此，在整体上，"三明治"课程的参加者并不多。例如，1956年布鲁内尔大学的应用物理"三明治"班，首期仅有九位同学参加，尽管为了得到企业、学生及社会的认同而不遗余力地推行"三明治"班，但进度还是很慢。在这种发展背景下，1956年英国政府出台了《技术教育白皮书》，正式确立了"国家技术教育体系"的基本雏形。

《技术教育白皮书》的颁布明确了技术学院在高等教育中的地位，也充分肯定了三明治教育模式在英国技术教育中发挥的重要作用，确立了三明治教育在高等教育中的特殊地位。1959年，英国政府发布的《克罗瑟报告》，进一步肯定了三明治教育为英国技术教育做出的巨大贡献，甚至指出三明治教育在未来或可成为英国青年技术教育的最主要模式，并且提出，产业部门应积极应对这一趋势，根据自身对人才的需求制定技术人才相关标准。同年，英国技术学位管理协会承认了三明治课程的技术学位，标志着三明治课程获得学位获得了国家认可，彻底解决了三明治教育学位认证的难题，这是三明治教育模式发展历程中里程碑式的突破，这一问题的解决为三明治教育模式的快速发展扫清了最大的障碍。为了保证"三明治"教育在迅速发展过程中的"产教结合"，英国政府对"产教结合"采取了扶持＋规范的双管齐下战略。在这个阶段，英国中小企业取得了长足的进步。英国的产业代表于1958年成立了第三方机构"产业培训管理协会"。但是，由于缺乏政府干预，这样一个"中间机构"的功能就很难得到充分的发挥。因此，雇主必须改变先前反对政府干预的做法，转而由企业家联盟、贸易联盟代表及产业界代表提请英国劳工部向国会递交申诉报告。

  这份报告显示，英国的制造业在世界各地都面对着巨大的挑战。随着科学技术的发展，英国面临着高技能人才短缺的问题，其产业专门人才的培养与世界上其他国家相比已有相当大的差距。这一政策的出台，对于促进我国的经济建设和《产业培训法》的制定，具有重大的现实意义。这一法令为英国建立了工业训练委员会和训练管理中心。工业培训委员会，由劳资双方代表和教育专业人士按照一定比例组成，可以从其所属体系的工业单位收取1.5%的营业额，作为公司培训的经费。该提案的最大贡献是从法律和机构两个层面上，免除了长期妨碍英国行业参加"三明治"教育的培训成本，并让英国企业对发展人力资源有了更多的热情。此外，"三明治"教育也获得了国家的大量资金支持。英国工程训练与管理学会于1965年创立。在建立后不久，管理学会便发行了首张《信息报》，推动《产业培训法》的实施，并承诺会通过《信息报》对有兴趣参与校企合作的企业或组织提供必要的帮助。在工程培训管理协会出版的第三期《信息报》中，表明该协会将会对部分三明治课程提供经费支持，这部分三明治课程包括能获取技术学院证书与学位的、国家高等证书与学位的、国家学位管理协会证书等相关的三明治课程，并且，也会为参与其中的企业提供一些经费支持，降低了他们在员工培训、再培训、实习生安置等方面的经费压力。

英国政府通过增加对"三明治"的投资等方式,使"三明治"教育成功地走出了金融危机,步入了成熟期。到了20世纪80年代,随着英国政府对高职的财政进行了大量地削减,高职不得不寻找与工业界的合作,这也是为什么高职与工业界之间会有更多关系的原因。与此同时,英国的人口也在"二战"后达到了一个新的高峰,随着大学生数量的暴涨,企业已经无法再为大学生提供更多的实习机会,而三明治计划的学生却越来越多,这也导致了大学生找工作的难度越来越大。随着《1988年教育改革法》《有限助学贷款方案》的颁布,英国的高等教育资助政策也从最初的"免费+助学金",变成了"上大学交学费、向贫困生发放贷款、分期付款、银行回收贷款",这使得英国的高等教育负担更加沉重。20世纪90年代初,随着英国经济的急剧衰退,使得学生们在实习中找工作变得更加困难,三明治教学也因此受到了极大的冲击。因此,加大政府的投资力度,吸引更多的公司来为"三明治"教育的发展提供就业机会,已成为当务之急。在此背景下,英国政府先后发布了多份关于"三明治"的文件,从政策引导到财政资助等方面,都对"三明治"进行了大力扶持。在1981年,《一个新的培训框架：行动项目》中,"青年人才培养框架"应运而生,呈现出更加明显的"工学联合"的人才培养模式。在新的课程体系中,将对学生进行实训与脱产授课两种形式的培训。对于提供实习机会的公司,政府将给予补偿。在实习期间,学生可到国有企业开展实地调查,拿到工资待遇。

1982年,为了弥补公司没有足够的实习机会,英国政府规定,每周向三明治学习的学生发放45至52英镑的津贴,不管是厚三明治还是薄三明治。除了公司提供的常规实习职位之外,还提供了一份额外的学生津贴。1987年,英国政府发表了《高等教育——应付新的挑战》,并提出20世纪后十年,要加强与企业界的关系,使其更好地服务于经济发展,并加强与企业界的关系。白皮书指出,政府和资助的主要组织应不遗余力地鼓励和资助高职,以拉近与商界的距离；因此,政府会推动商界,让他们意识到与教育界紧密合作,既能从中获益,又能获得更大的价值。为了提高企业对三明治教育的参与程度,1988年,英国政府颁布了《90年代的就业》白皮书,明确提出地方工商界可建立一个由多为代表组成的培训与企业理事会,参与到三明治教育工作之中。

到了 1995 年，英国已建成了上百个培训和企业理事会。同时，1991 年，英国政府发表的《高等教育的框架》白皮书提出企业要进一步参与到高等教育的试点工作之中，希望通过这种方式拉近职业学校和企业的关系，深化二者之间的合作，使高职学校培养出兼具劳动技术与企业精神的学生。除此之外，英国政府还通过多项计划解决三明治教育造成的岗位稀缺的问题。20 世纪 80 年代后期，英国推出了"高等教育创业计划"，也是英国实施双创教育政策的的开端，是对三明治教育补充。"高等教育创业计划"的目的是培养学生的创新创业能力，要求在教学内容中加入与职业相关的内容。在第一批获准开展三明治课程的高职中，有超过 10 所高职得到了政府连续五年共计 100 万英镑的资金支持。这项计划的开展毫无疑问能够推动三明治教育的的深入发展，获得自主的高职陆陆续续开展了相关工作，为三明治教育的发展开辟了更加广阔的发展空间。毫无疑问，英国政府在 20 世纪 80 年代到 90 年代近二十年间开展的一系列改革取得了显著的成效。因此"三明治"教育不仅没有因为英国的经济萧条而衰落，反而有所增长。

进入 21 世纪，英国政府一直致力于促进工业界与学术界的融合，以促进我国高等教育在国际竞争中的核心地位，并以此作为促进产学研合作的一项重大举措。英国政府围绕培养"世界一流的人才"这一主题，在高等教育领域展开了一系列的变革。2003 年，英国发布了《高等教育的未来》白皮书，高等教育应顺应经济社会的发展，具备高度的灵活性以便更好地应对时代的挑战。同时，《高等教育的未来》白皮书中还提出了进一步加强产学合作的具体措施，如为了鼓励高等院校与企业建立合作，政府会出资建立 20 个 "知识交流中心"作为高等院校与产业界合作的平台，通过职业培训、产学联合等形式培养高素质创新型人才。这一计划既与英国高等教育改革的理念相契合，也充分体现了英国政府建立"官、产、学"三位一体的国家创新体系的强大决心，为三明治教育拓展了广阔的成长空间。三明治教育在英国高职中的应用十分广泛，大多数英国高等院校都设置了三明治课程以便学生自由选择。

根据入学类型和教学类型，三明治课程按可分为四种类型：①学校教育与实习训练各半年，二者交替进行；②四年制课程，前两年进行学校教育，后两年进行实习训练；③四年制课程，第一年进行学校教育，第二年或第三年进行实习训练；④将一年教学计划分为九个月学校教育和三个月实习训练，或者1年实习训练+2年学校教育+1年实习训练的模式。

综观"三明治"教育，其产生是从技术学校响应社会需求开始的。"三明治"教育由一家未获授权的个体学校行为，发展到工业界的积极响应和参与，由"多科类"的专业化培养，到各类高职院校广泛推行的人才培养模式，这近百年来的发展历程，英国政府功不可没，对"三元化"教育的每一个发展阶段都有着重要的影响。英国政府在"三明治"发展上的定位是正确的，在政策上给予了强有力的支持。英国政府从领导者与管理者的视角，遵循"有所为、有所不为"的体制设计思想，采用"顺时引、逆时推"的规范监管与激励导向相结合的双轨制战略，从法规政策的引导、教育成本的投入和组织结构的协调等方面，为"三明治"教育的跨越式、高质量发展营造了有利的体制环境，使得"三元制"教育能够快速发展，并确保"三明治"教育的深入整合。

三、美国的"CBE"模式

在美国，以综合高中和社区学院为主体，而社区学院则是美国最具特色的职业教育制度。因为美国的职业教育是大众化的，所以它的职业教育大部分都是由公立的高等职业学校或者大学来完成的，所以美国的企业对职业教育的参与率并不高，这也和他们的职业流动率很高有关。美国的职业教育培养的是"一专多能"的综合型人才，符合美国的社会特征。其培养模式主要是"CBE"模式，即"以能力为基础的教育（competency based education）"，简称CBE。它是"二战"之后出现的，目前已被美国和加拿大等北美国家所普遍采用，是目前比较成熟的一种。"CBE"模式的特色在于，学校以岗位群所需要的职业能力作为人才培养的中心，实际上是一种开放式的教育，在人才培养的过程中，重视对学生的实际应用能力的培养，在师资方面，聘请具有较高技术水平和经验的企业工程师，并保证了实践者的比重，从而提高了学生的实际应用能力。

能力本位职业教育（competence based vocational education，CBVE）是美国高职教育的典型模式，其核心是CBE理论。从总体上讲，CBE是一种基于能力基础，强调能力培养和能力培养的教育与教学理念。"以能为本"的职业教育，是一种面向社会，注重实践能力的职业教育。它以对职业角色活动的综合分析为出发点，以为训练对象提供企业和社会对其完成工作任务所需的能力这一根本原则，强调学生在学习过程中的主体作用，重点是在于让学生具备一定的职业所需实践技能。

1. CBE 模式产生的背景

第二次世界大战期间，美国为了扩大军工生产，将许多民用生产线转为军事生产线，而原来企业中的工人和技术人员并不会军事生产技术，需要对这些人进行专业培训，于是出现了在极短时间内培养具备实际操作能力的教育，这也是 CBE 模式的雏形。到了 20 世纪七十年代，战后世界秩序重建，美国为了满足经济发展需要，政府要求教育部门顺应经济发展，满足各行各业对人才的需求，以及满足产业分工造成的岗位分工精细化、专业化要求，对岗位人员进行培训和在培训，为此出现了许多矛盾，CBE 模式正是在此背景下产生的。

CBE 模式的理论基础主要有三点：一是系统论和行为科学，认为人的内在需要、动机、意志、态度、期望等会对直接影响人的行为；二是美国教育家布鲁姆提出的"有效率的教学从精确地想要实现的目的开始"观点；三是教育目标分类的观点，认为只要为学生提供合适的学习资源、适当的学习指导以及充足的时间，绝大多数学生都能达到教育目标。

2. CBE 模式的特点

（1）CBE 模式以从业能力作为教育基础、培养目标和评价标准；通过职业分析确定的综合能力作为学习科目；按照职业能力分析表所列出专项能力，由易到难安排教学。

（2）CBE 模式依据能力作为教学基础，即职业能力分析表所列的专项能力按从易到难的顺序安排学习计划。

（3）依据学生具有的职业经验和能力作为入学标准。

（4）在具体的实践操作过程中，注重学生的自学与自我评价，教师是教学的管理者与引路人，以学生为主体来组织教学，并根据学生的专业水平，根据专业水平的不同，提供不同的学习资源，编制模块化的"学习包"与"学习指南"，并在此基础上，统一设置学习信息库。学生要对自己负责，按照学习指南，以自己的实际情况为依据，制定学习计划，在学习结束之后，首先要展开自我评价，当他们觉得自己符合要求之后，再由老师对他们进行考核。

（5）CBE模式着重于教学方法的灵活性与严谨科学化的管理，课时长短不定，随时随地招生，由学生自行选择学习方法与时间。比如全日制、半日制、单独学习、小组学习、听课、自学等，每一个学生的毕业时间都是不一样的，从而很容易实现小批量、多品种、高产量的教学融合。因为每个学生的入学水平不同，学习方式不同，个体差异较大，所以必须要有一个严格科学的管理制度，使教学质量得到最大限度的保障，使设备的作用得到最大限度的发挥。

3. CBE模式的实施

CBE模式具体的实施程序为：①实施前必要的职业和岗位分析；②职业或岗位能力需求分析，即从事该职业或胜任岗位所必须具备的基础能力，通常由1～12项综合能力构成，每项综合能力又可细分为几项专业能力，一项专业能力又由专业知识、职业经验、职业态度和反馈四个部分组成；③确定准入标准；④结构知识性任务，明确掌握一项专项能力所需的知识领域；⑤明确课程目标；⑥设置学习任务；⑦学业测验，包括衡量学习者入学时知识与能力水平的诊断性评价、用于提供教育反馈的形成性评价、验证学习者知识与能力掌握程度的终结性评价；⑧笔试测验，考察学习者对重要相关知识体系的掌握程度是否达标；⑨开发学习包，根据不同职业和岗位专项能力，开发出帮助学习者掌握各项知识与技能模块的学习资料；⑩调整试验，从学业测验、笔试测验的反馈中了解教学中存在的问题，调整指导材料内容和指导方法，尽可能在该阶段解决所有教学过程中存在的问题；⑪开发学习管理系统，使学生结合自身实际情况合理制订、调整学习计划，按照符合自己习惯的顺序完成各项学习任务；⑫结合实际教学需求确定课程方案和课程评估方案，并在教学过程中及时对方案进行调整和修改，最后对教学效果进行评估。

4. CBE模式与传统职业教育模式的比较

CBE与传统的基于学科和专业课程的高职教育不同，更多地关注系统科学，将教学过程视为一个系统，关注输入与输出的过程，并关注其反馈调整。美国高职教育模式中体现了以学生为主体的思想，CBE模式强调个体化，以学生为中心，注重学而非注重教。在教学中，要充分认识到学生的个体差异，给他们足够的教材、设施和时间，使他们能够依据自身的基础和接受情况，对自己的学习进程进行调整，作出最好的选择。学习内容、截止日期、学习计划、时间、进度、学习深度，因人而异，要有灵活性。

美国的高职教育以"职业能力"为核心，而CBE教学则旨在总结"职业能力"这一概念，概括起来就是：如何使受教育者具备一种职业所需的所有能力，包括教学依据、教学目的、教学过程、教学策略、评估标准等，都要与"职业能力"密切相关，突出了高职教育应注重培养学生的综合职业能力，注重学生的核心能力，以及学生之间的合作能力。美国高职学校重视对实践技能的训练；目前，CBE的教学活动主要集中在实训基地，虽然外观上与实习基地十分相近，但其装备与设施都是与时俱进的。CBE教学以实践性为主，但也不排斥理论性，坚持以专业技能服务和"够用"的原则，根据岗位对能力的需求确定授课的强度。根据工作需要的具体情况，来决定理论性知识的讲授力度。相对于传统的教学，只有对过时的理论性内容和课程进行删减和压缩，以提高学生的实际操作能力。美国高职院校在发展过程中，重视学校与学校之间的教育与教学资源的整合，是高职院校发展的必要条件。CBE的培养目标是强调教育与教学资源的整合。CBE教学的重点在于对学生的职业岗位综合能力的培养，而要培养学生的综合素质，就要有相应的实验和实践条件、完善的教学条件和现代化的教学手段。每所职业院校都要建立实验室、实习厂（场），使学生在实习过程中得到实践锻炼的同时还可以锻炼学生的动手能力和实践能力。并与各行业单位建立长期稳定的合作关系，让学生在实际工作中获取更多的工作岗位，从而增强学生的就业能力。

美国高职教育以教师培训为突出特征，它对教师的素质提出了更高的要求，即教师必须具有教育者和专业技术，并且具有三者所需要的品质和能力。这就对高职院校的教师们提出了更高的要求，他们不仅要把自己的教学工作做好，还要在学校管理、组织发展、与外部培训企业、与学生的关系等各个方面都要有一个良好的素质。

在CBE教学中，教师起到了引导、判断、建议和评估的作用，要想好如何进行教学方案的制定，将仅仅依赖于课堂上所传授的理论，变成亲自演示、指导学生，并对对学生的能力的提高。在教学实践方面，教师既要进行科学研究,又要建立自己的实验示范基地,还必须深入生产一线,在实际操作中不断增强自身的综合技能。

四、日本的产学融合模式

当前,许多国家都在大力发展高职教育,以增强自身的竞争能力,维护社会稳定。中国应主动向世界各国学习、吸收先进的技术、经验,并以开放的心态参与世界经济的改革与发展。本书拟就日本职业教育促进产业发展的经验及举措作分析探讨。自 1871 年在东京设立"工学寮"以来,日本已经步入了近代职业教育的发展时期。近百年来,日本的职业教育发展迅速,并呈现出鲜明的特点,对促进国家经济发展起到了积极的推动作用。日本的高职教育制度,使高职教育有法可依,有章可循。日本最早的职业教育法令是 1899 年颁布的《实业学校令》。1916—1947 年实施《工厂法施行令》,指出要对雇佣人员进行教育培训。1947 年颁布《教育基本法》,对劳动基准和职业训练目的等做出规定,同年还颁布了《职业安定法》。1951 年颁布《产业教育振兴法》,是"二战"后日本一部比较全面的职业教育立法。1958 年,英国颁布了《职业训练法》,这是一部专门用来执行职业教育的基本法规,旨在培养有一技之长的职工,使他们能够找到一份稳定的工作的同时也能使自己的地位得到提高,促进经济的发展。同时,日本也根据其产业结构、经济、社会发展等方面的特点,制定了一系列有关职业教育的法规,为职业教育的不断发展提供了保障。在此背景下,日本的高职教育既为日本的工业转型提供了人才与智力支持,又极大地拉动了日本的经济增长。"二战"后,日本的一、二、三产业所占的比例从 1946 年的 38.8%、26.3%、34.9%,到 1955 年的 38.8%、28.7%、32.5%。

虽然在此期间产业结构的三次变化都没有产生明显的变动,但随着经济的告诉发展,生产规模的爆发式扩大,技术人员的缺口越来越大。1956 年,日本开始进行产业结构调整,第一产业的比重持续下降,第二产业的比重快速上升,第三产业的比重稳步上升。经济的高速发展以及产业结构的变化,对职业教育的要求也产生了相应的变化。20 世纪 50—70 年代,职业院校中,与第一产业相关的学生数量基本保持不变,而第二产业和第三产业相关的学生数量多年来持续增长,在这一时期,日本职业教育很好地适应了经济社会的发展,满足了经济增长与产业调整对人才需求的变化。在20世纪初期,日本的职业教育主要为学校教育,全国职业院校超500所,在校学生近8万人,为第二次世界大战后日本经济恢复与工业崛起提供了大量技术人才。20世纪70年代,世界石油危机,日本重工业与化学工业也遭受重创;20世纪80年代,日本开始了第一轮产业结构调整,开始走以技术为引领的经济发展战略,将重工业、化工业、制造业等向电子通信、医药、生物、新能源等产业转化,职业院校也相应地开设大量相关课程,为这些产业提供技术人才。同时,职业院校将过去的综合学科分为若干小学科,使学科建设更具专业性和针对性,教职队伍也紧跟学科划分的步伐,保证教育水平。日本大多数职业学校都是私营学校,相比于公办学校,其办学形式更加灵活多样,课程设置更具针对性和实践性,与当时产业调整与新兴产业发展相契合,及时填补了产业变化的人才缺口。

日本政府颁发的《职业能力开发促进法》,从法律上规定了企业对人才自发必须承担起相应的责任和义务,因此,日本企业对员工的专业培训和再培训投入充足。同时,企业积极参与到员工鹅职业发展规划,为员工提供各种职业培训和职业教育,促使企业员工的生产能力和管理水平持续提升。这种由企业实施的职业教育是受企业需求和产业需求双重驱动下形成的一种独特的职业教育模式,大大提高了日本社会劳动水平和劳动生产率,为日本经济飞速发展提供了强大的人才支持。产学结合是日本职业教育的另一个典型特征,通过产学结合的人才培养方式为日本产业发展培养出了一大批高级实践型人才,在日本经济复苏和经济振兴中发挥了巨大作用。

日本的某些公司,为获取所需要的技术人员,向他们提供科学研究服务,也会与大学建立合作关系,这样既能提高学生的就业率,又能提高教学质量,实现多赢多赢的局面。校企双方在人才培养上进行了广泛的合作。与此同时,企业还将其雇员送入大学深造,培训后返回就业岗位;此外,公司的员工还可以来学校做一些讲座,做一些实验,而学校的老师则兼任一些与公司相关的职位,为公司的发展提供一些智力支持。另外,日本也成立了学术振兴基金和科研基金等,为产学融合项目提供资金支持,高职可以接受企业的委托,也可以与企业开展有关课题研究,使科研成果能够迅速、便捷地向生产力转化。日本通过建立平等的职业教育制度，使其在国际社会中的职业教育地位得到了根本性的提高。日本也是这方面最早提出"终身教育"概念的国家之一，并且十分重视由学校向社会转型时所进行的教育与训练，如以企业为主的职业教育、以社会为主的职业教学、以沟通为主的教学、以自发性的学习小组或社会性为主的教学等，都是为了增强学生的学习能力。一般而言，此类职业训练均为企业所举办，从基础训练到进阶训练，均有分级，唯有如此，才能确保员工的整体素质持续提高，以满足新科技的运用与企业发展的需要。

1995年，第19届东京都产业教育审议会发表的《关于在终身学习社会期待的职业教育》咨询报告中提出，要构筑终身学习社会，把走上社会后的学习作为人生体系的重要一环。这一系列的法律规定和权威的报导，有力地推动了终身职业教育的发展。同时，日本也通过建立健全的职业资格认证体系，提升其社会地位，积极推进终身职业技术的发展。

第五节　国内产教融合发展现状及存在的问题

一、我国高职院校产教融合发展现状

职业教育与产业有着密切的联系，这既是行业细分的要求，一方面体现了产业升级、产业分工细化的发展需求，另一方面也是产业不断向专业化发展的必然趋势。产业发展在很大程度上影响了社会对人才的需求，成为促使职业教育成为单独的教育类型独立出来的重要因素，并在职业教育发展和改革中产生了一定影响。不仅如此，产业的专业化分工也使得职业教育与产业之间的天然联系出现了裂痕，职业教育与产业环境渐行渐远。而在今天，职业教育的进一步发展势必要重新增进与产业环境的联系，这就需要外部力量推动，特别是政府及相关部门提供政策支持，强化职业教育与产业之间的联系。但是，尽管政府已经提供了政策引导与支持，但从整体效果上看，无论是校企联合还是工学结合，职业教育产教融合的收效并没达到预期。因此，我们必须对已有政策进行深入分析，找出其存

在的问题，探索政策支持对职业教育产教融合的新思路。

要探索职业教育产教融合的发展，首先要明白产教融合的含义。"产"即产业，传统意义来讲，产业包括一切物质生产部门。然而随着生产力的不断发展，产业分工更加细化，产业的内涵更加丰富，产业的外延不断延伸，产业的概念也发生了变化。从现代的眼光来看，产业是指拥有利益联系、具有不同分工的各个相关行业所组成的业态，泛指一切生产物质产品和提供劳务活动的集合性组织。"教"即教育，在本书中特指职业教育，是产业分工细化达到一定程度后，为了满足产业专业化需求和社会再生产发展需要而产生的教育类型，以为社会各行各业培养专门人才为目的。所谓"融合"，是指将两种或多种不同的事物通过某种方式合为一体，或者相关事物之间通过某种质变成为一种新的事物，产生的新事物无论是在形式还是内容上可能会与原事物存在差异，推动产教融合以提升职业教育水平正是因为"融合"具备的这一特性。"产教融合"就是将职业教育与社会物质生产和社会服务等行业开展合作，共同开展教育、生产、服务等活动，形成与单纯的教育和产业不同于的新的组织结构。在这一新的组织中，核心是开展教育活动，如此才能为物质生产和社会服务等行业中输送具有较高专业素养的人才。产教融合中教育、生产、服务的分配关系与校企合作中权、责、利的分配有所不同，必须要形成一个新组织，它的功能与学校和企业的功能不同，肩负的是帮助学生顺利走上工作岗位并胜任工作职责的功能，换言之，这一组织是学校和产业间、学生和岗位间的桥梁。政府要为产教融合提供政策支持，就要了解产教融合的作用机制，制订适合产教融合发展的政策，才能在推动产教融合中发挥真正的作用。

在职业教育这项公益事业中，获得收益回报最多的是政府。而产业是市场经济的组成部分，市场既是经济发展的推动者，也是经济发展的受益者。因此，职业教育政策的变化势必会受政府和市场的双重影响，于是出现了以国家为本位的政策范式和以市场为本位政策范式。在新制度经济学的层面来看，政策的更新是面向新目标实施的制度调整和制度结构的调整，是用一种效益更高的制度替代效益低的制度。可见，更新政策的目的是为了提高制度的效益，为推动政策更新的一方带来更高的利益，因此，产教融合的政策变迁，我们也可以看作是为实现职业教育和产业利益最大化的必要措施。

(一)《职业教育法》颁布前与国家本位的政策范式

我国职业教育在 20 世纪 80—90 年代近二十年中经历了恢复、发展、停滞不前三个历程。从现代职业教育体系的构成来看，这二十年也是我国职业教育发展的起步阶段，这一时期，我国对职业教育的政策以促进中等职业教育市场化发展为主。1978 年，国务院在《关于中等教育结构改革的报告》中阐明了要重点发展中等职业教育的观点，并明确提出了中等职业教育结构改革的重点，根据现有国情和教育发展情况，稳步地、有计划地推动职业教育发展。也正是从这一年起，我国职业教育得到恢复和发展。

对推动职业教育恢复上，除了政策支持外，政府还通过专项拨款、政策优惠等方式促进职业学校发展。如从 1983—1985 年，两年间国家财政提供了 15 000 万元的职业教育补助经费；同时，为校办工厂提供减免政策，吸引更多的企业投资职业教育。政府充当学校和社会力量的中介，将招生、就业与市场进行有效衔接，增强学校与产业的自然联系。政府既是教育政策的制定者，也是政策实行的推动者，目的是通过政策支持确定职业教育的合法地位，再通过政策引导帮助职业教育吸引更多的社会资源，做好毕业生与市场的有效衔接，增强职业教育为经济社会发展的作用，具有明显的计划培养的特点。以国家为本位，以政府为主导的政策，在一段时间内促进了职业教育的快速发展，招生人数得到大幅度攀升；并且毕业生与企业要求吻合，收到了市场的广泛欢迎，甚至在一段时间内出现了企业与职业学校提前预定毕业生的局面，在产教融合上取得了明显的成绩。然而，在这种以国家为本位的政策导向下，职业教育十分依赖政府的支持，一旦政府政策以及相关配套改革没有跟上，职业教育就会出现发展疲软甚至停滞不前的状态。20 世纪 90 年代后期，职业教育过分依赖政府主导的弊端显现，职业院校招生数量明显下降，企业资源撤出，职业教育与市场间的联系变弱等，都是这一问题的集中体现，职业教育发展陷入了前所未有的困境。

(二)《职业教育法》颁布后与国家本位的政策范式

为了帮助职业教育摆脱发展困境，激发促进职业教育发展的活力，我国在

1996年，颁布了《中华人民共和国职业教育法》，其中明确规定了职业教育应走产教融合的道路，也确立了产教融合的合法地位。为了贯彻这一精神，国家教委发布了《关于实施〈职业教育法〉加快发展职业教育的若干意见》，具体部署了贯彻落实产教融合的一系列工作。之后又陆陆续续颁发了一系列关于产教融合具体工作的文件，如国务院在2002年发布的《国务院关于大力推进职业教育改革与发展的决定》，提出企业要加强与职业学校的合作，依靠企业推动职业教育发展；教育部在2004年发布额《关于以就业为导向深化高等职业教育改革的若干意见》，提出高职教育要实施产学研结合的发展道路；国务院2005年发布的《国务院关于大力发展职业教育的决定》，明确提出了校企合作、工学结合等职业教育的人才培养模式；2010年，国务院常务会议审议并通过了《国家中长期教育改革和发展规划纲要（2010－2020年）》，提出要推动校企合作制度化；2014年，国务院发布《国务院关于加快发展现代职业教育的决定》，提出要进一步推动校企合作，深化产教融合，这是我国首次在国家层面提出产教融合的要求，也国家对产教融合要求的进一步提升。

纵观产教关系的变化，不难看出国家充分发挥了组织中介的只能，引导行业、企业积极参与到职业教育的发展之中，在职业教育不同发展阶段扮演不同的角色。国家通过一系列政策法规，一方面对产业部门如何参与职业教育做出了明确指导，另一方面确立了产业部门在职业教育发展中所处的地位和应发挥的作用。通过这些政策性文件，明确了产业部门在宏观、中观、微观层面积极参与职业教育发展的工作和要求，极大推动了职业教育规模的发展。但是，这些文件并非《职业教育法》配套的下位法律文件，无论是在政策稳定性上还是制度效力上都有局限，无法对产业部门的行为进行限制。并且，尽管政府在其中起主导作用，但对自身只能缺乏清晰的认识，对参与者和主体责任划分不清晰、不明确，这使得在处理产教融合的问题时，无论是作为参与者的企业部门还是作为主体的职业教育部门，都拿不出一个明确的导向，这也是政策的实际成效不明显的重要原因，常出现政策失灵的现象，没有在产教融合的前期打下良好的基础。

（三）《中华人民共和国高等教育法》与市场本位的政策范式

随着市场经济的不断发展，高职管理制度、管理模式以及制度保障改革的问题被提上了日程。1993年，国务院颁布了《中国教育改革和发展纲要》，开启了我国教育改革与发展的新征途、新方向，明确提出了高职要成为面向社会的、自主办学的法人实体的要求，这标志着我国高职政策将从过去的以国家为本位转向以市场为本位。1998年，我国颁布了《中华人民共和国高等教育法》，从法律层面确定了以市场为本位政策的地位，高等教育的管理权限也转件向地方转移，高职获得了更多自主权，这也说明了高等教育体系的内部环境正在翻天覆地的变化，相应地，学校与政府、与行业、与企业之间的关系也会产生巨大的变化，以市场为主导的模式逐渐形成，政府在教育中的职能相应收缩，对高等教育的投入逐渐减少。

2006年，国务院发布了《国务院关于大力发展职业教育的决定》，这是迈入新世纪之后国家对职业教育做出的第一个重大部署，为在全国高等职业院校改革和发展提供了范式，加强了高职教育发展与社会发展之间的联系与结合，推进职业教育产教融合，提高办学效益，最终实现职业教育的良性发展。国家决定开展国家级示范性高等职业院校规划，进一步整合职业教育资源，深化职业教育改革，创新发展机制，按照以中央为引导、以地方为主体、突重点、协调发展的原则，从办学类型、地区和行业等多个角度为出发点，在全国高职院校中选出100所教育定位准确、办学条件优良、社会声誉良好、产学结合成效明显、改革效果显著、制度环境好的高职院校为试点对象，进一步完善相关政策，推动工学结合的优势学科建设，以点带面，最终带动全国高职院校教育改革的发展。

在示范项目的实施过程中，一批高职院校在人才培养模式创新发展、工学结合课程小组建设、办学特色、服务职能提升等方面取得了显著成绩。从而加速高职学院的改革，提升学院的综合实力，提升学院的产教结合，提升管理水平，提高学院的经营效率；一批重点专业的出现，为地方的主要产业制定了专门的人才培养计划，有力地推动了大量具有省级示范、行业示范等特点的高职高专学院的建设，建成了一批定位更加鲜明、专业特点突出的高职院校，为推动传统产业转型升级、新兴产业的良好发展以及市场经济建设提供了重要的人才支持，带领全国高职院校探索出了一条属于自己的发展道路，彰显出职业教育新的活力与生机。

国家示范高职院校建设项目充分发挥出了职业教育改革的意义和作用，使职业院校建设更加完善，进一步深化学校与行业、企业的关系，明确了双师课程小组的建设理念，建立健全双师人才培养机制，更加深入把握社会对中层人才的需求和企业意识。在示范项目实施过程中，财政投入对高职院校建设产生了明显的拉动效应，地方政府对职业院校发展的重视程度显著提高，财政支持力度提升。正是基于产教融合的职业院校人才培养模式的改革，促进了高等职业院校转变人才培养观念，推动了一些院校特色专业的产教融合水平，增强了毕业生的就业、创业能力，进而提升了职业院校在教育领域和社会上的地位。

教育部在2015年发布了《高等职业教育创新发展行动计划（2015—2018年）》（以下简称《行动计划》），在职业教育"十二五"发展经验的基础上，为了更好地迎接"十三五"的发展任务，是职业院校制订面向"十三五"规划的引导方针和行动指南。在我国"十三五"规划中，将进一步深化职业教育产教融合水平作为促进教育现代化的重要任务，要求职业教育继续深化产教融合，创新校企结合的人才培养模式，推动特色专业建设，坚持课程内容创新，完善教学方式，实现知识传授与专业实践的有效对接。只有不断发展技术，促进技术进步，实现生产方式的变革，职业院校才能适应不断变化的社会公共服务需求，换言之，只有实现产教深度融合，促进职业教育现代化转型与发展，才能持续不断地为社会输送满足产业发展的专业人才，才能将人口优势转化为切实为国家与社会经济发展提供智力支持的人才红利。国家优质院校建设计划提出了明确要求，将定位准确、专业建设鲜明、综合办学水平高、社会服务能力、与地方发展需求相契合、符合行业优势突出作为选拔条件，提出了深化职业教育改革、提高技术创新能力与社会服务水平、培养高素质综合性技术人才、增强师生行业、企业影响力、提升专业创新水平等主要建设任务，体现了国家对优质院校建设在"十三五"期间职业院校产教融合的高水平发展的新要求。产教融合是校企合作的升级版，对校企合作具有深层次意义，具体如下。

第一，产教融合就是把行业发展对职业岗位提出的新需求与专业教学规范、教学大纲、课程等教学资源有机地结合起来，对于提高校企合作、产教融合的水平，有着十分重要的指导作用。

第二，产教融合可以推动新技术、新技能在产业中的扩散，还可以推动企业之间的合作，这就激发了企业之间的合作积极性。

第三，产教融合对提高高职教育教学的技术含量有帮助，企业会更乐意与高职进行合作，从而满足企业的升级需求，对合作发展也有帮助。

第四，按照"通过去除没有需求的无效供给、创造适应新需求的有效供给，打通供求渠道，努力实现供求关系新的动态均衡"的供给侧结构性改革要义，产教融合的教育教学改革将有效提升高职教育专业人才培养的有效供给。

在国外，高职院校也有不少成功的经验。德国"双元制"高职教育实施主体为高职院校与企业，而在企业中，根据德国联邦经济部颁布的《职业培训条例》和《职业培训纲要》，对职业培训起到了制约作用，是行业发展对专业人才素质的特殊要求，为此，职业训练体系及课程内容也在不断地进行着动态的更新与调整，以体现行业发展中的新技术要素与训练需求的及时融合。澳大利亚的"TAFE"模式和英国的"现代学徒制"模式都是以"国家职业资格标准"为核心的，其实质是"以职业需求为中心"的职业教育。

在我国社会主义市场经济体制逐步健全的今天，从过去依赖于行政命令的方式逐步向充分发挥政府的领导作用转变。为此，应建立专门的基金来指导和规范高职学院的改革和发展，充分发挥政府在这方面的主导作用。高职院校的未来是一片光明，但是，高职院校的改革和探索还有很长的路要走。与此同时，我们还建议，要进一步加强中央财政专项资金的导向功能，贯彻有关加快建设一批高水平职业学校和骨干专业的重要指示，以此来促进产教融合的现代高职教育的发展，为国家提供稳定的人力资源。

经过多年的改革实践，许多职业院校脱离了行业和企业的管理，分离出来成为了一个独立的办学主体，然而，产业部门和企业组织在职业教育发展中发挥的作用越来越弱，在职业教育活动中的参与程度越来越低，这说明职业教育产教融合的良好发展势头并没有保持下去，无论是产业部门还是市场，对职业教育的认同程度正在持续下降。

在《高等教育法》的实施后，市场治理结构被引入了高等教育体系之中，职业院校必须在市场中尽力获取优质的办学资源，特别是在其他高等院校不断增强自身实力、提升市场竞争力的环境下，来自教育体系内部的竞争也在不断挤压职业教育的生存和发展空间。此外，相比于普通高等院校，职业院校的办学实力较弱，社会地位不高，在教育体系中没有形成上下贯通的发展道路，导致职业院校的社会认可度逐渐降低，无法争取到更多的政府帮扶和产业部门支持，市场竞争力低，在竞争中总是处于劣势地位，学校与产业部门之间缺乏有效衔接，产教融合逐渐走入困境。

事实上，产教融合不仅是职业教育现代化的必经之路，也是教育为地方经济社会发展服务的必然要求。产教融合将职业院校与地区行业发展紧密地联系起来，使职业学校技术研究成果能更快地转化为生产力，为行业、企业源源不断地输送高素质专业人才，深化了学校与社会经济发展的合作，形成相互支持、相互促进的良性循环，将职业院校打造为集人才培养、科学研究、社会服务为一体的经营实体，形成新的职业院校办学模式。产教融合中的"产"既可以解释为"生产"，也可以解释为"学做"，在职业教育中以实践教育教学为主要形态；"教"即教育教学，指职业教育中一切实践教学内容和教学活动；"融合"是对"产"和"教"的交互要求，要求职业教育要实现生产性学习、学习性生产，将教学与生产有机结合起来，这也是职业教育理论教育与实践教育相结合的根本要求。要实现"产"与"教"的融合，需要把握住二者之间的内在联系，体现在职业教育中，就是专业性与生产性、职业核心能力与专业生产能力之间的联系，这也是对产教融合具体内容与发展方向的明确。同样地，要实现校企合作，也必须要从学校服务能力、企业育人能力以及学生专业化发展能力三个维度进行考量。在以国家为本位的政策范式中，我们曾在一段时间内促进了职业教育的回复和蓬勃发展，并在一定程度上促进了职业教育产教融合的发展，然而，随着市场经济的确立和飞速发展，以市场为本位的政策范式必然会取代以国家为本位的政策范式，这也要求职业教育必须适应社会的变化，走向市场，积极参与市场竞争，在新社会环境中探索改革发展的道路。当然，在参与市场竞争中，职业教育势必会受到来自外部环境和教育系统内部的双重竞争压力，职业教育存在的问题和过去发展中的弊端也一一显现，如办学能力弱、专业建设不健全、社会认可度不高、产教融合缺乏有效衔接等，这使得职业教育发展与产教融合逐渐走入困境。在我国推动教育现代化、建设现代职业教育体系的需求下，产教融合的相关政策问题再一次暴露出问题，而这些问题也逐渐成为限制职业教育发展的重要因素。如何解决产教融合相关政策问题，进一步深化职业教育产教融合，使职业教育为地区经济社会发展做出应有的贡献，是我们当前需要仔细思考的问题。

产教融合有助于职业院校根据市场变化调整专业建设。职业院校可以根据地区的行业、企业的发展动向以及人才需求状况，调整专业设置方向、人才培养模式和目标、调整人才培养的规范、创新教育教学方法等，从这一层面来看，产教融合有利于提高职业院校办学水平和人才素质。职业院校可以积极邀请生产一线的专家参与课程建设，为职业院校打造真实的企业环境，形成以任务为导向的人才培养模式，按照企业的管理水平和任务要求对学生进行考核，培养学生的职业适应性，增强学生的职业核心能力和竞争力，为社会输送满足行业、企业发展的高素质专业人才。

在产教融合中，通过实践教学活动，学生能将理论知识灵活地运用在生产实践之中，一方面能够进一步加深学生对理论知识的理解，另一方面又能提升学生的实际操作能力，培养学生的职业核心能力。学生通过实践教学活动，不仅能提升专业技术水平，还能充分了解岗位工作环境，熟悉岗位工作任务，提升就业与创业能力，实现专业技术水平的提升和职业能力的拓展。

产教融合有助于"双师型"教师队伍的建设。随着市场经济的快速发展，产业结构调整与升级势在必行，这一变化也会带动市场对人才要求的变化，而人才要求的变化又会影响到职业院校专业设置和人才培养模式的变化。专业建设是职业院校服务社会、联系社会的最基本职能，科学规划专业建设、优化专业设置是职业院校发展的基础，也是职业教育产教融合的基本条件。要实现职业教育产教融合，职业院校应以行业结构为基础，使职业院校的专业的设置符合地区经济社会发展的需要和趋势，如此才能使专业设置更具针对性、科学性与规划性。将专业设置与行业需求联系起来，通过分析行业需求、行业就业率、行业招新人数等数据，科学调控专业数量，优化专业结构。同时，结合地方产业、行业发展情况与趋势，以市场需求为导向，确定区域内的专业与服务产业，探索适合自身发展的方向与空间，尽量避免与同地区其他高职专业设置于人才培养方向发生重叠，实现错位发展。以市场为导向进行专业设置，及时调整不适应社会需求的专业设置和人才培养模式，增强教育教学的市场针对性。

在产教融合中，教师承担的教育责任更大。一方面，教师要负责传授专业知识，培养学生的专业技能；另一方面，教师要不断自我提升，及时掌握行业新技术、新工艺的变化，并将这些信息及时输送给学生。职业院校要加强与地方行业、企业的联系，让企业积极参与到职业教育之中，让学生在实践活动中充分了解最先进设备，以及当前主要应用的技术和工艺，使企业技术研发和科技成果能够有效转化为教育资源，同时，教师也能在参与企业联合中进一步提升自身的专业能力。在教育教学中，教师可以将从企业中学习到的知识和技能融入到教学内容之中，增强教育教学的实效性和针对性。职业教育以为社会经济发展服务、促进人的全面发展为目标，通过将产业需求与专业设置、职业标准与教学内容、生产过程与教学过程进行有机结合，实现学校、社会、企业协同育人，将广泛的社会资源转化为教育资源，提升学生的专业技能、职业素养和核心竞争力。产业需求与专业设置相结合，能够提升职业院校人才培养的针对性和有效性；职业标准与教学内容相结合，使学生更加充分了解职业的活动内容，以及职业对从业人员能力水平的要求，提升学生的就业能力和核心竞争力；生产过程与教学过程进行有机结合，打破传统教育中理论教学与技能教学分离的教学模式，形成职业院校与企业共同开发的模块化、任务化课程体系，实施以任务为导向的项目化、模块化教学，为学生创建真实的实践活动情境，实现"做学合一"，使学生在实践活动中了解企业典型产品的生产过程，在加深理论知识理解的同时，帮助学生建立在企业生产流程的认识，养成良好的工作态度，激发学生的主观能动性，培养学生适应社会、适应岗位的能力。

职业院校要实现职业标准与课程内容的相结合，必须要充分了解职业任务以及对从业人员的素质要求，在此基础上合理规划课程内容，提高课程内容的针对性和实效性，提高学生的就业能力。同时，课程内容的设置应遵循学生的认知规律和技能形成的规律，先简单再逐渐过渡到复杂，从具体再到复杂的抽象，先培养单项能力，最后再训练综合能力，循序渐进，将职业标准与素质培养融入理论教学和实践教学之中。需要注意的是，职业标准并不是单纯的动手操作的能力和技术能力，还包括学生职业道德、职业能力的培养，使学生在岗位上面对复杂多变的工作任务能做出最佳判断，及时采取有效行动。因此，在教学中，应在教学过程中融入企业生产的内容，增强学生对岗位的适应性。

职业院校提升学校和学生核心竞争力的过程，日益体现出产教融合的重要性和必要性，产教融合的水平也逐渐成为评价职业院校办学水平和发展前景的重要要素之一。正因如此，职业院校要转变思想，提高对产教融合的认识，建立健全相关管理制度，完善保障机制，加强职业院校与企业、工业园、产业园、创业中心等的合作，建立多元化产教融合模式，将职业教育和生产结合起来。政府要充分发挥组织协调和中介作用，拉近职业院校与产业部门和企业部门的联系，形成多元化的产教联合体。要实现生产过程与教学过程的相结合，就要结合学生的认知水平和能力水平，根据教学需求合理设计教学项目，使职业标准、课程标准中规定的知识要点、关键技能与任务得到明确体现。实践教学活动要尽量模拟真实的生产环境，使学生真正了解企业生产过程、工艺流程、管理模式、工作环境等，真实体现出企业生产现场组织形态与环境氛围。

政府要充分发挥组织中介作用，通过政策支持和引导，为职业教育产教融合提供强大稳定的制度保障，从宏观上构建良好的教育制度、教育体系和整体体系，切实保障职业院校、产业部门和企业部门的权益，为产教融合提供制度支持与保障。同时，还可以通过制订相关法律、法规、条例等，健全完善组织内部规章制度，实现精准规范与调控。通过税收政策和其他鼓励措施引导企业积极参与职业教育，推动产教融合。政府还可引导职业学校与产业部门、企业部门建立行业教育联盟，搭建多方合作平台，增进职业教育与产业发展的内在联系，使产教融合最终成为各方的自觉性行动。政府要从地方产业优化目标、产业升级任务、产业发展阶段性任务为出发点，搭建一个集信息沟通、技术交流、产品研发与推广多功能为一体的合作平台，将职业院校、行业、企业紧密联系起来，共同开展人才培养、技术研究、工艺升级、产品开发等合作，实现人才、技术、项目多方共享。除此之外，政府应加大对产教融合的资金支持，如设立产教融合专项基金，用于职业院校相关课题研究、关键技术突破、前瞻性技术研发、共性技术创新等，增强职业院校与企业之间的联系，如此，既可以降低企业技术创新的风险，激发企业积极参与创新的动机，也能加强职业院校与企业的联系，缓解产教融合缺乏资金的窘境。

要促进职业教育产教融合相关机制，明确产教融合目标，建立资源与技术共享、师资队伍共建、课程体系共构、多方利益共赢的一体化目标，吸引产业部门和企业部门积极参与到职业院校建设与发展中,通过建立健全保障机制和管理机制,规范产教融合管理,形成以学校满意、学生满意、企业满意、社会满意为标准的教育评价体系。产教融合是一种实现多方利益共赢新的合作关系,因此要注意处理好公益性与市场性、服务性与效益性、合作性与竞争性的关系,最终实现人才培养集约化、产教融合模式化发展。首先,职业院校要以特色专业或专业群为主体,以专业为依托与多种类型的行业、企业开展合作,这是产教融合初期最有效的实现方式,特别是在中小企业较多的地区,这种产教融合方式非常实用。其次,是以特色专业或专业群为主体,与单一行业的多家企业建立合作,搭建目标高度一致的合作形态,使职业院校成为地区行业发展的人才培养基地。最后,是职业院校跨行业、跨专业群的合作,以专业群为依托,与地区主导产业链的行业龙头建立合作,将产业链上多家企业纳入合作平台之中,跨行业、跨专业培养人才,建立多元化人才培养体系。在职业教育发展的重要时期,职业院校要善于把握发展窗口,深化教育教学改革,把我地方经济社会发展特点和法相,积极与地方行业、企业建立良好的合作关系,以市场为导向,灵活调整专业设置,在学科发展、专业建设的各重要环节实施产教融合,提高职业院校的社会适应性和学生的市场竞争力,培养出适应社会发展、满足行业需求的高素质专业人才。

要建立优势互补、资源共享、合作双赢的产教融合发展机制,就需要各合作主体之间建立平衡的相互关系和科学的利益分配机制,彼此之间相互信任、精诚合作,将人才培养落到实处。职业院校可与产业园、工业园、创业中心等建立可做,提高人才培养水平,促进职业院校的同步转型。职业院校要以地方经济发展为依托,顺应地方经济社会发展趋势,切实了解地方经济社会发展需求,多社会各放建立层次多样、形式丰富、领域全面的合作关系;实施订单式人才培养模式与课程共建模式,共建实训实践教育基地,以行业发展和企业技术需求为出发点,充分发挥产教融合的优势,为企业提供技术研发、技术突破、产品开发、人才培训等全方位、多层次的服务;教师和企业技术人员可组成课题小组,将科研与教育教学相结合,将企业科研项目引入教学过程,实施任务化、项目化教学,实现产品可教学化探索,结合职业院校教育理念,以教育教学改革为载体,建立专业骨干课程体系;职业院校为经济社会发展与产业升级转型提供技术保障和人才机制,同时也实现了职业院校社会服务于人才培养的同步转型,进一步增强自身创新力和发展力。

二、我国高职院校产教融合存在的问题

当前,中国已经进入了市场经济稳步发展时期,当前任务是进一步促进产业调整与产业升级,经济社会的发展与变化势必会带动职业岗位的变化,行业和企业对创新性人才、复合型人才、应用性人才、技能型人才的需求也越来越多。

但是,目前高职所培养出来的人才与社会对其所需的期望存在着较大的差距,甚至是渐行渐远。一方面,企业及各种组织急需具有创业精神和社会责任感的各种类型的人才,但是目前的实际情况并不尽如人意;另外,每年有数以百万计的大学生求职难,但他们在寻找工作单位时却遇到了困难。与就业难和就业产教融合的水平不高相对应的是,用人单位高薪也难以聘用到合适的人才,中国中高级技术技能人才需求缺口逐年扩张。地方高职若不能及时转变人才培养方式,将会对全国高等教育结构的平衡发展产生不利的影响,对地区经济和社会的发展也将产生很大的阻碍作用。

从教育部 2012 年公布的中国高校毕业生就业率排名来看,985 高校位居第一,高职院校高居第二,211 学校、独立学院、科研院所分列第三、四、五位,而地方本科院校仅列第六位。我国目前面临的问题不仅仅是就业难,就业产教融合的水平不高的情况也十分严重。在就业难的形势逼迫下,很多大学生选择非自愿就业。而在少数的对口学生中,有 55.6% 的人觉得自己所学到的知识不能适应社会的需求。

目前,我国整面临着"用工荒"和"就业难"的尴尬局面。可见,高职人才培养目标与社会的需要之间存在脱节,一方面市场对人才"求贤若渴",而每年有大批毕业生走出校门却无法填补这一缺口,面临就业困境。显而易见,这一问题的根本解决办法绝非提高人才数量,而是要纠正高职人才培养目标与市场需求标准错位的问题。要解决这一问题,高等院校应充分了解市场需求,主动适应经济社会发展与转型的新常态,深化产教融合,推动校企合作,将人才培养目标与市场需求有效衔接,培养市场稀缺的人才,提高学生创新创业

能力。

　　随着中国高等教育的普及，越来越多的青年学生实现了自己的大学梦想，但是随之而来的一系列问题也随之而来，尤其是对高职人才培养模式的改革、保证教育教学产教融合的水平都提出了更高的要求，任务也更艰巨。历史与实践表明，高等教育要与经济、社会发展相适应，不能与时俱进就会受到惩罚，牛津大学和剑桥大学都曾经有过前车之鉴。当18世纪60年代英国产业革命兴盛之时，产业革命中的技术并不是直接源于英国的高等教育，英国的高等教育与产业革命是一种疏散的关系，高等教育对产业革命没有发挥出应有的作用，牛津和剑桥两所大学对于正在发生的产业革命采取"事不关己"的态度，自我封闭严重，宗教限制严格，学术风气退步，教学水平下降，考试制度僵化，与时代需求严重脱节。结果，两所学校都陷入了长达近一个世纪的衰退。反而是伦敦大学和一系列城市学院在产业革命中的兴起，带来了大规模的新大学推广运动，革新教学方式，承担了许多市场运行中的技术科学实验和研发工作，从而迎来了英国高等教育的全新发展，也实现了高等职业教育和产业发展技术的有效对接和助推。

　　"校企合作"与"产教融合"是高职教育发展的必然趋势，与西方发达国家相比，我国高职教育起步比较晚，与之相比也较为落后。从目前的情况来看，高职、由高职升本科的本科学院和转型较快的普通本科学院都已经进行了比较成功的校企合作工作，而大部分刚刚完成了转型的普通本科学院在这一领域的发展还处在初级阶段。目前，我国的应用型本科院校还处在"校企结合"的初级阶段，还没有真正做到产教深度融合。主要表现在以下六个方面。

（一）合作不稳定，融合渠道不贯通

　　高等教育与企业在性质、制度、功能、结构等方面存在着差异，在办学初期，高等教育与企业之间难以形成有效的合作关系。企业的发展方向是以利润为导向的，它需要创造经济效益，这也是为什么企业在与高等教育进行校企合作时，缺乏动力的原因。大部分学校与企业之间的合作关系，都是以学校与企业之间的关系和相互信任为基础。这些合作大多具有短暂性、非规范性，难以持续，缺乏统一性、自觉性和整体性，所以，这种合作的效果并不理想。要从

根本上解决上述问题，就需要尽快构建政府主导的校企合作政策与管理体制，以立法的方式，制定一系列有关职业教育校企合作的法律法规，规定政府、行业企业、高职在校企合作过程中的职责与义务。高职院校要实现产教融合，必须有一个完善的课程体系，才能使高职教育顺利开展。为改善高职院校教育的现状，加快产教融合的步伐，需要出台相关的法律、法规。在这个时候，政府可以充当这两个角色。虽然各地相继出台了不少关于"校企"协作的地方文件，但是这些文件的推动都停留在政策层面，缺少强有力的约束机制。在激励手段方面，改变了传统的单纯的高职教育教学模式，为了促进高职院校的产教结合，这就要求社会各界、企业积极配合职业教育学院的教学工作。但是，由于目前国家机关出台的政策，在内容的设计上，通常都是较为宏观的，缺乏强制性，因此，在产教融合不断深化的进程中，很多企业的参与行为得不到有效地约束，导致很多企业在开展校企合作教育时，仅仅关注自身的经济效益，并不愿意主动参与到高职教育中来。企业与学校之间缺少了更深入的沟通，难以实现产教融合发展的现实意义。当前高职院校的产教融合体制建设存在诸多不足，尤其是在激励机制、管理机制和法律法规等方面存在诸多不足，难以保障其顺利开展。虽然我国从2014年起就针对高职教育发展现状和存在问题，以及产教融合发展水平，在高等教育产教融合制度建设方面增加了投入力度，国务院也在相关政策性文件中明确了要求，进一步强调了产教融合在高职教育中的重要性，充分肯定产教融合对高职教育发展的特殊价值，然而我国在推动产教融合方面的法治建设上仍然比较滞后，导致许多地方高职院校在与企业开展合作时，没有充分的制度保障和法律保障。

从管理体制和模式的构建来看，深入开展产教融合的实施是一种系统的发展规划，要深化产教融合，需要高职院校、地方政府、企业三方相互配合、通力合作。政府要充分发挥其组织中介的只能，作为产教融合的协调性机构，通过相关政策、法律、法规等建设，确立产教融合的地位，明确高职院校和企业在产教融合中的地位、责任分工、合作方式、监督办法以及具体工作的落实。虽然在推动高职教育产教融合的政策出台之后，教育部门明确了各方在产教融合中的责任分工，但没有具体规定各组织机构的具体责任内容与工作内容，导致产教融合政策在实施过程中存在缺乏主体或主体与客体颠倒的问题。传统的大学制度只关注大学自身的发展，而忽视了大学对社会和经济的需求。这就导致了在不同地区、不同高职对产教融合的许多概念和理解上存在着许多误解。

一些地方认为，校办产业就是一种产教融合，或认为产教融合就是"校中有厂""厂中有校"；还有一些地方认为，企业的逐利性与学校的公益性在根本上是矛盾，因而产业与教育无法实现融合，等等。正是由于人们对产教融合的认识不足，造成了许多误解，导致人们对高职教育产教融合的关注度不高。2016 年，国务院教育督导管理协会为促进高等院校深化产教融合、推动校企合作，开展了主题为"高等职业院校适应社会的需要能力评估"的全国高等院校评估活动，企业参与办学的程度、校企协同育人机制建设以及高职服务经济社会程度等为该活动的重要评价指标，目的是促进高职人才培养目标和模式与地方经济社会发展相契合，提升高职创新力和社会适应力。但从实际情况来看，这一主题活动并没有受到广泛的关注，因而也无法充分发挥活动的真正意义和价值。而产教融合也缺少有效的政策和科学的评估系统，无论是高职还是企业都缺乏参与的兴趣和动力。

目前，我国对产教融合的认识还不充分。有关规定的力度、可操作性和约束力都还不够强。在这样的情况下，产教融合往往只会流于形式，不会有深度，企业对高职教育缺乏动力，缺乏成效，有浮躁、急功近利的现象。目前，我国高职学院的产教融合亟待建立健全的政策体系、规范体系、统计体系和评估体系。特别是在当今时代，大数据已经变成了一种重要的基础战略性资源，它正在发挥着统领全局、覆盖全面、贯穿始终的独特功能，使得人、财、物等各种资源得到了最大程度的利用。在这种情况下，我们更有必要加快对统计、分析和评价系统的改进，以更好地反映出产教融合的水平和效果。

2017 年，国务院印发《关于深化产教融合的若干意见》（以下简称《意见》），要求建立健全高等教育产教融合评价体系，支持社会社会第三方机构积极参与到产教融合效能评价之中，推动高等教育产教融合的发展。同时，《意见》指出，要将产教融合监测评价的结果运用到高等院校评价当中，作为表彰鼓励、绩效考核、试点开展的重要依据之一。如果能够加速产教融合落地，将会深化高等教育产教融合，推动高等教育改革解决关键难题中发挥巨大作用。产教融合的难点之一是实现"产"与"教"双方之间的需求对接，将社会优秀资源引入高等院校，作为专业建设、人才培养的重要支持；同时高等院校要充分发挥育人功能，并能将育人功能切实转化为促进产业升级、技术创新、工艺发展等的智力支持和人才支持。产教融合的巨大意义在于，一方面将企业的先进技术与工艺转化为优质教育资源，融入教育教学之中；另一方面，高职专业建设发展，人才培养模式优化升级，能更好地服务于产业升级、适应经济社会的变革。然而，由于教师队伍建设不足，许多教师的专业能力无法适应产业升级与技术高速发展的步伐，加之教学任务繁重，使得教师队伍无法提升对接产业发展和技术升级的能力，也缺少对学习先进技术与工艺的时间与精力。行业企业和社会培训机构在面向市场、服务于产业升级、与科技进步紧密结合等方面具有独特的优势。他们是一个脱离于体制之外的群体，凭借着自己灵活多变的思维，在这个体系中存活，并不断地成长。它能使高职院校更好地面向市场，更好地与产业发展相结合，为高等院校提供优质的教学资源与教学服务。然而，由于市场治理结构仍有待完善，缺少一个既能体现市场合作有能做好产业分工的专业化教学服务组织，以及引入市场优质资源的机制和动力。为高职院校提供高质量的课程资源与教学服务。但是，当前我国高职的办学制度还不完善，既缺乏体现市场合作和产业分工的专业教育服务组织，又缺乏将优秀市场力量引入的动力和机制。

（二）合作模式单一，合作内容不深入

高等院校要充分发挥科技创新、人才培养、社会服务等社会职能，不仅要加强与行业、企业的联系，在育人、科研、服务方面建立深入合作，还应积极参与地方经济社会发展之中，形成良性互动与循环。学校与企业之间的合作，其深度与广度，将直接影响到高职院校产教融合的发展，以及高职院校能否充分发挥科技创新、人才培养、社会服务等社会职能。但是，我国高等教育仍处于转型发展时期，特别是地方应用型高等院校，正处于转型发展的初级阶段，产教融合主要体现在校企共建实训实践基地、岗位实习、订单式培养等方面，部分快速转型的院校或引进企业，或引进企业，成立厂中校。但从总体发展情况来看，产教融合的方式仍较为单一，无论是合作深度还是合作的广度都还停留在初级层面，并且缺乏系统性和实践性。造成这一现象的原因有很多，但最

主要的一个原因就是，学校与企业对于合作的含义与意义还没有完全理解，还没有形成一系列可持续发展的体制与约束机制，企业因为自己的一些原因，对于合作的积极性一般都比较低，地方大学对于校企合作的筹备工作也比较薄弱，还没有形成一套科学、合理的校企合作计划。

政府机关是促进高职院校产教融合政策落实的重要部门，是促进高职院校产教融合政策落实的重要力量。在经济法规中，未就校企合作、产教融合等问题作出具体的规定，也未确立校企间的经济利益分配标准。尽管我国已经为产教融合的发展作出了很多努力，并于2017年12月发布的《国务院办公厅关于深化产教融合的若干意见》，就如何发挥企业的主导作用作出了明确的规定，但是，就目前的工作而言，这些规定只是在宏观上进行了引导，而在具体的制度构建方面，仍有待进一步完善。如果相关制度建设跟不上产教融合的步伐，将很难使高职和企业走上规范化的道路。尽管在国家的号召下，教育部通过文件对产教融合发展的政策进行了进一步的完善，并提出了学校和企业之间要加强交流和合作，为培养出更多的高质量、高技能人才而努力。但是，现行的政策文件多以"鼓励"为主，缺乏可操作性的指导性措施，致使校企双方难以达成一致意见。实践表明，产教融合发展的深入发展必将涉及不同主体资源的整合，在整合过程中因不同主体而考虑的侧重点不同，正是基于此，在校企合作的责任、权利及利益分配上极易出现分歧，需要国家通过法律和法规给予明确规定，保障校企合作更加有序。然而，至今国内立法机构尚未针对职业教育产教融合建立一套较为完整的法律制度体系，仅有国务院相关部门、地方的法律和法规有一些提及。此外，从实际情况中，我们可以看到，虽然许多职业学校经过数年的产教融合，已经积累了非常丰富的发展经验，但是目前还没有一个权威性的机构能够编写出一份对企业参与高职教育的具体条件，企业可以享有哪些特权，需要承担哪些义务和责任。由于受法律、体制和政策等因素的影响，许多高职院校很难与企业形成长久的"产学研"关系。总而言之，目前政府在推动高职教育与产业融合发展中，存在着许多缺陷，导致许多高职院校对产教融合发展的本质内涵还没有完全理解。整体来看，目前政府机构在产教融合推广方面的不足主要体现在以下几个方面：第一，没有能够及时地按照学校与企业之间的实际情况，制定相应的管理制度，对学校与企业之间的职责进行界定；第二，没有体现出职业资格证书与人才培养的相关性，导致了学校与企业之间的合作缺乏规范；第三，政府机构在校企合作中的定位不清晰，没有充分发挥其组织协调功能；第四，目前，还没有以社会主义市场经济为基础，构建出一套社会化的评价体系，也没有对参与产教融合企业的资质做出一个客观的评价，从而保证了校企合作产教融合的水平。由于各方面的缺陷，使得学校与企业之间在实践中的合作只是一种形式，很难产生真正的默契，也就不可能实现对高技能人才的合力培养。

首先，缺少法律保障。在产教融合中，应对参与各方的责任分工、风险承担、收益分配、准入资质、合作范围等方面做明确划分，并有相应的法律法规提供保障，如此才能切实保障参与各方的合法权益，否则，产教融合在具体实施过程中会因全责不明、风险与利益分配不均等问题难以推进。

其次，缺少组织保障。高职院校与企业之间应由第三方组织或机构出面建立作为沟通和协商的桥梁，如果没有作为协调统一的组织机构，很难大规模、高效率、有条理地开展产教融合。

最后，缺少制度保障。当前，我国高职产教融合在制度层面上还存在一些问题。目前，大多数高职院校的"产教融合"工作还处在摸索阶段，对"产教融合"工作的学时分配、教师配置、经费投入和学生评价等都缺乏统一的认识，难以形成规范化的教学模式；同时，地方政府、企业、教育部门等相关部门也没有出台相关的政策法规，这就造成了产教融合在理论上和实践上的缺失。

部分高职院校由于传统的教育观念、办学环境等原因，对产教融合的理解还不够深入，教学理念陈旧，仍停留在过去重理论知识教学，轻实践活动教学的旧思想、旧理念上，同时还存在课程设置落后、办学模式单一、教师队伍建设不足等问题，这些问题导致高等教育无法满足产教融合的要求，从而导致产教融合的贯彻落实难度大，推进速度慢。

没有形成健全完善的课程体系。尽管高等教育改革推进多年，但仍有许多高等院校存在专业建设不健全不完善、课程内容落后、课程结构单一陈旧等问题。一些院校在专业设置上盲目跟风，造成专业建设与院校自身发展不符，与地方行业、企业需求脱节，最终导致行业、企业"用工荒"，毕业生"就业难"的尴尬局面；在课程内容上，教材陈旧，技术落后，知识更新缓慢，造成了课程理论与实际相脱离；当前，我国高职的课程设置中仍存在着学时分配不合理、理论联系不紧密等问题。

高职在办学方式上缺乏创新：一是高职教育在培养方式上存在着过于强调单一性，缺少行业特点，无法适应企业对人才的需求；二是由于学校的硬件条件较差，不利于学生的主动参与；三是学校的办学理念滞后，没有真正引导学生走向社会，走向工作岗位。所以，能否使高职教师在思想观念上、角色定位上和专业能力上实现转变，以适应产教融合的需求，是决定产教融合能否成功进行的重要因素。

当前，很多企业并没有充分认识到产教融合所产生的效益，只把校企结合起来，只把企业当作一个培养人才的基地，并不能为企业创造更多的价值。产教融合在提高企业的创新能力，提高员工素质，提高生产水平，提高生产效率上的作用并不明显。

（三）在合作对象的选择上存在误区

在社会主义市场经济条件下，产业分工越来越清晰，企业的生产性职能和学校的教育性职能也越来越明显。目前，在产业竞争日益加剧的情况下，许多企业已经丧失了参与产教融合发展的动力，即使是响应国家的政策，加入到了高职教育的产教融合中，他们也大多只是一些粗浅的尝试，并不愿意与校方进行更深层次的合作。作为一家以盈利为目的的公司，它的首要目的是实现利润的最大化。当前，高职和企业对人才培养目标的选择，在认识和实践中都有一定的偏差。很多地方高职，在进行校企合作的时候，往往会有一种急于求成的冲动，对其进行了片面的追求，把目光锁定在了域外的大型工业公司上，以获得轰动效应，来满足自己的虚荣心。但最终因为自身的条件和地理位置的局限，导致了合作的成效并不理想。就企业而言，在选择合作伙伴的时候，经常会出现患得患失的情况，只注重眼前的利益，而没有长期的策略。但目前地方高职正处在转型发展的早期阶段，能够带来的直接收益非常有限，因此，企业出于短期利润的考虑，并不愿意担负起"校企合作培养人才"和"支持地方高职发展"的社会责任。就算是与地方高职进行合作，也会选择有较好的科研实力，有产教融合人才培养水平高，能给企业带来直接经济效益的大学。因为学校和企业在合作理念和目标上存在着冲突，并且存在着利益上的冲突，因此，在缺少了一种制约机制的情况下，学校和企业之间很难走到一起，即便是勉强进行了合作，结果也不会很好。虽然从表象上看，许多企业出于人才培养需要花费大量资源的考虑，在实际发展过程中，基本不会将人才培养纳入产业价值链当中，而更愿意通过产教融合的方式，与高职建立合作关系，通过这种方式降低人才培养的成本支出。但从现实发展的情况来看，企业与高等院校建立合作并不是"免费"的，企业在产教融合过程中需要向高等院校提供必要的技术、设备甚至是资金支持，为高职院校开展产教融合教学活动提供必要的物质保障，甚至企业需要定期参与学校的实践实训教学活动之中，这也是一笔不小的支出。正因如此，相比于产教融合，与高职院校建立合作关系，不如将这些资源花费人才吸引、技术与设备升级、内部人才培养上，这样做，一方面能体现出企业的人性化管理，增强企业对人才的吸引力；另一方面，技术与设备的升级能直接转化为生产力，为企业带来足够的效益回报。从投入—回报的对比来看，显然最后一种方式对企业的吸引力更大。国内有不少发展势头好、资金实力强大的企业，如果不是考虑到企业社会形象、企业文化建设、品牌知名度提升等问题，基本不会考虑主动参与产教融合。而我过一些中小型企业，由于运营资金有限，在企业升级转型阶段，通常只有出现岗位空缺时才会想到招聘人才，平时基本没有精力放在人才储备上，更不要说有精力和资金参与产教融合了。对于产教融合发展也没有给予足够的重视。大企业对此嗤之以鼻，小企业对此无能为力，这使高职院校"产教结合"面临着困境。此外，与其他普通高职相比，职业院校是一个以培养技术和技能型人才为主的机构，在理论创新方面相对较弱，难以将具有潜在商业价值的理念引入到转型升级的企业之中。学校的办学宗旨是以培养人才为主，重视"过程大于成果"；而公司更注重"成果大于过程"，更看重的是能否给公司带来经济效益。如果把这两种对立观念所支配的规则和规则运用到同一个群体中，就会产生冲突，从而使学校和企业之间的矛盾更加激化。由于受多种因素的影响，目前我国高职院校产教融合的主动性还不强。

虽然很多企业都愿意给学生安排顶岗实习，但由于他们所学到的技能水平不高，实习结束后，很少有人能继续留在企业里。所以，很多企业在产教融合上的投入与回报不成正比，从而给他们的生产带来了很多的安全问题，导致校企合作难以实现共赢，使得企业对产教融合发展中的积极性较低，不愿在产教融合上投入过多的精力和财力。除以上两点外，当前很多企业不愿积极参与到校企合作中来，究其根本原因在于校园和企业的文化不同。

（四）校企合作的经费难以保障

校企合作是一项复杂的系统工程，学校与企业共同开展科技研究与开发，建立科学研究与实践教学平台，都需要投入大量的人力、物力与财力。但是，从目前的情况来看，无论是国家还是大部分的地方政府，都没有建立起一套激励、支持校企合作的奖励拨款体系和财政拨付机制，国家对于参与产教融合的企业相关优惠政策没有落到实处，社会捐助渠道单一不通畅。从企业的角度来看，要实现校企深度融合，建立协同育人机制，需要企业全程参与到高职育人活动之中，在人才培养过程中投入充足的物质资源和人力资源。然而，从目前我国产教融合的形式来看，在产教融合中，校方为合作主体和中心，企业的利益在合作之中无法得到充分保障，也无法获益更多，因而缺乏参与积极性。从大学的层次上来说，一些经济发达的大学资金相对充足，而一些不发达的大学资金不足，投资也很少，因此很难保证学校和企业之间的合作。行业协会作为行业发展的引导性组织，具有促进产业发展和社会进步的作用，能够与社会主义市场经济条件相适应，使其发挥更大的作用。目前，为保证经济健康发展，政府颁布了大量的政策文件以强化自身的监督职能，然而，行业协会的引导作用在很大程度上被削弱，无法为产教融合的发展提供有效的保障。尽管在产教融合的实践过程中，教育部也出台了一系列引导行业协会开展产教融合的政策文件，但效果却不尽人意。同时，在相关法律法规中，对行业协会的导向功能缺乏应有的重视，并未充分发挥其应有的社会价值。以上问题的产生，一方面与我国的法制建设不完善有关，另一方面也反映出行业协会自身发展的缺陷，特别是在行业岗位标准、课程标准等方面的导向作用十分有限，缺少促进职业教育产教融合的法定职能。目前，目前，我国已经建立的行业协会超过六万个，大体可以划分为中央、省、市、县四个层级，同时，一些民族地区也先后建立了一些自治的行业协会，这些协会对于促进行业的有序、和谐发展具有十分重要的意义。然而，随着科技的发展，企业的经营模式的转变，我们的工作职位也在发生着变化，使得我们的产业组织难以根据市场的变化制定更加详细的职业准则。高职院校的产教结合具有更广泛的内涵，它不仅是对人才的培养，还为企业的科技研究与开发、产品创新提供支持。随着教学内容的日益丰富和人才培养模式的革新，这为高职院校的产教融合开辟了一条崭新的发展途径，但也需要加大前期资金投入。仅凭国家有限的财政拨款，很难使高职学院的产学融合得到持续发展。由于目前还没有建立起相应的保障基金的投入保障机制，而且研究的过程中还存在着许多的随机性和不确定性，大部分企业都不愿意对产教融合进行太多的投入，这就造成了大量的研究工作因为资金的匮乏而陷入困境。在此阶段，如何保证高职院校产教融合基金的持续投入，已经成为业界关注的焦点。如果不能很好地解决这个问题，将会使高职院校产教融合的价值大大降低。

（五）双师型师资队伍建设滞后

但是，虽然企业教师的实践能力很强，但他们的理论水平很低，缺乏大学教育所需要的基本技能和方法。当前，我国高职院校在产教融合方面还存在不少问题，制约着产教融合的深入和广度。校企合作需要学校和企业建立一支优秀的、具有"双师型"的教师队伍，但从目前的情况来看，情况不容乐观。很多地方高职仍处于由专业到应用的过渡阶段，现有的师资力量主要集中在理论上，与实验、实践等实践性人才的培养并不匹配，更不要说与产业企业一起进行科研和开发等应用性研究，因此，它们为当地社会经济发展服务的能力受到了限制。然而，尽管企业教师具有较高的实践能力，但其理论知识却相对较少。缺乏大学教育所需要的基本技能和方法。当前，我国高职院校在产教融合方面还存在不少问题，制约着产教融合的深入和广度。

（六）产教融合的水平保护机制和评估体系的缺位

尽管有些学校制订了相关的管理办法，并制订了相关的教学质量规范，但在实际操作中仍存在诸多问题，不依照规章。制度行事。以毕业实习为例，许多大学的学生实习周期都超过了一年，但是，怎样才能对学生实习，特别是分散实习，怎样才能对他们展开有效的管理，怎样才能明确地规定大学和企业指导教师的职责，怎样才能评估实习的效果等问题，仍然没有得到很好的解决。由于缺乏对产教融合水平的保障机制、评估和监督制度，使得当前大部分高职的校企合作呈现出一种无序的状态，更别提确保产教融合的质量了。从目前的情况来看，在学校与企业之间的各方面，例如，专业设置、师资队伍建设、实验室建设、课堂教学、就业前实习、毕业设计等，都缺乏与实践性人才培养有关的产教融合的等级标准和规范的管理制度。

第二章

产教融合背景下人才培养概论

- 第一节 高职产教融合的动因
- 第二节 产教融合人才培养的基本概念
- 第三节 产教融合人才培养的理论基础

第一节　高职产教融合的动因

党和政府高度重视产教融合在人才培养中的作用，从国家层面出台了一系列有关产教融合的制度文件，深化了产教融合人才培养的实践意义和未来指向。近年来，产教融合得到了社会各界的高度重视，在提升人才培养质量方面产生了深远的影响。

一、产教融合是国家战略的需求

2017年12月，《国务院办公厅关于深化产教融合的若干意见》（国办发〔2017〕95号）发布，明确提出要"健全高等学校与行业骨干企业、中小微创业型企业紧密协同的创新生态系统，增强创新中心集聚人才资源、牵引产业升级能力""推动学科专业建设与产业转型升级相适应"。创新驱动发展战略的实施离不开创新型技术技能人才的支撑，而高等教育是我国高素质技术技能人才队伍培育的"主战场"，积极深化产教融合正是实施创新驱动战略、促进产业转型升级的重要举措。

（一）体现了国家高质量发展的需要

2019年7月24日，中共中央全面深化改革委员会第九次会议，审议通过了《国家产教融合建设试点实施方案》。该方案指出，产教融合是战略性发展举措，要有序推动教育优先发展、人才引领发展、产业创新发展。这标志着产教融合由人才供需两侧制度安排，上升为国家高质量发展的引擎，成为教育、产业、科技、人才、金融综合性改革的战略举措。[①] 随着创新驱动发展战略的实施，高质量发展需要大量人才，需要科学技术的不断发展。当今世界，国与国之间的竞争，最终就是人才和科技的竞争。以"互联网+""智能+"为代

[①] 徐梦阳，李广平. 产教融合这一年：从制度创新到国家战略［EB/OL］.（2019-12-11）［2022-09-30］. csdp.edu.cn/article/5643.html.

表的新一轮科技革命,进一步促进了生产力的发展,也为新型人才的培养提供了难得的机遇。我们需要营造良好的创新环境和构建全新的创新机制,在人才引领和科技发展前提下,推动产业高质量发展。近年来,国家从政策方面大力支持,产教融合建设工作已经成了国家、社会高质量发展的引擎。从2014年开始,国家出台了一系列产教融合的相关文件,政策框架逐步完善,产教融合改革已经从"浅水区"进入"深水区",使得产业变革和教育变革在全局上推进,为科技创新和人才体制改革奠定了良好的基础[①]。

(二)明确了国家战略和改革举措的定位

《国家产教融合建设试点实施方案》的发布,进一步明确了产教融合的定位,即国家战略和改革举措。从本质上讲,首先,产教融合是贯彻落实党的十九大关于加快产业体系发展的综合性举措,有利于促进实体经济、现代金融、科技创新和人力资源的协同发展。其次,产教融合是促进我国教育、科技、人才、产业等各领域协同发展,实现协同创新的一项战略措施。最后,产教融合是进一步深化改革、推进综合性改革的一个重要方面,[②]对推进经济体制改革和深化教育领域改革、推进人才体制改革都具有举足轻重的作用。这不仅关乎高职和企业,还涉及政府层面的改革。国家出台的一系列政策文件,将产教融合摆在国家发展战略的高度,说明产教融合对人才培养的重视。

(三)做出了统筹推进教育综合改革的制度安排

创新需求是产教融合的核心引领,需要进一步促进教育链、产业链、人才链和创新链有机衔接。2019年10月,教育部等六部门发布了《国家产教融合建设试点实施方案》,着眼于构建和完善人才培养体系,将人才视为第一资源,同时以平台建设为抓手,以制度创新为目标,深度开展校企协同育人,推进高等教育人才培养体系改革。现代教育体系是以需求为导向的,人才培养的机制、模式和流程等更符合新时代的发展要求,也奠定了制度平台的基础[③]。深化产教融合,有利于推进"管办评"分离和促进"放管服"改革,促进教育

[①] 唐景莉,徐梦阳.新时代产教融合的初心和使命[J].中国高等教育,2019(24):16-18.
[②] 唐景莉,徐梦阳.新时代产教融合的初心和使命[J].中国高等教育,2019(24):16-18.
[③] 唐景莉,徐梦阳.新时代产教融合的初心和使命[J].中国高等教育,2019(24):16-18.

治理现代化"①。与此同时，深入推进产教融合，有利于将企业引入高职，参与高职办学，让企业成为高职办学的重要部分，让行业协会在人才培养中有效发挥"中间人"作用，促进办学主体的多元性和高效性，有利于推进社会治理结构的现代化，促进高职办学体制机制的改革，有利于高职在改革中提高办学质量。

二、产教融合是高职发展的需求

高职与行业企业密切合作，产教融合推动人才培养模式改革，这是高职发展的内在需求。高职可以根据自身发展状况以及学校学科发展的现状，积极与政府、行业企业开展交流合作，实施产教融合，探索形成一定特色的人才培养模式，从而打造高职自身的特色和优势。深化产教融合的过程中，要充分发挥各级各类学校在国家创新体系中的重要作用。例如，学术研究型高职要坚持把眼光放在国家重大需求和科学技术前沿，充分利用学科和人才资源的优势，以提高原创性的创新能力为奋斗目标，在将来抢占科学技术制高点上掌握主动。应用研究型高职要坚持问题导向，起到支撑和引领的作用，解决工业和产业发展的前沿和关键问题，突破限制产业升级的瓶颈。高职要加快培养高水平的技术应用人才，通过校企合作和协同创新等手段，促进新技术的转移和应用，推动行业技术升级。技术技能高职要做好技术技能的积累工作，向科技型小微企业提供技术支持，促进新技术，新材料，新工艺，新设备的推广。

（一）产教融合是高职创新人才培养的需要

产教融合是新时代高职服务经济社会发展的战略性路径，也是新时代高职创新人才培养的需要。高职毕业生如何才能更好地适应社会、更好地为经济社会服务，这是当前高职创新人才培养应该深入思考的问题。我们认为，产教融合是高职创新人才培养的重要举措。

一是有利于培养紧缺急需人才。为适应产业紧缺、国家急需的高素质人才，高职必须突破传统的培养模式、完善培养计划、进行教学改革。比如，针

---

① 国家发展改革委.国家发展改革委有关负责人就《关于深化产教融合的若干意见》答记者问［EB/OL］.（2017-12-19）［2022-09-30］.http://www.gov.en/zhengce/2017/12/19/comt unt 5248610.hum.

对产业急需的人才，可以通过产教融合的方式进行，学校可以和产业企业联合，开设专业急需的人才特训班，进行"订单式"的人才培训，并让企业中的高层管理人员参加学校的培养计划。产教融合可以培养国家急需的人才，高职和企业共同制定培养计划，共同招生，共同培养，形成一个共同的命运共同体。

二是有利于专业与产业的对接。高职教育教学质量的提升，需要从优化专业结构开始。专业结构调整是高职教育教学改革的必由之路。高职优化专业结构，需要找到新路径，而通过产教融合，可以对接区域产业发展，推动创新人才培养模式的改革。高职在围绕区域定位和发展规划时，需要瞄准重点行业产业，对接产业的不同需求，优化专业结构，淘汰就业难、与市场脱节的专业，新增与最新产业发展息息相关的专业。

三是有利于完善人才培养模式。高职可以根据所处地理位置服务国家战略需求，创新人才培养模式。例如，重庆高校可以根据自身的区位优势，设置相关专业服务成渝地区双城经济圈建设，与成都相关企业合作，联合培养成渝地区双城经济圈的产教融合优秀人才。同时，高中和高职还需要努力构建贯通培养路径，启动高中与高职有效衔接的双元制人才培养创新模式，探索出教育、实践、实操三位一体的创新人才培养模式。

（二）产教融合为培养学生实践能力提供了重要保障

高职要充分认识学生作为教育客体的自主性，既让学生学习理论知识，又让学生将所学的理论知识加以运用。课程体系设置兼顾学生考证、岗位技能、技能大赛的需求，同时突出专业技能和学生可持续发展的需要。

一是提供了场地保障。1984年，国家教育委员会派出代表团考察加拿大滑铁卢大学后认为，合作教育作为一种教育模式值得中国借鉴。20世纪90年代初期，我国学者结合中国国情，将合作教育取名为"产学合作教育"，基本内涵是学校与用人单位合作培养学生[①]。产教融合最初的形式就是学校和用人单位合作共同培养学生，这样的形式为高职培养学生的实践能力提供了场所。用人单位提供实践场所，供高职大学生实践，让他们将所学的理论知识加以应

---

① 曾学龙.民办高职院校思政课协同育人教学模式创新的实践[M].广州：广东高等教育出版社，2018：2.

用，便于毕业后能够更好地适应用人单位的工作环境。

二是提供了师资保障。产教融合需要高职和用人单位共同培养学生，高职大学生在企业的实习实践需要用人单位派出专门人员为大学生讲解在企业工作的基本规范，为培养大学生的实践能力提供了"双师型"教师的保障。在企业、行业的实习经验弥补了大学生在学校实践能力和动手能力的不足。因此，实施产教融合、校企合作，为培养大学生的实践能力提供了必不可少的师资力量。

三是提供了资金保障。产教融合需要一定的资金作为基础，政府、行业企业将定量的资金投入产教融合，将会在一定程度上缓解高职的经济压力，同时也能保障企业获得一定的利润收入，充分调动企业参与的积极性。另外，充足的资金保障，为产教融合实践平台建设打下坚实的基础，进一步推进大学生实践能力的培养。

（三）产教融合为高职师生发展搭建了平台

服务社会是高职的重要职能之一，而产教融合为高职服务社会搭建了广阔的舞台。一个地区的高速发展离不开社会各界力量的支持，高职、企业和行业都需要参与其中，以推动高职人才培养质量不断提升。

一是可以让学生接触最前沿的专业技能。产教融合让学生在企业实习期间完全按照企业工作标准和要求，上下班打卡，穿着统一的制服，佩戴工牌等。在仿真环境中，学生更容易树立职业心态，养成职业习惯，学习符合企业要求的技能，走上工作岗位后能快速适应社会、融入企业。高职一方面可以根据企业的实际岗位用人需求，开发相应的课程，规范课程标准；另一方面可以把具有一定教学能力的一线优秀工作人员引入师资队伍，弥补师资队伍的不足。这样可以让学生学习符合时代潮流的最新技能。

二是可以为高职培养高素质的应用型人才。在当今世界百年未有之大变局下，高职需要不断转型，不断深化产教融合，以培养应用型和复合型的高素质人才。这需要实施"1+N"协同育人模式。高职与企业根据市场需求采取针对性的培养措施，同时统筹教育资源，创新教育教学方式，在充分发挥用人单位在人才培养和评价方面的独立性的同时，积极发展与之相适应的行业机构，充分发挥行业组织在职业标准开发、人才培养、人才评价、人才配置等方面的促进作用，培养高素质人才。

三是可以实现校企资源共享。当前，全国各地正在积极探索培育产教联盟。例如，重庆积极推进西部科学城建设，以打造产业、高职、科研机构、商业、住房一体化发展的现代化新城，补齐创新的短板。这些产教联盟由多家成员单位组成，以企业与企业、高职与企业、高职与高职间的深度合作为主要形式，以产学研用相结合为主要内容。产教联盟整合、集聚创新资源，有利于构建产业链合作体系，加快突破应用技术研发，联合培养人才，提高高等教育人才培养质量，推进校企在多层次、多维度、多区域的深度合作。产教联盟整合了行业企业、高职的资源，依托联盟内的师资、设备、课程、基地开展优质培训，达到在更大范围内实现资源共享和优势互补。例如，阿里巴巴公司联合政府、高职、企业、培训机构等，于2015年6月1日正式全面启动"百城千校—百万英才"项目，构建与行业企业岗位对接的课程体系，提供实践训练平台以提高学生的实践能力。通过产教融合，校企共同打造"双师型"师资队伍，共享教学资源，为社会培养与时俱进的应用型、创新型、复合型人才。

（四）产教融合为高职改革发展提供了重要契机

2020年10月，中共中央、国务院印发《深化新时代教育评价改革总体方案》，明确指出：探索建立应用型本科评价标准，突出培养相应专业能力和实践应用能力[①]。培养专业能力和实践应用能力是产教融合最有效的方法。根据方案的要求，新时代高等教育评价改革中高职总体评价和教学评价内容就需要列入产教融合的相关内容。改革高职总体评价，要推进高职的分类评价，引导不同类型高职科学定位，办出特色和水平[②]。高职可以根据自身优势，开展产教融合人才培养模式改革，改革高职教学评价，改进本科教育教学评估，突出思想政治教育、优势特色专业、学位论文（毕业设计）指导、学生管理与服务、学生参加社会实践、毕业生发展、用人单位满意度等指标。通过产教融

---

① 新华社.中共中央国务院印发《深化新时代教育评价改革总体方案》[EB/OL].（2020-10-13）[2022-09-30].http://www.gov.en/zhengce/2020/10/13/content_5551032.htm.

② 周淘瑛.高等教育评价改革背景下中外合作办学评估指标体系的改进策略[J].上海教育评估研究，2022（4）：51-56.

合，高职可以改变社会对教育的评价方式，实现教育链和产业链的有机融合，促进科研成果转化，提升学生参与经济社会建设的能力。

一是加快推动高职教育结构改革。不同层次的产教融合、校企合作，促进了高职教育质量的不断提升。产教融合能够促进高职和产业的融合与对接，即融合对接专业建设和产业需求，在某种程度上，可以优化高职的学科结构。广大高职应以"双一流"建设为契机，推进学科建设，有效促进高职学科和人才优势发展，实现产业竞争优势转化①。

二是促进高职毕业生就业和创业。高职毕业生人数持续攀升，2020—2022年，高职毕业生人数分别为 874 万人、909 万人、1076 万人，屡次创下历史新高。因此，通过产教融合改革人才培养体制机制，增强大学生的创业和就业能力，可以在一定程度上缓解毕业生的就业压力，促进高职毕业生多渠道就业。

三、产教融合是产业发展的需求

2017 年 12 月发布的《国务院办公厅关于深化产教融合的若干意见》，从战略高度指出要解决产教融合中"两张皮"的问题。当前，我国高等教育已经从"精英教育"走向"大众教育"阶段，教育发展的新阶段需要进一步提升教育质量。高职毕业生出现的就业困难局面，其根本原因在于高职的教学方式与社会需求之间存在衔接问题，与产业的发展尚未完全对接。因此，深化产教融合也是产业发展的本质需要。

（一）产教融合是实现创新驱动发展的载体

企业是创新的重要力量。实施创新驱动发展战略的核心可以概括为"四个推动"，即推动科技和经济紧密结合；推动市场在配置创新资源中起决定性作用；推动以企业为主体，企业家和教育家、科学家协同创新；推动人才、资本、技术、知识自由流动，破除一切制约科技创新的障碍②。

一是为校企协同创新提供了实体平台。在传统理念下，技术发明主要出自企业，而科学的理论探索性研究工作大都需要在高职和科研院所进行。在这

---

① 王家忠.改造我们的大学：地方本科高校综合改革探论[M].北京：光明日报出版社，2019：44.
② 马德秀.推进产教融合协同创新在新时代实现新跨越[J].中国科技产业，2018（12）：16-17.

样的模式下，科学研究和技术发明出现了一种相对封闭的状态，校企之间的联动程度较低。产教融合的新型教育模式将推进企业与高职共同建立实体平台，如产教合作示范基地、校企协同实验室等，以实现校企协同创新平台的共享共建，有效促进资源流动。

二是为创新型人才培养提供了教育平台。国家相关规章制度对创新做了明确的规定。例如，《国务院办公厅关于深化产教融合的若干意见》提出，加强创新创业人才培养，为学生提供多样化成长路径。《国家中长期教育改革和发展规划纲要（2010—2020年）》提出，坚持创新驱动实质是人才驱动。因此，培养创新型人才是深化产教融合的要求，同时也是实施创新驱动发展战略的要求。高职深入推进产教融合，有利于在实际工作中培育学生理论联系实践的综合素质和创新能力，同时也更好地提升了广大青年学生的实践能力。

三是为商业模式创新提供了实践平台。产教融合有效推动了高职与企业一体化、协同化发展，让企业深度参与高等教育，既能为高职扩充市场资源、实践资源，也能有力推进大学生创业孵化园的建设和完善。高职与产业组织、行业企业共建共享创新创业基地，能够有力促使大学生群体和青年创客探索商业模式与实践的创新，进而支持创新驱动发展战略的有效实施[①]。

（二）产教融合是产业转型升级的源泉

一是产业转型升级迫切需要高职提供高素质的人才。我国经济发展已经进入新常态，产业转型逐步升级、经济结构调整持续优化，各行各业对高素质人才的需求和要求逐年提高。产业结构由人才结构决定，一个区域的创新实力和发展潜力也主要是由人才结构决定的。大学生创新创业能力的培育是高职主动适应国家经济社会发展，适应产业转型升级，实现技术强国的必由之路。区域创新发展、产业转型升级需要大量的高素质技能人才作为支撑。培养高素质人才是高职的第一要务，高职要根据自身优势，积极与企业合作，在创新型和应用型人才培养、产业学院建设、就业指导等方面实现深入合作。

二是当前高职人才培养亟须适应产业转型需求。以新能源、新材料、人工

---

① 熊晨超.齐思廉.基于创新驱动战略的高职产教融合的问题与发展路径［J］.教育与职业，2019（22）：12-18.

智能广泛运用等为主要特征的新一轮科技革命扑面而来，如何适应新一轮产业革命和科技革命，如何适应"机器换人""电商换市"，如何实现产教融合促进产业转型升级等，就成为时代命题。①高职在专业设置、教材内容等方面的发展往往滞后于企业需求，导致在人才培养方面出现了与社会脱节的现象。因此，高职人才培养需要紧跟时代步伐，要与政府、行业组织、企业之间开展产教融合，加大科技领域的成果转化、社会服务方面的合作，从而助推产业的转型升级，助推高职高质量发展。

三是校企合作能够加快高职科技成果的转化。推动协同创新、深化产教融合，有助于缩短高职科研人员的科技成果转化为产业项目的时间，加快科研创新力转向产业竞争力的速度，加快催化产业技术变革和加速创新驱动。高职要充分发挥科研创新优势，多渠道挖掘市场需求，瞄准市场的痛点难点，积极搭建产教融合平台，及时推进产学研协同创新和科技成果转化。例如，2019年7月，在第五届山东省"互联网+"大学生创新创业大赛上，金奖项目是"小虫生财"，山东农业大学师生把小小的黄粉虫变为价值千金的宝贝。该团队针对黄粉虫存活率低这个难点，在技术上进行创新，培育新品种、改革养殖方式，通过产教融合与企业合作，及时将科技成果进行转化，为企业增收600余万元，同时还解决了300多名贫困户就业问题②。

（三）产教融合是优质产业人才的储备库

高职教育的重要职能包括人才培养、科学研究、社会服务、文化传承、国际交流与合作，发挥好这些职能，也是为经济社会做贡献。高职需要推动专业改革与产业需求相对接，实现校企协同育人，提升学生创新创业能力，从而有效解决就业难题③。产教融合可以从根本上解决企业招聘困难的窘况，打造优质人才储备库。例如，由人民日报社、经济日报社、中国外文出版发行事业局、辽宁日报传媒集团、大众报业集团、海南日报报业集团和清华大学新闻与

---

① 刘海明.产教深度融合：高职院校推进区域产业转型升级的战略选择[J].高等工程教育研究，2020（6）：129-135.
② 魏海政，王静，冯国营.山东农业大学让"有内容"的创新创业常态化[N].中国教育报，2019-08-17（02）.
③ 王丹中，赵佩华.产教融合视阈下高职院校协同育人机制探索[J].中国高等教育，2014（21）：47-49.

传播学院共同发起倡议设立的范敬宜新闻教育基金,为我国新闻教育搭建了一个发现人才、表彰优秀的平台,培养了大批高质量新闻人才[①]。产教融合使教师、学生和新闻传播界的领军人物形成"统一战线",合力促进新闻传播教育事业的优化。产教融合可以让企业、行业根据发展需求,深度参与高职的人才培养,共同按照最新的行业人才标准制订高职人才培养方案,促进高职教育教学改革,培养行业和企业急需的优质人才,同时也可以有效破解高职毕业生就业难的问题。

第二节 产教融合人才培养的基本概念

高职在产教融合、校企合作的过程中,如何实现创新、如何提高人才培养质量,是高等教育领域广泛关注的研究话题。但是,对相关核心概念的定义,学界还存在不同的认知。例如,一些研究者对"产学研"和"产教融合"存在概念上的认知偏差,有研究者认为"人才培养"和"人才培养模式"是相同的概念等。因此,我们有必要对相关概念进行阐释。

一、产教融合

(一)产教融合的概念

目前,学界关于产教融合的概念尚未形成统一的定论,相关概念的形成是一个循序渐进的过程。1991年10月印发的《国务院关于大力发展职业技术教育的决定》提出了"产教结合、工学结合"的概念。2013年11月印发的《中共中央关于全面深化改革若干重大问题的决定》正式提出了"产教融合"的概念。2017年,《国务院办公厅关于深化产教融合的若干意见》对深化产教融合做出制度性的安排,强调构建教育和产业统筹发展格局。在学术界,学者们从不同的视角对产教融合进行了阐述。从搜集到的相关研究成果来看,目前国内

---

① 柳斌杰.教学相长,产教融合,为我国新闻事业培养更多优秀人才[J].传媒,2020(23):8-10.

对产教融合主要有以下两种理解。

一是把产教融合理解为校企合作。产教融合是指高职在培育学生的过程中生产与教学的有机结合，即教育教学的理论与生产工作的实践相统一，是创新人才培养的融合路径；同时，也是教育教学内容与生产技术技能的融合，是育人内容上的融合[①]。有部分研究者认为产教融合与校企合作内涵一致，认为在高职教育中，要重视课程的设置，要以人才培养的职业性为基础，来设计课程，而实践是课程实施的重点。在实践中要注重"产教融合"[②]；高职与产业深度合作，是高等院校为提高其人才培养质量而与企业行业开展的深度合作[③]。有学者从"对接"角度研究产教融合，认为高职院校的"产教融合"即"产教对接"，即"产品与教育对接、制造与教学对接。"[④]有学者关于产教融合"对接"的研究则更进一步，提出"产教融合"是以"专业与产业对接、学校与企业对接、课程内容与职业标准对接、教学过程与生产过程对接"的人才培养活动。[⑤]

二是把产业系统和教育系统看作相互融合的统一整体[⑥]。例如，很多高职实习基地建在企业，一些企业则把部分业务或部门搬到学校，校企在部分领域开展深度融合。对此，有学者认为，产教融合是指高等教育与物质生产、社会服务等行业共同开展生产、服务和教育的活动，并且形成不同于单纯的教育与产业的另一种组织形式。[⑦]罗汝珍从"多重复合型功能"角度定义产教融合，认为产教融合是兼具市场需求与主体需求导向、多方参与管理以及产业化等特征的人才培养活动[⑧]。邢晖、李玉珠从"教学环节"角度分析产教融合，认为产教融合是学校让企业参与具体的教学环节，让企业主动参与学校实践教学环节，并依托专业开办相关产业的人才培养模式[⑨]。马

[①] 孔宝根.企业科技指导员制度：深化职业教育产教融合的新路径[J].教育发展研究，2015（3）：59-64.
[②] 徐国庆，职业教育课程的根本问题是学问化[J].职业技术教育，2006（9）：49-51.
[③] 陈年友，周常青，吴祝平.产教融合的内涵与实现途径[J].中国高校科技，2014（8）：40-42.
[④] 周劲松，温宇.区域职业教育产教结合的政策需求与机制创新[J].职业技术教育，2010（10）：45-48.
[⑤] 陈年友，周常青，吴祝平.产教融合的内涵与实现途径[J].中国高校科技，2014（8）：40-42.
[⑥] 杨善江，"产教融合"的院校、企业、政府角色新探[J].高等农业教育，2014（12）：117-119.
[⑦] 罗汝珍，职业教育产教融合政策的制度学逻辑分析[J].职业技术教育，2016（16）：8-13.
[⑧] 罗汝珍.市场经济背景下高等职业教育产教融合机制研究[J].教育与职业，2014（21）：8-10.
[⑨] 邢晖，李玉珠.民办高校产教融合现状调查与分析[J].教育与职业，2015（36）：24-27.

庆发从"需求导向"的角度分析产教融合，认为高职院校产教融合应改变沿袭校企合作人才培养模式的做法，在实施中应注重"职业导向"，进而趋向"需求导向"[1]。王继元将产教融合定义为一种发展战略，即高职与产业在人才培养、技术开发、成果转化中紧密合作、彼此关照、相互支撑、相互促进的一种发展战略。[2]张禹结合党和政府发布的有关政策、文件以及相关学者的研究，认为产教融合是为了满足一定时期内国家经济转型的需要，通过与行业企业开展深度合作，旨在培养高质量发展所需的高素质、高技能人才为目的，是一种人才培养模式。[3]

国家相关文件对产教融合做了更进一步的解释，在宏观层次上，重视教育开发和产业升级的联系。比如，在《国务院关于加快发展现代职业教育的决定》中，就提出了"要将职业教育与经济社会发展相结合，要将人力资源开发和技术进步相结合，要将教育和教学改革相结合，要将行业转型升级相结合"的要求。《现代职业教育体系建设规划（2014—2020年）》将产教融合解释为专业设置与产业需求、课程内容与职业标准、教学过程与生产过程对接，让职业教育能够与技术进步、生产方式变革、社会公共服务等方面的需求相匹配，从而推动经济的提质增效升级。

有学者根据《国务院关于加快发展现代职业教育的决定》，提出产教融合的基本要求是实现"五个对接"，即专业设置与产业需求对接、课程内容与职业标准对接、教学过程与生产过程对接、毕业证书与职业资格证书对接、职业教育与终身学习对接。[4]

综上所述，我们认为，所谓产教融合，是指校企双方在政府和行业组织的支持下，基于提高人才培养质量的目标，共同打造专业建设体系、课程建设体系、实践平台建设体系、师资队伍建设体系和教学组织体系等，以实现教育与企业生产的无缝对接，构建集教育教学、业务培养、岗位训练、经营理念、素质养成、科技研发等为一体的应用型、实践型教育教学机制。

---

[1] 马庆发.切换发展动力，从就业导向迈向需求导向[N].中国教育报，2016-08-02（03）.
[2] 王继元.高等职业教育领域中产教融合研究的元分析[J].职教论坛，2017（3）：26-31.
[3] 张禹.新时代产教融合的意义、障碍和解决途径[J].中国经贸导刊（理论版），2018（8）：65-68.
[4] 高飞，姚志刚.产教融合的动力与互动机制研究[J].淮南职业技术学院学报，2014（6）：41-45.

（二）产教融合的特点

从产教融合的特点来看，跨界性、互利性、合作性和复杂性是产教融合的主要特点。杨善江（2014）指出，产教融合具有"双主体"性（双主体指产业和院校）、跨界性（教育、产业、政府和社会的联合）、互利性、动态性、知识性（实现知识的流动与增值）、层次性（包括宏观的国家和地区关于产教融合的方略设计、中观的教育部门与产业部门的相互适应和配合、微观的教育教学过程和企业生产过程的衔接和统一）等六个基本特征。[①] 罗汝珍认为，高等职业教育的产教融合具有多功能复合、需求导向、多主体管理以及产业化等特点。[②] 有学者指出，德国学习工厂产教融合的特点与功能耦合具有整体性、多元协同具有可持续性、构建路径具有前瞻性。[③]

综上所述，产教融合具有以下特点：一是企业和高职之间的合作紧密，二是企业和高职合作范围广泛，三是企业和高职可以实现互利双赢，四是企业和高职之间的合作具有前瞻性。这些特点都深刻影响着产教融合人才培养的深度、广度和成效。

二、人才培养

（一）人才培养的概念

《国家中长期人才发展规划纲要（2010—2020年）》将"人才"解释为利用自身技能为社会创造财富同时具有高素质的人。《辞海》从生物学角度认为"培养"包含两层含义：一是适宜生物生长的环境，二是造就个体成长的条件。[④] 人才培养是指个人通过对其进行有效指导，利用其所掌握的知识与技巧，推动自己的价值实现的过程。在培养人才的过程中，还蕴含着大量的人才培养理念。

教育观念就是在怎样的观念引导下造就怎样的人。它是对教育育人的本质

[①] 杨善江.产教融合：产业深度转型下现代职业教育发展的必由之路[J].教育与职业，2014（33）：8-10.
[②] 罗汝珍.市场经济背景下高等职业教育产教融合机制研究[J].教育与职业，2014（21）：8-11.
[③] 陈正，秦咏红.德国学习工厂产教融合的特点及启示[J].高校教育管理，2021，15（4）：64-71.
[④] 辞海编辑委员会.辞海：第一卷[M].上海：上海辞书出版社，1999：346.

特征、目标价值、功能任务和活动原则等的一种理性的认识,同时,也是教育主体通过对人才培养问题的理性认知,由此产生的一种教育思想。其目标在于回答"什么是人才""为什么培养""如何培养"等问题。从哲学的角度来看,它包含了人的内在逻辑、人的终极价值和人的理想追求。在实践方面,它是对人才培养模式进行系统性思考的行动指南,是对人才培养过程中所应遵循的规范。国家层面的教育理念是国家对教育育人活动的价值、功能以及构建怎样的人才培养生态系统和如何进行人才培养,具体包括体制机制建设、财务预算等。[①] 从高职的角度来看,教育思想主要是围绕着人才培养的思想来展开的,而人才培养思想的内涵则是通过教师观、学生观、质量观、教学观、科研观、活动观与评价观等方面来表现出来的。这种理念既受到整个社会的普遍教育理念的影响,也受到高职自身育人理念的影响。

培养主体是解决"由谁来培养人才"的问题。高职人才培养的主体是由培养活动的设计主体、组织主体与实施主体所构成的群体,高职是大学生培养活动的设计主体,院系是大学生培养活动的组织主体,教师是大学生培养活动的实施主体。

培养对象是解决"培养谁"的问题。高职培养对象毋庸置疑是大学生。

培养目标是解决"要培养怎样的人才"的问题。例如,培养"通才"还是"专才",培养"学术型"人才还是"应用型"人才,培养"守业型"人才还是"创新型"人才,甚至是上述几种的综合,这是具体的目标。

培养途径是解决"通过什么样的方式"或"借助什么形式的载体"的问题。比如,通过课程教学、学术活动、科学实验和社会实践,强调把理论知识应用到实际工作中去。

培养模式(培养过程)是解决"按照什么样的方式"去实现人才培养的目标要求的问题。同时,还指出了如何构建和完善这一培养模式,以及如何将理论与实践相结合的教学方法。例如,教师作为教学的主体,在课程教学、学术活动和实践活动中,应该采用什么样的形式,应该遵循什么样的程序,应该进行什么样的配置等。

---

① 董泽芳.理念与运求:大学发展的思考与探索[M].武汉:华中师范大学出版社,2018:426.

培养制度是解决"用什么制度来保障人才的培养"的问题。人才培养体系有广义和狭义之分。从广义上讲，高职人才培养体系与高职的整个人才培养过程密切相关，具体包括高职的招生制度、教学制度、考试制度和用人制度。这几个方面形成了一个相互支撑、相互配合的系统，共同组成了一个完整的现代大学系统。大学生在大学获得不同专业技术的培养，或者进入社会，或者进一步深造，这就涵盖了人才培养的全过程。大学中的大学生要想得到真正意义上的成长与发展，就必须依靠大学中的人才培养体系来引导。狭义的人才培养制度，是一种与大学教育和教学活动过程有关的重要法规和程序，是一种与大学教育和教学活动过程有关的制度。主要内容有：学科设置和课程设置，选修制，学分制，导师制，实习制，学生分流，日常教学管理等。人才培养制度是从理性的角度，对培养主体和培养对象的权利和义务关系做出的总结，是一种指导、约束和合理的资源保障机制。

（二）人才培养的特点

从查阅的文献来看，涉及人才培养的特点的文章较多，通常在前面添加定语，如法学人才培养的特点、广告人才培养的特点、文科人才培养的特点、高技能人才培养的特点、应用型人才培养的特点等。归纳起来，人才培养的共性特点如下。

一是具有一定的目标性。人才培养具有明确的目标，这个目标就是促进个体全方位的发展。

二是具有一定的标准。以高职人才培养为例，教育行业进行评估不能通过经济指标来衡量，不能通过毕业生数量的多少来衡量，不能通过经济指标来衡量，不能通过培养"名人"的数量来衡量，而是通过市场选择、社会判断，以人才整体素质的提高和社会的认同度为标尺。①

三是具有前瞻性。关于人才的培养不能静态看待，而是要动态看待。人才培养应该具有预见性，看得见十年、二十年以后的情况，甚至是国际上需要什么样的人才，这就是高职人才培养的方向。

---

① 班秀萍，叶龙.全面质量管理与高校人才培养[M].长春：东北师范大学出版社，2017：14.

三、人才培养模式

（一）人才培养模式的概念

《辞海》对"模式"一词的解释为范式、模板，或者相对仿照，或者想法体系[①]；《现代汉语词典》对"模式"一词的解释为参照、标准。模式从理论视角、实践层面都为行动者指引前进的航向。龚怡祖教授在《论大学人才培养模式》一文中指出，模式是运用教育原理来为教学活动中教师和学生之间问题提供一种解决方案的原型。教育部原副部长周元清将人才培养模式界定为人才培养所应该达成的目的、人才培养的规模以及人才培养的方法[②]。钟秉林院士将人才培养模式界定为学校为了让学生具备社会生存能力的一种方法[③]。徐涵教授将人才培养模式界定为学校教师一致认同并且在践行的人才培养的实际操作的范式[④]。王前新将人才培养模式界定为学校为了达成教育培养目的的影响教学的各元素[⑤]。

人才培养模式是高职人才培养完整系统的重要元素之一。人才培养模式与人才培养是两个截然不同的概念。人才培养是整个教育系统非常巨大的工程，具体包含人才培养的价值观、人才培养需要达成的目标、人才培养的方式方法、人才培养的对象、人才培养的过程以及人才培养的规章制度等板块。由此可见，高职创新型人才培育，需要同时兼顾这些板块的内容，需要更新教育价值观，不断提高人才培养的工作效率，注意充分调动师生的学习主观能动性，以创新型人才的培育目标为导向，不断优化人才培养方式，拓展多样化的培育路径，不断改革创新人才培养的体制机制，创造更好的培育环境等。人才培养模式的关键是在人才培养途径中对详细的环节进行设计，对学生专业课程与辅修课程的选择，对教学设计的打磨，包括对教学的管理和实施等方面问题的斟酌。人才培养模式是"人才培养"环节中一个最具有灵活性，这才是最重要的

[①] 辞海编辑委员会.辞海：第六卷[M].上海：上海辞书出版社，2010：1596.
[②] 陈桂生."教育理论与实践关系问题"的再认识[J].湖南师范大学教育科学学报，2005（4）：8-10.
[③] 宁虹，胡萨.教育理论与实践的本然统一[J].教育研究，2006（5）：10-14.
[④] 徐涵，三种职业教育人才培养模式的基本特征与评价[J].职教通讯，2008（6）：25-28.
[⑤] 葛超，冯晨静，李媒.大学生就业困难的原因分析及指导对策[J].河北农业大学学报(农林教育版)，2010（3）：359-361.

一环。在人才培养中，专业设置、课程选择是否合理，是否能够满足学生的需要。在制定教学的体制机制时，是否具有科学性，教学的布局是否合理。班级管理是否民主，这些都是大家所关注的内容。与此同时，这些内容也都与其他人才培养内涵的本质特性存在不同之处①。

综上所述，"人才培养模式"是高职为了达成既定的人才培育目的，在某种教育价值观的引导下和相应的人才培养体制机制下，呈现出的拥有一定的特性，关于人才培养的理论模板或能够被实际运用的样式②。

（二）人才培养模式的特点

它不仅有普通教育的共性，也有自己的特色。从总体上讲，该模式的特点是系统的复杂性，理论和实践的中介，实践操作的范式性和可模仿性。从其本身的特征来看，主要反映在以下几个方面。

一是目的性。人才培养是以个人与社会协调发展为目的的具有目的性的行为。

二是主体性。人才培育是以人为中心的一项活动。要使各层次的主体都得到有效地利用，就必须使其发挥出最大的作用。

三是合规律性。人才培养模式必须同时遵循三大规律，即高等教育的外适规律、个适规律与内适规律。外适规律要求人才培养模式必须与社会发展的要求相适应；个适规律要求人才培养模式必须与大学生的个性发展要求相适应；内适规律要求人才培养模式必须与高等教育自身的文化、结构、功能、要素协调发展的要求相适应。③

四是保障性。除了人力、财力和物力上的保证，最主要的还是制度上的保证，包括教学制度，管理制度，考试制度和评估制度。

五是开放性。在当前阶段，对人才培养方式进行改革，不仅要在高职体制下进行，而且要与经济、社会的发展、高等教育的改革、发展相适应。

六是多样性。随着经济和社会的快速发展，人们对人才的要求也越来越高，所以，对人才的要求也呈现出多样性和的特点。在大学生中，人格的丰富

---

① 董泽芳.理念与诉求：大学发展的思考与探索[M].武汉：华中师范大学出版社，2018：428.
② 董泽芳.理念与追求：大学发展的思考与探索[M].武汉：华中师范大学出版社，2018：428.
③ 陈新忠，董泽芳.高等教育规律"三分法"探析[刀].江苏高教，2008（2）：20-22.

和个性的不同都有其自身的特点。高教结构的多元化、高教目标的独特性等，都决定了高教模式在内容上的多元化。

四、产教融合人才培养模式

（一）产教融合人才培养模式的概念

产教融合人才培养模式是指在协同育人理念下，高职与行业企业共同设计人才培养方案、设置专业、开发课程、共建实践基地和实验室为核心内容的培养模式。在这种模式下，企业技术人员作为导师指导学生，为社会培养专业技能型人才。学生可以在实践基地或企业进行现场学习，及时学习适应社会需求的新技术、新标准、新方法。产教融合人才培养模式既可以将高职与企业的协同研究与创新能力转化为社会生产力，又可以提高学生的就业竞争力，为区域经济发展注入动力。

（二）产教融合人才培养模式的理念

产教融合人才培养模式的理念大致有以下两类。

一是"以企育校"的基本理念。"以企育校"的指导性是指产业导向，与专业导向相结合，行业企业、专业形成"三重奏"，用先进的企业管理模式，先进的生产工艺，先进的产品质量来引导自己专业的"教与学"。它有别于传统的"工学交替""校企互动"和""订单式"对口协作"模式，它有着自身独有的特征：企业和学校属于一个平等的二元培养主体，它们是一个利益共同体、责任共同体和命运共同体，两者之间可以进行紧密的合作，实现共同的发展。在时间上保持同步，在时间上保持频率上的同步，在时间上进行全方位的系统协作，达成企业反哺学校发展、学校哺育企业成长的目的。

二是"校企合作协同育人"的基本理念。"校企合作协同育人"的基本理念要求人才不再局限于对理论知识的掌握，而是做到将理论知识能很好地运用到实践过程中，将理论与实践有机结合。"校企合作协同育人"的理念应该贯穿整个教学过程，做到将理论知识与实践相结合，教育与产业相结合，人才与市场需求相结合。

（三）产教融合人才培养模式的路径

产教融合协同育人的人才培养机制在我国的发展尚未成熟，无论是在理论层面还是在实践层面都需要学习借鉴成功的经验。从现有的典型案例来看，其大都以政府、高职和企业作为突破口，由此深入推进产教融合人才培养。

1. 政府层面

（1）构建合理的制度保障体系。在这一过程中，政府扮演着举足轻重的角色，因此，建立一套健全、科学的教育体制，对于企业与高职来说，都是非常有益的。在构建制度保障系统的过程中，政府的目的和作用就是要保护好企业和高职之间的法律权利，让企业更好地参与到产教融合中来，从而提高了产教融合的实施成效，从而推动了企业与学校之间建立起一种生产性、综合性的教育模式。为此，国家应从如下几方面着手，构建一套科学、合理的保障机制：一是政府应积极借鉴国际先进经验，制订出在大学中实施产教融合人才培养的具体办法，使大学的产教融合发展策略得以深入推进；二是在产教融合过程中，政府应发挥积极的引导作用，协调各主体之间的关系。政府应出台相应的政策，在利益分配、技术共享、资金投入、职称评定等方面给予引导，让产教融合的所有方面都能主动地参与到培养人才中。

（2）构建严密有效的监管体系。目前，有关部门也应该制定出相应的监管体系，来解决高职在产教融合中所面临的困难。只有建立一个比较健全的监管体系，才能让大学与企业之间形成一个和谐的环境，才能最终达成"双赢"甚至"多赢"的局面。对此，政府可以从以下两个方面着手：一是政府要合理利用行政手段，成立各种地方行业协会、教育协会、产教融合协会等，有效指导产教融合；二是政府要当好"裁判员"，为高职、企业提供指导、咨询、协调，以解决产教融合推进过程中出现的各种问题和纠纷。

（3）加强对教育经费的保障力度和投资力度。高职产教融合工作的开展，离不开政府的资助，所以，政府部门需要建立一个合理的资金保障机制，增加产教融合经费占教育经费的比重。针对产教融合经费投入，政府可以从以下三个方面开展工作：一是政府要适当增加高职产教融合的投入比重，使高职能够有更多的教育经费完善产教融合人才培养模式；二是政府要出台相关的优惠政策和资金资助政策，对产教融合成效突显的高职、行业企业予以嘉奖，鼓励更多高职、行业企业积极参与产教融合；三是政府要采取其他手段，如通过建立专项资金资助、财政转移支付、银行贷款免息等手段来实现产教融合资金保障的多元化。

2. 高职层面

（1）开发具有实践性的优质课程。为了增强产教融合，提高校企合作的效果，校企双方就要有一个更加清晰的认知，即校企合作价值最大化。从高职的角度来看，高职教育教学的内容与质量是高职教育教学的重要组成部分。为此，高职应注重课程的开发，倾听并吸纳企业一线优秀管理者的建议，严格按照国家政策和企业的要求，开展理论与实践相结合的教育，并结合岗位分析及社会需求，构建一种能够突出岗位核心能力，且能让学生获得职业资格证书的体系。在课程设定时，高职要把握因需设课的理念，摒弃冗余且对学生毫无用处的课程[1]。高职还要加强和企业之间的联系，保证企业能根据合作项目来培养和实施人才。与此同时，高职还应该构建一套完整的监管与考核制度，以提升大学生到公司实习的热情，确保大学生实习的质量。监管与考核制度的设计，既可以对实习生在公司中的实习生活有所帮助，也可以保障公司的正常运行，加速大学生的角色适应。

（2）建立校内外实习实践基地。目前，高职学生实习实践较为分散。高职可以根据自身的资金状况建立专业的实验设备和教学软件配备齐全的仿真模拟实训基地，比如企业资源计划（ERP）实训室、财务会计手工账实训室、财务综合实践教学（VBSE）实训室、会计与税收手工模拟实训室等[2]。在这几个专业的实训室中，学生的动手能力得到了切实的提升。在此基础上，结合学校特色，建立校办企业，为大学生提供更多的实习基地。这样，既可以满足高职所有专业学生的实习，又方便高职对学生实习状况的监督。[3]

（3）大力发展"双师型"师资。在教学中，教师是具体的行为主体。所以，校企合作与产教融合的成效，与教师的教学能力有直接的联系。在此基础上，针对高职实际，着力建设一支具有较高素质的"双师型"师资队伍。建设"双师型"教师队伍，可以鼓励教师多关注、多参与职业相关的实践培训机

---

[1] 曹丹. 从"校企合作"到"产教融合"[J]. 天中学刊, 2015（1）：133-138.
[2] 陈彧. 校企合作实现产教融合的有效路径探求[J]. 哈尔滨职业技术学院学报, 2017（6）：4-6.
[3] 李迎男, "高职会计专业"的产教融合人才培养模式探讨[J]. 经营管理者, 2014（36）：409-410.

会，包括各项论坛与会议，让教师充分把握专业的整体发展趋向和最新动态；可以为教师提供校外挂职顶岗的机会，让教师在工作中提高实际操作动手能力，进而更好地对学生进行培训和指导①。为提高师资队伍的业务水平，学校可分批选送"双师型"师资队伍进行培训。与此同时，大学要扩大师资的招募渠道，不仅要招募具有较少实际工作经历的高层次人才，还要吸纳具有较多工作经历的企业技术人员，使"双师型"师资队伍不断完善。

3. 企业层面

企业在产教融合中发挥着主体作用，提高企业参与度主要应从以下两个方面入手。

一是转变观念，深度参与产教融合。企业成为高职人才培养模式的重要参与者，可以推动高职培养的人才能够较好地适应社会发展的需求。企业可以将企业文化融入高职人才培养方案，将企业管理制度、管理模式等相关制度和文化融入高职人才培养的方方面面。这样做有助于大学生较为全面地了解企业，并及时将理论学习运用到实践中。

二是改变人才挖掘的通道。企业通过积极融入高职的人才培养全过程，有利于尽早发掘人才、培养人才，既能满足企业的发展需求，又能为高职人才培养做出贡献，实现高职和企业"双赢"的局面。

第三节　产教融合人才培养的理论基础

产教融合人才培养是一项系统工程，其顺利开展，离不开科学理论的指导。我们在实践探索中发现，产教融合的理论基础主要来自协同理论、共生理论、利益相关者理论。

一、共生理论

德国的真菌学家德贝里（Antonde Bary）在 1879 年首次提出了生物学意

---

① 申叔芝，刘进祥．"产教融合，校企合作"办学的探索与实践[J]．中国现代教育装备，2014（16）：70-71．

义上的"共生"概念，认为共生是不同种类生物相互联系在一起的生存状态，它们相互影响、相互作用甚至相互依存，通过物质循环和能量交换有机地结合在一起[1]。共生现象是生命物质最基本的特征，也是生物界最自然、最普遍的现象。美国微生物学家玛葛莉丝（Marguis）认为，生命界的共生现象是自然界中生物演化的生命机制，任何生物的本性中都没有独占世界的欲望，它们都愿意争取到属于自己的一席之地，这是大自然最本真的样态。

共生的概念包括三个方面的内容：一是共生来源于不同种类的生物，它们有着不同的组织结构和功能属性；二是共生与生存相关的活动；三是共生的各类生物之间相互联系、相互依存，它们之间包括物质、能量和信息的流动[2]。共生系统由共生体和体外的环境共同构成。共生体的组成部分是共生单元，而共生单元之间的关联包括共生模式和共生界面。共生界面是体内共生环境，和体外共生环境一起构成共生系统的生存条件。

（一）共生关系形成的三个要素

共生关系包括三个基本要素，分别是共生单元、共生模式和共生环境。共生单元是形成共生关系的最基础的物质条件，同时也是共生界面的先决条件。共生单元在被研究对象的不同层面上表现出不同的特性，共生单元的性质和特征也因为所处的共生体不同而有所变化。共生模式是共生单元之间的组合形式，反映共生单元之间的物质、能量交换关系。共生关系根据共生单元的性质和特点可以分为寄生关系、偏利共生关系和互惠共生关系。其中，互惠共生关系可以分为对等的和不对等的两种。任何共生单元之间的共生关系都形成于一个环境中，这个孕育共生体的外部条件就是共生环境。

（二）共生关系产生的三个均衡条件

由于并非所有的组织单位都会产生共生体，所以要想认识共生体，就必须知道共生体是如何产生的。

首先，有时间和空间中相互联系的可能性，是在平等的共生单元之间必须

---

[1] 余艳青. 身体、体育比赛与电视传播[M]. 北京：中国广播电视出版社，2017：143.
[2] 张智光，等. 生态文明和生态安全：人与自然共生演化理论[M]. 北京：中国环境出版集团，2019：22.

存在的，共生单元之间存在着相互接触的机会，这是由于它们的社会条件所决定的，而且它们都有将共生体组织起来的共同愿望和交流的通道，这些都有利于共生单元之间的物质、信息和能量的交换，这就是共生渠道。共生体的存在，是共生体得以顺利发展的前提。

其次，共生单元结成共生体需要由几个共生单元之间的一些变量比如亲近度、关联度等内在特质决定，最有可能成功结成共生体的是彼此亲近度和关联度更高的共生单元。

最后，双赢是任何共生单元之间共生关系的结成目的。共生体的结合可以促进彼此功能相互提升，有利于提升彼此的功能。匹配性能好且成本低的合作单元，将被列为首选。

共生单元形成共生关系之后，其规模也是共生关系进一步获得良好发展的必要条件，规模不可过大或过小，否则会影响共生关系的生存质量和维系的时间。

（三）共生界面的分析方法

共生界面是指任何共生单元之间因为共生关系而结成的交界部分，可以是有介质的共生界面，也可以是没有介质的共生界面。共生界面执行共生单元之间的物质、能力、信息的传递与沟通功能，是两者交流的中介。共生界面的状态和功能在某种程度上决定共生系统的效率和稳定性。[1]

共生理论在20世纪50—60年代被社会接纳，并被很多领域借鉴。例如，人类学、社会学、经济学甚至包括政治学，都开始逐渐运用共生理论解释本学科的现象，用以解决问题或预测事物发展趋势。产教融合可以借鉴共生理论，高职、企业和地方政府是产教融合系统中的三个关键的共生单元。从共生理论的观点来看，产教融合的共生模式可分为组织共生模式与行为共生模式两种。其中，组织共生模式又包括四种类型，分别是：间歇共生模式、连续共生模式、点共生模式、一体化共生模式。间歇共生模式是指政府、高等院校、企业之间建立有规律的合作关系，如工学交替；连续共生模式是指政府、高等院校、企业之间建立高质量、多次的合作关系，如政产学研用模式、产学研模式

---

[1] 余艳青. 身体、体育比赛与电视传播[M]. 北京：中国广播电视出版社，2017：143.

等；点共生模式是指政府、高等院校、企业之间建立一次性合作关系，这类模式通常是针对具体问题开展的一次性合作，如某项关键技术的突破、某项工艺技术的研发等；一体化共生模式是指政府、高等院校、企业之间建立的深入合作关系，如"产业学院""行业学院"合作模式。行为共生模式主要包括四种类型，分别是非对称互惠共生模式、偏利共生模式、寄生模式、对称性互惠共生模式。[1]其中，非对称互惠共生模式是目前地方高等院校最常见的产教融合模式；对称性互惠共生模式只是一种理想的产教融合共生模式。

二、利益相关者理论

（一）利益相关者的定义的演化过程

利益相关者理论最早可以追溯到 1708 年，是在股东利益为主的理论辩论道路上逐渐演变而成的。1929 年，除股东之外其他群体服务的思想被一名就职于电器公司的总经理在演讲中提出[2]。历经十余年，该思想转化成正式理论。1963 年，斯坦福研究所从利益相关者的方面提出了"利益相关者"的内涵。假如没有这些群体的扶持，企业就没有办法生存。其中，这些群体指的就是与企业不断互赢的利益相关者，企业应该为其提供支持[3]。1964 年，瑞安曼（Rhenman）将斯坦福研究所强调的企业社会职责的概念进一步拓宽，提出利益相关者的单向互动成为双向互动，指出企业和利益相关者之间相互影响、相互制约。利益相关者凭借企业来实现个人利益，与此同时，企业也凭借对方获得进一步发展。1965 年，由安索夫（Ansoff）提出的公司战略理论中真正使用了利益相关者的概念。完成比较优秀的企业方案，进一步趋向企业目标，一定要保障企业与利益相关者的互相制约与发展。其中，利益相关者是指股东、工人、管理人员、供应商以及其他人。[4]1984 年，弗里曼出版《战略管理：利益相关者方法》一书，标志着利益相关者理论的初步成型。

---

[1] 张元宝.地方高校产教融合的困境与出路：共生理论视域下问题的探讨[J].中国高校科技，2021（10）：82-86.
[2] 贾生华，陈宏辉.利益相关者的界定方法述评[J].外国经济与管理，2002（5）：13-18.
[3] 孙晓.利益相关者理论综述[J].经济研究导刊，2009（2）：10-11.
[4] 郭洪涛.中国企业社会责任比较研究：基于不同所有制的视角[M].北京：新华出版社，2018：38.

（二）利益相关者的理论内涵

所谓利益相关者，是指对一个组织既定目的的兑现有所影响或能够被组织实现目标过程影响的人①。最初的利益相关者理论属于公司组织学范畴，萌生于 20 世纪 60 年代，是在美国、英国等西方国家的统制型企业的统筹方式逐渐演变而来的。在继承传统的"股东至上"企业理论基础上，在利益相关者理论看来，任何一家企业的兴盛都与利益相关者的参加程度息息相关，这些利益相关者有公司的员工、公司的购买者、公司的客户、公司的赞助人等甚至包括公司所在地的政府、所在社区的居民以及周围的环境②。弗里曼指出，企业期望与之相关的利益者是一个共同体，需要共荣辱，而非仅仅只是为某些主体获益。这些利益相关者与企业的生死存亡息息相关，因为他们也与企业共同承担相应的风险。有的利益相关者甚至还会为企业不合理的行为买单。有的利益相关者对企业的经营进行实时监管，因此企业在经营过程中会充分考虑这些利益相关者的利益。与此同时，企业也会愿意被这些利益相关者制约。简言之，从利益相关者的角度来看，企业要想取得长久的生存与发展，最好的办法就是把所有的利益相关者都考虑进去，并满足他们的需要。从社会组织的角度来说，并不只是企业才有利益相关者，实际上，每一个具有对应的复杂特性的社会组织中，都有利益相关者。伴随多学科研究理念的发展，利益相关者理论也逐渐成为社会学、教育学、政治学等社会科学的分析视角和研究方法③。

利益相关者理论对高职产教融合人才培养具有积极借鉴作用，高职在深化产教融合过程中，通过政府的推进和指导，可以有效扭转高等教育同质化倾向，缓解高职结构性矛盾，促进产业结构优化升级，有效解决高职毕业生就业问题，能够更好地服务地方经济社会发展。高职与企业在各方面都有深入合作，从而实现优势互补、互惠互利④。高职与企业合作，有利于企业从高职获得人力资本和社会服务资源等，有利于高职从企业获得办学资金、实习实践基地和生产实践经验等。

---

① R. 爱德华·弗里曼. 战略管理：利益相关者方法 [M]. 王彦华，梁豪，译. 上海：上海译文出版社，2006：3.
② 曹如军. 应用型本科教师评价研究 [M]. 长春：吉林大学出版社，2013：48.
③ 曹如军. 应用型本科教师评价研究 [M]. 长春：吉林大学出版社，2013：49.
④ 吕成文. 基于利益相关者理论下的产教融合保障体系构建 [J]. 现代职业教育，2021（23）：108-109.

第三章

学前教育专业人才培养概论

- 第一节 学前教育及其相关概念
- 第二节 人才培养模式解读
- 第三节 学前教育专业人才培养模式的理论基础

第一节 学前教育及其相关概念

一、学前教育概述

（一）学前教育的概念

1. 教育

教育是人类社会特有的一种自觉地、有目的地促进人发展的活动，主要是发生在年长一代和年轻一代之间的教导与学习互动，旨在促进受教育者的社会化与个性化，从初生的自然人逐步成长为能适应社会并能促进社会发展的人。在人类社会的发展过程中，教育是老一辈和新一代之间的文化传承机制，也是社会发展和个人发展相互作用的机制。这种机制主要是通过学习、运用、创新前人或他人积累的经验包括语言、文字、生产、治理、科学、技术等方面的知识以培养社会和时代所需要的人和各种专门人才来实现的。因此，教育就是人的发展和社会发展的媒介，其主旨在于以人为本、育人成人，在其所处的时代中，把人作为社会实践的主体来进行教育，从而实现人与社会的可持续发展。因此，有意识地培养人，是教育的立足点，是教育价值的根本所在，是教育的本体功能。只有在有目的的培育人才的过程中，教育才能促进个体的成长，服务于社会的发展。如果否定了教育的育人价值，就否定了教育的社会价值，教育对社会便将无所作为。

教育是随着社会的发展而发展的，因而人们对教育的认识及其概念的界定，也会随着教育的发展而相应地发生变化。在原始社会的初期，教育就已存在，但并没有从社会生活中独立出来，没有成为人们关注的对象，也无须命名。随着学习书本知识以培养人才的教育成为一种专门的育人活动后，教育活动才受到人们的关注与命名。开始，人们对其称呼不一，在发展过程中逐渐统一称之为学校教育。而且，人们的教育视野长期受到学校教育实践的局限，难免很狭隘，往往只把上学读书当作受教育，不把家庭教育、劳动中师带徒教育和社会教育当作受教育，这是极其片面的，不利于人们正确认识教育的概念，并有碍于协调和整合各方面的教育力量更好地培养人。当然，教育概念的外延很广泛，在运用时需要加以严格区分，否则会产生混淆，出现理论上的紊乱与差错，并危害教育实践。因此，有必要对教育概念做狭义与广义的区分和界定。

狭义的教育是指一种专门组织的不断趋向规范化、制度化、体系化的教育。目前，狭义的教育是指学校教育，它包含了全日制、半日制、业余、函授、广播电视、网络等多种教育形式。它指的是以一定社会的实际情况和将来的需求为依据，按照受教育者的身体和心理发展的规律，有目的、有计划、有组织地指导受教育者，对其进行主动的学习，并对其经历进行积极的重组和改造，从而提高其素质，健全其人格，从而将其培养成一种能够为社会提供服务，推动社会发展，追求并创造人的理性存在的人。

教育的广义概念是，一切有目的性地提升人的知识与技能、影响人的思想与道德、增强人的身体素质的活动都是教育，无论这些活动是有组织性的还是自发性的，是系统性的还是分散行性的、是能够受到教育者指导的还是自发性学习，都属于教育活动，属于教育行为。从广义的概念来看，学生无论是在家庭中、学校中还是在亲属中、社会上，只要是带有目的性的对其施加的影响，都可以视为是一种教育。

2. 学前教育

何谓学前教育？为了统一这一概念，1981年，联合国教科文组织就该问题开展了一场专题讨论，讨论认为学前教育是激发从出生到进入小学这一阶段孩子学习兴趣、赋予他们基本的学习经验、为其全面发展奠定基础的一切活动。尽管有了这一指导性的阐述，但我国学者对学前教育的理解仍旧存在一定的差异，主要观点有如下两种。

第一种观点立足教育对象来定义学前教育。比如，有人认为，学前教育是指对出生至入学前儿童的教育[1]；有人提出，所谓学前教育，从专业角度讲，

---

[1] 顾明远.教育大辞典[M].上海：上海教育出版社，1999：534.

是指 0～6 岁年龄段的婴幼儿教育[①]；有人主张学前教育指对从胎儿至进入小学前的儿童所进行的教育、组织的活动和施加的影响，它的教育对象包括胎儿、婴儿（0～3 岁）、幼儿（3～7 岁）[②]；有人指出，学前教育有广义和狭义之分，广义的学前教育是指对 0～7 岁的儿童实施的保育和教育，狭义的学前教育是指对 3～7 岁的儿童实施的保育和教育。[③]

第二种观点立足教育机构来界定学前教育。比如，有人指出，"学前教育主要是指在托幼机构实施的对 0～6 岁幼儿实施的保育和教育活动"[④]；有人更加具体地指出，"学前教育泛指从出生至 6 岁前儿童的教育，包括学前社会教育和家庭教育。其中，学前社会教育指凡由社会实施或资助，指派专人实施或辅导的各种机构或组织所进行的教育，其形式多种多样，在我国以托儿所、幼儿园为主。托儿所收托 3 岁以下婴儿，幼儿园收托 3～6 岁的幼儿"[⑤]。类似的观点还有，"学前教育是指以学前社会教育为主、家庭教育为辅的，在各种机构对 3～6 岁儿童进行的保育和教育活动。实施这种教育的机构主要是指幼儿园，包括公办幼儿园和民办幼儿园，但不包括一些以英语、艺术等为特色的专门的培训班，也不包括专门招收 3 岁以下幼儿的托儿所"[⑥]。

综上所述，从广义上讲，学前教育是指对 0 岁到小学阶段的儿童进行的所有看护和教育活动；狭义的学前教育，是指由学前教育机构的教育者（以幼教老师为主）对幼儿所实施的有目的、有组织、有计划地开展的各项保育和教育活动。本书所指的学前教育，即是这种狭义的学前教育。

（二）学前教育的意义

1. 对于儿童发展的意义

（1）促进儿童的身体素质发展

学龄前是儿童生理发展的重要阶段，也是儿童身体素质形成的重要阶段。幼儿体质的好坏，对幼儿的身心健康有很大的影响。正如陈鹤琴先生所说：

[①] 金锦兰. 延边地区幼儿教育的问题与对策[D]. 延吉：延边大学，2007：2.
[②] 李生兰. 学前教育学第 3 版[M]. 上海：华东师范大学出版社，2014：1.
[③] 朱宗顺主编. 学前教育原理[M]. 北京：中央广播电视大学出版社，2011：12.
[④] 裴小倩. 全球化背景下有关中国学前教育的地域文化研究[D]. 上海：华东师范大学，2010：6.
[⑤] 黄人颂主编. 学前教育学[M]. 北京：人民教育出版社，1989：1.
[⑥] 李少梅. 政府主导下的我国农村学前教育发展研究[D]. 西安：陕西师范大学，2013：33.

"健全的身体是一个人做人、做事、做学问的基础"。学前教育是以儿童心理与生理发育特征为出发点，以儿童身体素质提升为目的，为儿童创造良好的生长环境，有计划、有目的地安排儿童的一日生活和营养保健活动，使儿童掌握基本的健康知识，养成良好的生活习惯，通过科学的方式进行体育锻炼，促进儿童的身体健康发育，增强儿童的身体素质、抗病能力、环境适应能力、自我保护能力等，为儿童的身心发展和健康成长奠定良好的基础。

（2）促进儿童认知能力的发展

学前期是人的认知发展最为迅速、最重要的时期，在人一生认识能力的发展中具有十分重要的奠基性作用。研究表明，婴幼儿有很强的学习能力，例如，2～3个月的婴幼儿，就能发出"咦""啊"等声音；3个月大的时候，就可以做各种各样的学习活动了；1岁开始学习识别物体的数量、大小、形状、颜色、方向。儿童有强烈的模仿能力，想象力和创造力。学前期还是个体心理多方面发展的关键期。研究发现，2～3岁是个体口头语言发展的关键期；4～6岁是儿童对图像的视觉辨认、形状知觉形成的最佳期；5～5岁半是掌握数概念的最佳年龄；5～6岁是儿童掌握词汇能力发展最快的时期。同时，学前期还是人的好奇心、求知欲、学习习惯等重要的非智力品质形成的关键时期。

因此，在学前阶段为儿童提供丰富的感性经验并予以积极的引导、帮助和教育，能够促进儿童各种能力的发展。如果在这个阶段进行适当的教育，那么，个人就会更容易地掌握一些知识经验，并能更好地形成自己的知识经验，进而对个人的认知发育和终生学习起到重要的作用；如果错过了这段时间，以后再想把它补回来就很难了，有时候根本就不可能。学前教育状况在很大程度上可以预测儿童将来的认知、语言和智力发展水平。经教育者对儿童恰当的关爱、支持、鼓励和引导等能够在很大程度上促进其日后认知与智力的发展。

（3）促进儿童社会性、人格品质的形成

社会性和个性特征是人的基本特征。学龄前是一个人社会化的开端，也是一个非常关键的时期，儿童在后天的环境和教育的作用下，在与周边人的交流中，逐步形成和发展对人、事、物的情绪、态度，从而为他们的行为、性格、人格的形成奠定了基础。而且，这一时期的儿童发展状态是持续的，直接影响到儿童的社交和个性发展的方向、本质和水平。

儿童在学龄前就具有了较好的社交人格和人格特质，这些特质能够使儿童更好地融入周围的环境，更好地融入到社会中，从而促进儿童的健康成长和成才。学前教育能为儿童的身心发展提供良好的外部环境，这既包括平等、温馨、充满关爱的家庭环境和集体生活环境，也包括和谐的亲子关系、朋伴关系、师生关系，使儿童在良好的外部环境和人际关系中获得足够的安全感与信任感。通过学前教育，儿童能在日常生活中，通过与成年人和同伴的交往培养儿童与人交往的能力，初步建立正确的自我认知，养成有礼貌、懂谦让、乐于助人、乐于分享、有责任感、有自信心、有自制力、有合作精神的良好社会性品格与行为。

2. 对教育事业的意义

学前教育是我国基础教育的重要组成部分。学前教育可以帮助儿童做好上小学的准备工作，主要有：学习适应的准备（如培养儿童在小学阶段所需的抽象思维能力、观察能力、对言语指示的理解能力、读、写、算所需的基础能力等），社会适应的准备（如对儿童的任务意识和执行任务的能力、规则意识与规则的能力、独立意识与独立执行任务的能力、主动性、人际交往能力等），以及身体素质的准备。它可以让孩子在进入小学之后，在身体、情感、社会和学习上都得到很好的发展，让孩子顺利地完成从学前到小学的转变。由此可见，在我国的基础教育乃至整个教育体系中，幼儿园所扮演的角色是极其重要的。我国已经把普及九年义务教育列为国家教育发展的一个重要目标，而学前教育对于改善九年义务教育的质量和效率、促进九年义务教育的实施发挥了积极的作用。

（三）学前教育的原则

1. 学前教育的一般原则

（1）尊重儿童的人格尊严

儿童与教师之间是一种平等的人与人的关系，教师应将儿童视为具有独立人格的人，尊重儿童的人格尊严和兴趣爱好，绝不能因为儿童年龄小而无视他们独立人格的存在。没有尊重就谈不上良好的教育。育人是教师一项神圣而又艰巨的使命，教师要充分尊重儿童的人格，倾听儿童的想法，通过自身的人格魅力，以情感人、以理服人，使之心悦诚服，从而达到理想的教育效果。教师如果随意呵斥、惩罚儿童，他们便会丧失对教师的信赖，失去了最基本的自尊心和信心，逐渐对自己产生了负面的认识，从而导致了自暴自弃。这些负面的自我观念一旦产生，就会对儿童的一生产生巨大的影响。

（2）促进儿童全面发展的原则

贯彻促进儿童全面发展的原则，要求教师做到以下两点。

第一，促进儿童整体和谐发展。全面发展是儿童体、德、智、美各方面的整体发展。儿童体、德、智、美诸方面是个有机统一的整体，每一个方面都有其独特的地位和作用，各个方面的作用是不能相互代替的，因此，教师不能忽视其中任何一个方面，体、德、智、美诸方面都要予以足够的重视。

当然，全面发展也并不等于"平均发展""平均用力"。在全面发展思想的指导下，还要促进儿童有重点的发展和有个性的发展，这是教师要做到的第二点。世界上没有两片完全相同的树叶，也没有两个完全相同的儿童。"促进每一个儿童富有个性地发展"是《幼儿园教育指导纲要》对教师提出的要求。教师要关注每一个儿童的表现，研究每一个孩子的特点，挖掘每一个儿童的潜能，让不同的儿童在不同的方面能够实现自己有特色的发展，而不是千人一面。

（3）面向全体与重视个别差异相结合的原则

在进行教育的过程中，一方面，教师要以全体儿童为对象，以大多数儿童的实际情况为依据，来决定教育的内容和进程，让每一个儿童都能满足教育目的的基本要求。教师不应该只把重点放在表现好的儿童身上，而应该确保每一个孩子都有平等的接受教育的机会，对每一个儿童都一视同仁。

另一方面，由于每个儿童的需要、兴趣、性格、能力、学习方式、家庭背景等各有不同的特点，因此，教师要高度重视儿童的个别差异，注意因材施教。通过组织集体活动、小组活动和个别活动等多种教育组织形式，使每个儿童都能发挥自己的优点和特长，在已有的基础上得到充分的发展。

（4）充分利用儿童、家庭和社会教育资源的原则

在教育过程中，一方面教师要充分认识到儿童自身、儿童群体、儿童家

庭、教师自身和社区都是宝贵的教育资源；另一方面，教师要充分挖掘、整合和利用儿童、家庭和社区的各种教育资源，积极主动地与家庭、社区合作，开展"立体式教育"，使各方面的教育影响相互配合、协调一致、形成合力。如果学校、家庭、社会各方面的教育要求不一致，各种教育力量就会相互抵消，儿童就会无所适从，就会达不到育人的目的。

2. 学前教育的特色原则

（1）保教结合的原则

所谓保教结合，就是指幼儿园教师和保育员在工作中应牢固树立"保教并重"的观念，做到"保中有教""教中有保"，"保"和"教"二者不能偏废，不能割裂。

保教结合是一个整体概念，保育和教育是幼儿园工作两个大的方面，同时对儿童产生不可或缺的影响。"保"就是保护儿童的健康，给予儿童精心的照顾和养育；"教"即幼儿园的教育教学，这是按照体、德、智、美的要求，有目的、有计划地对儿童进行全面发展的教育，重在培养儿童良好的行为习惯、态度，发展儿童的认知、情感、能力，引导儿童学习必要的知识技能等。

保教结合是由儿童的年龄特点、幼儿园教育性质和任务决定的。2016年颁发的《幼儿园工作规程》中指出，幼儿园的任务是："贯彻国家的教育方针，按照保育与教育相结合的原则，遵循幼儿童身心发展特点和规律，实施德、智、体、美等方面全面发展的教育，促进儿童身心和谐发展。幼儿园同时面向儿童家长提供科学育儿指导。"

因此，在确定目标、制订计划、组织实施各项教育活动中，都要牢固树立教育和保育相结合的观念，做到"教中有保""保中有教""保教结合"。保育与教育是相互渗透、相互联系的有机整体，二者是在同一过程中实现的。如在幼儿园教师上美术课时，一般要进行绘画，绘画要用到记号笔和蜡笔。在儿童绘画中，教师既要观察和指导儿童绘画，又要注意儿童绘画的姿势与卫生保健。当儿童用蜡笔涂色的时候，有的儿童头会越来越低，几乎贴近画纸，有的儿童把绘画工具叼在嘴里，这时教师要及时提醒他们保持一定的距离，保持正确的姿势并注意卫生。绘画结束时，教师要及时提醒儿童把手洗干净，蜡笔含有对幼儿有害的物质，必须马上洗手，这又是保育方面的工作。可见，在幼儿园实际工作中，保育和教育是没有明显分界的，教育中包含了保育的成分，保育中也渗透着教育的内容，二者是在同一教育过程中实现的。保教结合是保证幼儿园任务完成的首要原则。

（2）以游戏为基本活动的原则

调查结果显示，游戏是与儿童身心发展特点最为契合的一种方式，也是最能满足儿童需求的一种方法，可以有效地促进儿童身心健康的发展，具有其他活动不可替代的教育价值。游戏是幼儿园最基本的活动。在幼儿园，儿童的游戏可分为儿童自发性的和教师组织的两类。这两项活动共同组成了幼儿园最基本的教育活动。因此，我们应该充分认识到这两种类型的游戏对于儿童发展所具有的独特价值，从而使游戏真正地成为幼儿园的基础活动。

在本体意义上，儿童自发、自主的活动是儿童最喜爱的一种活动。在这类游戏中，不存在过多的限制，也不存在特定的发展取向，儿童可以自己决定玩什么、和谁玩及如何玩，他们可以展现出极大的自主性、独立性和创造性。它对儿童的想象力、创造力、心理健康、人格和谐发展具有重要意义。所以，幼儿园一定要给儿童足够的机会来进行这种游戏，保证儿童一日活动中有一定的时间、适宜的场所和丰富的材料开展游戏，并在儿童需要时适时提供必要的帮助，确保儿童的安全和游戏的顺利进行。

为了达到某一种教育目的，教师所组织的游戏，可以让儿童学会老师所要求他们学习的知识和技巧，这对推动儿童向某一方面发展有帮助。有利于儿童养成遵守规则的意识，有利于儿童逐步由游戏向学习过渡。为了使儿童顺利地实现幼小衔接，随着年龄的增长，这类游戏活动会逐步增多。为了有效地促进儿童的发展，教师要及时了解儿童对游戏的需要，仔细观察儿童在活动中的表现，灵活地变换游戏的形式和内容，让儿童在游戏中获得愉悦的情感体验。

（3）发挥一日活动整体教育功能的原则

幼儿园一日活动包括儿童从进入幼儿园到离开幼儿园期间所进行的一切教育活动、保育活动。如在教师组织下的教学活动、生活活动，以及儿童自主游戏、活动区自由活动等自主性活动。幼儿园教师要充分认识到一日活动对儿童身心发育的重要价值，科学安排活动内容，合理规划活动时间和活动场地，充分发挥一日活动的教育功能，寓教育于一日活动之中。

当然，幼儿园的各项活动并不是孤立地只对儿童起到作用，它们必须在幼儿园教育目标的统领下，形成合力，才能真正发挥出整体教育功能。因此，幼儿园的各种活动都要紧紧围绕教育目标来展开，把教育目标渗透到各种活动之中，共同促进幼儿全面发展。

二、学前教育的相关性概念

为了进一步认识学前教育的概念，笔者将解读几个与其相关的概念，如启蒙教育、早期教育、幼儿教育等概念，虽然有些概念迄今为止没有统一的定论，但笔者会逐一进行阐释和总结。

（一）启蒙教育

要界定启蒙教育，首先要明晰启蒙的含义。至于何为启蒙，学界的说法不一。比如，黑格尔认为："启蒙是在扬弃着信仰本身中原来存在的那种无思想的或者更确切地说无概念的割裂状态[①]。"霍克海默和阿多诺指出："就进步思想的最一般意义而言，启蒙的根本目标就是要使人们摆脱恐惧，树立自主。"[②] 此外，有些学者从启蒙的范围上对启蒙进行了界说。比如，以洛克和法国唯物主义者为代表的学者认为，蒙即知识之蒙，启蒙即是知识的启蒙，主张启蒙就是开智和传授知识；以休谟和哈奇森为代表的学者指出，蒙即情感之蒙，启蒙主要是情感的启蒙，主张启蒙即陶冶个体的情感和趣味；以康德为代表的学者认为，"蒙是认识之蒙，启蒙即是主体资格的启蒙"。[③] 笔者认为，蒙是指某种蒙蔽、束缚或遮蔽，启是指启发、开启或引导，而启蒙与古希腊的 Paideia（教育）和中世纪的 Humanitatis（人性）一脉相承，其英文是 Enlightenment，原意是以"光芒照亮事物"，引申义为开导蒙昧，使之明白事理。概言之，启蒙的引申义是指通过别人的启发、开启或引导，个体冲开蒙蔽、束缚或遮蔽，逐步明白事理、成人成才的过程，这一过程贯穿人生的方方面面，包括智力的启蒙、情感的启蒙、道德的启蒙、主体资格的启蒙、科学思维方式的启蒙以及健全人格的启蒙等。

---

① 程志敏，郑兴凤.论古希腊哲学启蒙运动的现代性[J].现代哲学，2013（2）：63-66.
② 马克斯·霍克海默.启蒙辩证法哲学断片[M].上海：上海人民出版社，2003：1.
③ 曾晓平.康德的启蒙思想[J].哲学研究，2001（5）：66-71+80.

何谓启蒙教育？有人认为，"启蒙教育是指为儿童提供运用自身思维和经验的环境和机会，为儿童的选择、思考与创造提供多元、自由的空间，帮助儿童积极主动地与他人交往、互动，支持、引导和帮助儿童自由思考和自由表达，使其通过对自身存在与生存环境的体验和感悟来把握自身与他人的生命特质和生活意义，从而体会到生命的自由、激情与力量，并在这些体验和感悟中不断地否定自我、生成新我。"[1]有人认为，"启蒙教育是教育的起步阶段，其目的是为个体的自由、解放和发展提供必要的切入点和引导"[2]。那么，到底怎样界定启蒙教育更为合适呢？笔者认为，启蒙教育不应局限于个体的生命早期，而应贯穿于个体成人、成才的始终；启蒙教育不仅是提供入门知识的教育，也是百科知识的教育，还是涵盖智力、情感、道德、主体资格、科学思维方式以及健全人格等方面的启蒙。为此，本书指出，启蒙教育是指教育者针对受教育者的某种蒙蔽、束缚或遮蔽状态，通过为受教育者提供一定的时空环境与条件，引导受教育者在体验知识、情感、道德、思维及自我生命特质与生活意义的基础上，冲开相应的蒙蔽、束缚或遮蔽，从而获得身心发展的活动。

（二）早期教育

关于早期教育的界定也是众说纷纭，但大体上可概括为如下两类。一类从受教育者年龄的角度对早期教育进行界说。比如，有人主张，"早期教育则应包括胎教，但至少指2～6岁幼儿园孩子的教育"[3]；有人指出，"早期教育主要指针对0～6岁婴、幼儿实行的保育和教育，而传统意义的早期教育专指0～3岁这一阶段的教育"[4]；类似的观点还有，婴、幼儿早期教育是指根据宝宝从出生到3岁这一阶段身心发展、发育的特点，适时、适当地进行德、智、体、美的教育[5]。另一类则从教育目的的角度对早期教育进行阐述。比如，有人认为，早期教育就是对0～6岁儿童进行有目的、有计划的刺激和训

---

[1] 姚伟，索长清.儿童启蒙教育意义的现代探寻[J].东北师大学报（哲学社会科学版），2013（5）：177-180.
[2] 刘睿.启蒙教育与人的全面发展[J].学前教育研究，2009（7）：36-39.
[3] 邹扬.上海市父亲参与孩子早期教育的现状及问题研究[D].上海：华东师范大学，2006：5.
[4] 李艳.0-3岁早期教育共同体的实践研究[D].西安：陕西师范大学，2013：5.
[5] 王菁.婴幼儿早期教育研究—创意教育在婴幼儿早期教育中的重要性[D].大连：大连工业大学,2013：2.

练，从而最大限度地开发其体力和智力，使其形成良好的品德和个性；①还有人主张，早期教育是指对 0～6 岁，特别是 0～3 岁婴、幼儿进行有组织和有目的的、丰富的教育活动，其目的是开发婴幼儿的潜能，婴幼儿潜能开发包括身体潜能的开发和心智潜能的开发两个方面，后者又可分为智慧潜能的开发和人格潜能的开发与培养②。

概括来说，关于早期教育的时段，迄今尚未达成共识，但 0～3 岁阶段的教育必然属于早期教育的范畴；关于早期教育的目的，尽管已有表述并非一致，但有一点是相同的，即都强调早期教育的目的是促进个体的身心发展。为此，笔者认为早期教育是指个体在接受正规的学校教育之前，尤其是在 0～3 岁阶段所接受的有目的或有针对性的保育和教育活动。

（三）幼儿教育

幼儿教育是整个教育的重要组成部分，其重大价值日益为人们熟知。尽管幼儿教育自古就受到人们的关注，比如，我国古代家庭教育思想中便有"教子婴孩""早欲教"一说，但迄今为止，人们对幼儿教育这一概念并未达成共识。从已有的文献来看，专门阐释何谓幼儿教育的研究十分有限，审视这些相关文献发现，关于"幼儿教育"的定义主要有以下两类。

一类是从教育对象的角度来界说幼儿教育。比如，有人直观地指出，幼儿教育是指 3～6 岁年龄段的教育③；有人提出幼儿教育有广义和狭义之分，"广义的幼儿教育是指从出生到入小学以前儿童的教育，狭义的幼儿教育即 3～6 岁儿童的教育"④。

另一类是从教育机构的角度来界定幼儿教育。比如，有人从狭义和广义两个角度着手，"从广义上讲，凡是能够影响幼儿身体成长和认知、情感、性格等方面发展的有目的的活动，如幼儿在成人指导下看电影、做家务、参加社会活动等，都可以说是幼儿教育。而狭义的幼儿教育则特指幼儿园和其他专门开

---

① 林菁.对当前早期教育的几点思考[J].福建师范大学学报（哲学社会科学版），1996（2）：124-129.
② 林渊液,陈镇奇,李家亮.正常婴幼儿的早期教育及社区干预现状的思考[J].中国妇幼保健,2005(2)：21-22.
③ 金锦兰.延边地区幼儿教育的问题与对策[D].延吉：延边大学，2007：2.
④ 刘焱编著.幼儿教育概论[M].北京：中国劳动社会保障出版社，1999：8.

设的幼儿教育机构的教育；幼儿教育是幼儿教育机构根据一定的培养目标和幼儿的身心发展特点，对入小学前的幼儿所进行的有目的、有计划、有组织的教育"[①]。幼儿教育可视为幼儿园教育，"是指由幼儿园承担的、由专职幼教工作者根据社会需求，对在园幼儿实施有目的、有计划、有组织的，以促进其身心全面发展的社会活动"[②]。

笔者认为，幼儿教育不一定局限于专门的幼儿教育机构，只要是对幼儿实施的教育都可以称为幼儿教育。由于幼儿期是指儿童从3岁到六七岁这一时期，因而，幼儿教育泛指对3～7岁儿童实施的有计划、有目的的教育，这种教育既可以由专门的幼儿教育机构实施，也可以由其他社会机构、家庭，甚至个体实施，其目的是促进幼儿身心全面发展。

第二节　人才培养模式解读

一、相关概念的剖析

（一）人才的概念及其特征

1. 人才的概念

何谓人才？人才是推动社会政治、经济、文化、军事等向前发展不可或缺的第一资源。关于人才的界说，当下有多种观点。比如，《现代汉语词典》的解释是，人才是指德才兼备的人或有某种特长的人；黄津孚主张，"人才是指在对社会有价值的知识、技能和意志方面有超常水平，在一定条件下能做出较大贡献的人"[③]；陈俊吉、张永胜认为，"所谓人才，是指那些已经积累了一定的知识或技能，并且具有良好素质，能够在所生活的社会背景下进行创造性

[①] 金锦兰.延边地区幼儿教育的问题与对策[D].延吉：延边大学，2007：5.
[②] 李季湄，肖湘宁，幼儿园教育[M].北京：北京师范大学出版社，1997：35.
[③] 黄津孚.人才是高素质的人——关于人才的概念[J].中国人才，2001（11）：31.

劳动，对人类社会的发展做出较大贡献的人"[①]。在 2003 年颁布的《中共中央、国务院关于进一步加强人才工作的决定》中指出："人才存在于人民群众之中。只要具有一定的知识和技能，能够进行创造性劳动，为推进社会主义物质文明、政治文明、精神文明建设，在建设中国特色社会主义伟大事业中，做出积极贡献，都是党和国家需要的人才。要坚持德才兼备原则，把品德、知识、能力和业绩作为衡量人才的主要标准，不唯学历、不唯职称、不唯资历、不唯身份，不拘一格选人才。鼓励人人都做贡献，人人都能成才。"

审视以上关于人才的界说，不难发现，它们都具有一定的合理性，而且随着时间的推移，人们对人才的理解逐步深入。本书认为，人才这一概念的界定比较复杂，且伴随时代的发展，人们对其认识也将不断加深，从当下人们的实际用语习惯来看，追求对人才进行唯一的界定并无必要，还是应该从一个宏观的视角去看待。当然，无论怎样界定人才，都应把握人才所具有的本质特征。

2. 人才的本质特征

（1）杰出性

一个人之所以被认为或称为人才，其主要原因有二：其一，这个人在某一方面具备的知识、技能或能力等素质比一般人突出；其二，这个人在某一方面对社会的贡献比一般人突出。显然，正是由于一个人具有某些突出的素质或突出的表现，才使这个人显得比一般人杰出，因而才被称为人才。

（2）多样性

多样性也体现在两个方面：一方面，不同领域有不同的人才，即人才可以出现在不同领域，如工程人才、农业人才、管理人才、医学人才、军事人才、教育人才、经济人才、政治人才等；另一方面，不同的人才可以具有不同的素质或表现，比如，有知识方面的人才、有技能或能力方面的人才、有意志品质方面的人才，还有社会贡献方面的人才等。

（3）先进性

人才是一个褒义词，从社会评价学的角度讲，人才必然对人类社会的进步或人类历史的发展起推动或促进作用，必然与人类社会发展的轨迹一致且引领

[①] 陈俊吉，张永胜. 人才的概念及其内涵和外延——体育人才研究之一 [J]. 体育科技文献通报，2009，17（4）：127-128.

人类社会的进步与发展。假如一个人的才智过人，但其才智用于歪门邪道，对社会的发展、人类的进步起阻碍或破坏作用，那么他就不配被称为人才。

（4）价值性

对于个人来说，其自身价值是依靠其对社会正向发展的贡献体现出来的，一个人对社会正向发展的贡献越大，其被社会认定的价值也越高，相应地，其自身价值也就越大。显然，人才必然是能够或已经对社会正向发展做出贡献的人，是具有存在价值的人。人才的价值并不是体现在其具有的学历、学位、职称或工作年限等之上，而是体现在其对社会正向发展的贡献之上。一个具有高学历、高学位、高职称或较长工作年限的人，如果其不能为社会正向发展做出贡献，那么他是不配被称人才的。

（5）创造性

从理论上讲，一个人之所以被称为或被视为人才，是因为其可能或已经为社会正向发展做出的贡献比一般人突出，而一个人要想比一般人对社会正向发展做出突出的贡献，其必须具有创造性品质或开展创造性劳动，否则其突出贡献是难以体现出来的。由此可见，人才必然具备一定的创造性品质或表现出一定的创造性。尤为重要的是，当今时代，国与国之间综合国力的竞争，归根结底是创造性人才的竞争，而不是一般性人才的竞争。显然，当下能够称得上人才的人，必然具有一定的创造性。

（6）时代性

一方面，不同时代，社会对人才的认定标准是不同的，人们对人才的看法也是有区别的。比如，20世纪50年代初，我国人民的文化程度普遍不高，初中毕业就算"秀才"；之后，随着人们的学历普遍提高，中专毕业生很难有资格算得上是人才；而时至今日，社会不再简单以学历来作为人才划分的标准了。另一方面，某一时代的人才，在另一时代可能不被称为人才。

（二）培养模式的概念

通过文献检索发现，关于培养模式概念的表述甚多，可谓仁者见仁、智者见智。

一是"培养方式说"。持此观点的人一般认为培养模式的本质是组织方式。比如，杨杏芳指出："培养模式是指在一定的教育思想和教育理论指导下，为实现培养目标而采取的教育教学活动的组织样式和运行方式。"① 王昌善、张希希认为，"培养模式是指在一定的教育思想和教育理论的指导下，为实现培养目标而采取的教育教学活动的组织样式和运行方式"②。

二是"培养规范说"。比如，王启龙、徐涵在借鉴前人研究成果的基础上，把人才培养模式界定为："在一定的教育理念的指导下，教育机构或教育工作者群体所普遍认同和遵循的关于人才培养活动的实践规范和操作样式，它以教育理念为基础、培养目标为导向、教育内容为依托、教育方式为具体实现形式③。"

三是"培养系统说"。比如，韩德红认为："培养模式是指在一定的教育思想和教育理论指导下，根据人才成长规律和社会需要，为受教育者构建的知识结构、能力结构、素质结构，以及实现这种结构的整体运行方式，反映培养过程中各环节最优化设计及各种要素的最佳组合④。"

四是"培养方案说"。比如，潘柳燕认为："人才培养模式分为宏观和微观两个层次，从宏观和形式角度看，人才培养模式就是指在一定的教育思想指导下，为实现一定的培养目标而采取的教育方案和教育方式"⑤。杨峻等指出："培养模式是在一定的教育教学思想、教育观念的指导下，为实现一定的培养目标，构成人才培养系统诸要素之间的组合方式及其运作流程的范式。人才培养模式也是可供教师和教学管理人员在教学活动中借以进行操作的既简约又完整的实施方案⑥。"

五是"培养总和"说。比如，黄正平认为，"培养模式或人才培养模式是学校为学生构建的知识、能力、素质结构，以及实现这种结构的方式，它从根本上规定了人才特征并集中地体现了教育思想和教育观念。简而言之，培养模

---

① 杨杏芳.论我国高等教育人才培养模式的多样化[J].高等教育研究，1998（6）：3-5.
② 王昌善，张希希.变革与反思：对我国教师教育培养新模式的检视[J].课程·教材·教法，2009,29（1）：72-77.
③ 王启龙，徐涵.职业教育人才培养模式的内涵及构成要素[J].江苏技术师范学院学报（职教通讯），2008（6）：21-24.
④ 韩德红.高等职业教育人才培养模式的概念及内涵[J].科技信息（科学教研），2008（17）：599.
⑤ 潘柳燕.复合型人才及其培养模式刍议[J].广西高教研究，2001（6）：51-54.
⑥ 杨峻，刘亚军.面向21世纪我国高等教育培养模式转变刍议[J].兰州大学学报，1998（2）：3-5.

式实际上就是人才的培养目标、培养规格和基本培养方式"①。

具体如何定义培养模式比较恰当？通过对以上观点的梳理，我们可以看出，对于培养模式，学术界虽然没有形成统一的认识，但是有以下几个方面的共识：第一，培养模式一般是指人的培养方式；第二，一般指某一类型的教育所采用的人才培养方式；第三，培养模式是联系教育理论与教育实践的中间桥梁；其四，任何人才培养模式都是建立在一定教育理论基础之上的，所依据的教育理论不同，则人才培养模式有别；第五，人才培养模式是一种使人可以照着做的样式，具有一定的稳定性、规范性、实用性及可操作性；第六，培训模式包括培训目标、培训内容、培训方法、培训体系和培训评估等几个方面。所以，在这本书中，培养模式一般指的是人才培养模式，也就是为了达到预期的、特定的人才培养目的，在某种教育理论的指导下，与特定的人才培养实践相结合，而设计的一种可以被参考和借鉴的，可以被用来培养人才的范型。该模式主要包含了培训目标、培训内容、培训方法、培训体系和培训评估五大部分。

二、学前教育专业人才的解读

（一）学前教育专业人才应具备的能力素养

1. 观察能力

儿童的情感容易流露，他们的内心活动和身体状态往往通过表情、动作和简短的言语来表达。儿童的一个小动作，一瞬间的举动，都能反应出他的内心。因此，学前教师要有仔细而全面地观察幼儿个性和活动情况的能力，从幼儿的眼神、表情、动作、姿态等来感知幼儿的心理活动与情感体验。蒙台梭利曾说过，没有观察力的教师是不合格的教师，每一位教师都必须培养一双锐利如鹰的眼睛，让儿童的一举一动都在他的眼里。

学龄前教师的观察能力水平，主要表现为对儿童发出的动作、表情或语言等信息的灵敏捕捉，并能快速作出准确的判断与回应。通过对儿童的发展状况及其差异的观察，全面了解儿童目前的发展水平、速度、技能、能力等方面的

---

① 黄正平. 关于小学教师培养模式的思考 [J]. 教师教育研究，2009，21（4）：7-12.

差异，进一步探究幼儿的内在需求和最近发展区，从而为教师设计和指导教育活动，及时回应幼儿的需要等奠定了依据。教师的观察能力是理解幼儿心理、进行因材施教的先决条件，因此，幼儿教师应具备良好的观察能力。

2. 语言表达能力

在教学过程中，教师的语言运用水平将直接影响到儿童思维活动的有效性。一名教师出色的语言表现能力可以引发儿童的好奇心，激发儿童的学习兴趣，引起儿童的注意力，激发儿童的良好情绪和精神状态，培养儿童的情感，并对儿童的语言发展产生直接的影响。

教师的语言表达应遵循以下四个原则。第一，形象生动的原则。儿童好奇心旺盛，但注意力不集中，因此，教师的语言要生动有趣，还要符合儿童的认知水平和思维规律，能够吸引儿童的注意力，尽量用儿童熟悉的、能够理解的语言进行表达。第二，准确精炼的原则。儿童的认知发展水平使他们无法理解较为长且复杂的句子，因此教师既需要准确把握知识的概念与核心，又能通过简单凝练的语言表达出来，便于儿童理解。第三，通俗易懂的原则。教师要善于用简单直白的语言表达复杂的事物和概念，将抽象的概念转化为具体的概念，如此才能让儿童记忆并理解。第四，严谨含蓄的原则，语言要有逻辑性，思路清晰，结构严谨，又能起到很好的启发作用。同时，在讲话的时候，也要注意与身体语言相结合，比如：手势、表情、动作等，这样才能达到最佳的讲话效果。这些都是幼儿园工作人员应该关心的。

3. 沟通能力

沟通具有一种相互性，互相了解、互相接受对方的意见和行为，在双向的交流中形成相互配合的默契。教师的沟通技能主要体现在教师与幼儿、教师与父母的交流以及促进儿童和儿童之间的交流等方面。

（1）教师与幼儿的沟通

在教学活动中，教师与幼儿之间的交流主要是通过语言交流和非语言交流。这两种方法都需要教师具有积极的、平等的态度，为幼儿提供一个安全、温暖、值得信赖、自由的沟通环境，并尽量站在幼儿的角度去思考问题。

（2）教师与家长的沟通

家长作为教师的合作者加入教育者一方，共同对幼儿施教，有利于提高学前教育的质量。教师应掌握一些与家长沟通交流的技巧，如聆听的技巧，通过家长的语言、语气、表达方式、态度等了解家长的核心观点和心态；谈话技巧，能够思路清晰、语言简洁的传递自己的观点或信息，如儿童的行为，提出意见或建议等。教师应能通过沟通交流与家长建立相互尊重、相互理解、相互配合的良好关系，避免信息理解误差造成的误解。

（3）促进幼儿之间的沟通

幼儿之间的交流受限于其社会发展和语言发展水平，这就要求教师在教学过程中给予必要的指导。学前教师要认真研究幼儿沟通的特点，如幼儿喜欢什么话语，交谈常在什么地方、什么场合发生，什么样的形式最有利于幼儿产生或发展交谈等。在此基础上，利用小群体活动或游戏的方式为幼儿提供交流的机会，从而促进幼儿之间的交谈需要，发展他们自我表达和理解他人的能力、听和说的能力。

4. 组织管理能力

学前教师的组织管理能力具体体现在：是否能够对儿童的日常各项活动进行合理的安排，将儿童活动的主动性和创造性充分发挥出来，最大程度地促进儿童的发展。它包括了解幼儿的能力、一日生活的组织与保育能力、教育活动的计划与实施能力、游戏的支持与引导能力、交往与协调能力、环境的创设与运用能力、对幼儿的激励与评价能力等。

5. 教育监控能力

教育监督能力是指教师为实现既定的教育目标，在整个教育过程中，把自己所开展的教育活动和教育行为作为意识的客体，并积极主动地对其进行规划、监督、反馈、评价、反思和调整的能力。

（1）计划与准备能力

在开展教育活动的前期工作中，教师所表现出来的教育监控能力，也就是在开展特定的教育活动前，教师要对所要面对和解决的教育任务以及教育环境中的有关因素进行分析，比如教材、幼儿的兴趣和需求、幼儿目前的发展水平和潜力等，与自身的教育教学能力、风格、特点和经验相结合，建立一个合适的教育目标，制定一个教育方案，确定要开展的活动内容，选择一个教育的策略，构思和设计出一种解决不同问题的方式，并对教育过程中可能发生的问题以及可能取得的教育效果进行预测。

(2) 反馈与评价能力

在进行教学的过程中，教师要时刻对课堂的状态进行监控，对幼儿的反应以及他们参与活动的程度进行密切的关注，持续地获得教育活动中各要素的变化情况的反馈信息，并以幼儿的反馈或者是教师的自我反馈为依据，对自己的教育过程、教育方法、教育策略、教育效果、教育行为以及幼儿发展和进步的状态进行了客观的认识与评估。

(3) 控制与调节能力

控制与调节能力是指在教学过程中，教师以反馈信息和新情况为依据，有意识地发现并分析教学过程中出现的问题和产生的原因，并相应地对教学活动的每一个方面和环节进行适当地调整和修改，从而对下一步要开展的教学活动和教学行为进行相应的监控能力。

(4) 反思与校正能力

在一次或一阶段的教育活动结束后，教师可以对自己已完成的教育活动展开深刻的总结和反思，并做出相应的改正的能力。具有良好教育监督能力的教师，往往会在结束教学活动后，对教学活动进行回顾与评估，并反省教学活动是否符合幼儿的真实情况，对幼儿的发展有没有帮助；认真地分析自己的学习过程，哪些地方取得了成功，哪些地方需要提高；对自己的教育行为特征、缺陷等进行反思，并作出相应的调整与纠正。

（二）学前教育专业人才的培养

除了从理论层面上对学前教育专业人才进行培养外，还应该注重实践和反思，只有在实践中才能够实现提高，在反思中实现超越。

1. 在实践中提高

瑞吉欧的创始人马拉古齐曾说："学前教师专业素养的形成与发展，必须在与幼儿一起工作的实践过程中同时进行，除了在职培训，我们没有其他选择，所有智慧在使用过程中更加坚固，而教师的角色、知识、专业和能力在直接的应用中更强化。"对学前教育专业学生来说，要让他们的教育理论与自己的生活经历、感情产生共鸣，并与自己的实际生活联系起来，这样，他们的教

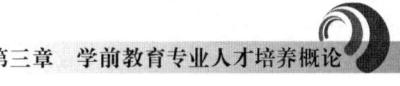

育理论才会有实际的效果。所以,具有个别化、情境化、开放性等特点的幼儿教师实习对于幼儿的培养具有十分重要的意义。

美国社会学家赖利提出了"社会范域理论",认为每个个体并非独立于社会之外,而是从属于某个社会中的某个群体。由于生存环境、心理等方面的相似性,有很多共同点,所以看似分散的大众其实组成了各种各样的团体。幼儿教师的专业发展应建立在一个开放的、具有对话性的群体环境中。在一个由不同性格、经验、才能和观点组成的团体中,学生可以通过互相发问、脑力激荡等方式,使自己的思想得到最大程度的自由发挥,迸发出智慧的火花,产生新的想法。瑞吉欧教学倡导教师的团队学习,主张"教师必须放弃孤立、沉默的工作方式",在团队中开展交流讨论,相互观摩活动,讨论各种教育问题,在分享中引起教师的共鸣和领悟,进而推动个人的成长。很明显,同样的道理也应用到了幼儿园的准教师,也就是学前教育专业的学生身上。

2. 在反思中超越

通过实践虽然可以提高学生的实际操作能力,但只有在实践中不断反思,才能够实现进一步的超越。所谓教学反思,是指教师(学前教育专业实习学生)在先进的教育理论的指导下,通过行动研究,持续地反思自己的教育实践,积极地对自己在教育实践中遇到的问题进行探讨和解决,努力提高自己的教育实践的科学性和合理性,并逐步地让自己得到一个成长的过程。相关的研究显示,促使新手教师向专家教师转型的原因,不在于他们的知识与方式,而在于他们对于幼儿、自己和自己的教育目标、意图和教学任务的信仰,以及他们在教育实践中表现出的教育机制和批判性的反思性。很明显,要想推动幼教专业的学生成为一名合格的教师,还必须具备批判性和反思性的能力。

三、学前教育专业人才培养模式解读

(一)学前教育专业人才培养模式的内涵

学前教育人才培养模式是指根据学前教育行业的人才需求确定人才培养目标、人才培养方法、人才培养过程、建立保障机制的定型化实践模式,涉及目标确立、课程设置与课程体系的建立、教学方式的选择、教学管理的实施和教

学评价四个方面。

1. 培养目标

培养目标是人才培养的根本出发点和最终落点，是人才培养的指导，只有明确了人才培养目标才能构建人才培养模式，才能使人才培养有的放矢，有科学的定位。从高职对学前教育专业的定位来看，该专业以"德、智、体、美"四方面发展为主要目的，能适应幼儿教育发展与改革的需要，并且需要具有扎实的基础理论、专业知识、基本技能，具有创新与实践能力的学前教育教师资和学前教育管理者。

2. 课程设置与课程体系

课程体系涉及课程设置与专业课程结构建设，是人才培养目标实现的重要依据和根本途径，没有完善的课程体系就无法实现人才培养目标。大多数高职学前教育专业课程体系的建设主要分为课程设置、教学评价、毕业论文三个部分。其中，课程设置主要包括专业课程和公共课程两个大类。专业课程包括学前教育专业的核心课程，专业必修课程以及专业选修课程；公共课程包括公共必修课，如大学英语、思想政治、计算机应用基础等，以及公共选修课，如音乐鉴赏、人文科学素养等。

3. 教学方式

教学方法为人才培养目标的实现提供了可靠的保障，运用有效的教学方法可以达到事半功倍的效果，反之，如果没有很强的实践性，就不能培养出适合社会需要的人才。为此，必须重视对学生进行长时间的教育实习，并不断提高其专业技能。在专业课的教学过程中，注重与课程的内容相结合，组织学生进行教学观察和实际操作，教师可以定期带着学生去幼儿园实习，在幼儿园里进行模拟教学。不仅如此，还可以对学前教育学生实行"寓理于例、寓知于情、寓能于行"的"三寓"教学法。在课堂上运用精讲、案例、讨论和练习等多种教学方式，使理论与实践相结合。

4. 教学管理和教学评价

一个人的素质如何，需要由学校、用人单位和社会三方面进行评估，而这个评价的重点是是否符合用人单位的需求。并以此为依据，构建以"零距离"为核心的企业员工培养模式。作为幼教工作者应具备的专业素养主要有职业意识、职业道德和职业能力。在就业、职业发展等方面的视角来看，幼儿教师在工作态度、沟通协调能力、团队合作意识、敬业服务精神和良好的心理品质等方面都有较高的要求。

（二）学前教育人才培养模式的构成要素

学前教育在我国基础教育中占有举足轻重的地位，为实现"终身教育"奠定了坚实的基础。学前教育是一个人终生发展的根本，它是提升国家整体素质、推动社会进步、提升整个社会人力资源水平的重要基础。因此，高职学前教育专业应当培养具备学前教育专业知识、能够胜任幼儿园工作的教师、幼儿园管理者以及各有关单位的教学管理人才。

1. 科学的人才培养规格

学前教育在我国发展的历史并不长，最早用来培养幼儿园师资的是幼儿师范学校。1952年国家颁发《师范学校暂行规程草案》（以下简称《师范规程》）规定"培养幼儿教育的师资"是师范学校的任务之一。《师范规程》明确规定师范学校培养的师资应"具有马克思列宁主义和毛泽东思想的初步基础"，具有"中等文化水平和教育专业的知识、技能"，能够"全心全意为人民教育事业服务"。为完成幼儿园师资的培养任务，可独立设置"幼儿师范学校"，或在"师范学校"内附设"幼儿师范科"，其"修并年限为三年，招收初级中学毕业生或具有同等学历者"。

2. 技能导向的课程体系

高等职业教育是一个实践性很强的专业，它的教学内容必须与职业教育的工作流程相适应。所以，高职学前教育的课程体系应该以技能为基础，以学前教育专业的工作流程、工作环境、工作规范以及素质、能力、知识要求为指导，对幼儿园专业人才培养目标的研究范围及研究内容进行分析；突破以教学为宗旨、以教学为特色的"学院式"课程体系；构建"理论联系实践、技能培养"的教学模式；在此基础上，进一步完善实训教学环境，编写适合实训课程的教材，开发适合实训课程的教学资源，从而达到培养实训技术人才的目的。

3. 产学研结合的教学方式

产学研合作是高职院校为培养高素质、高素质应用型人才而进行的有效途径。在高职学前教育专业中，实行产教融合的教学模式，就是要把学校、幼教研究机构、幼儿园等各种教育资源和教学环境都发挥到极致，把学校教育与幼儿园研究、学校课堂教学与幼儿园实训有机地结合起来，将三者有机融合，实现三者的协同发展。目前，无论是高等职业学校，还是本科学校，都应根据学前教育产业发展的需求，结合自身的专业特色，对学前教育专业的教育教学模式进行探索。尤其是在当今社会，人们对学生的实践技能和综合素质提出了更高的要求，一所出色的学校，要注重学生的理论知识与实际能力的培养，深化教学内容，创新教学方式，让学生既能满足自身的职业发展需要，又能满足快速变化的学前教育工作需要。力争成为"双师型"幼教人才。

4. 多元务实的评价体系

大学学前教育评估制度的多元化表现为：评估时间的持续性，评估内容的综合性，评估主体的多元性和评估方法的多样性。评价时间的持续性是指把学习引导和学习评价工作贯穿于课程学习的全过程，就是所谓的阶段性评价与终结性评价相结合，从学生的日常表现到期末评估，是一个不断进行的过程。考核内容的综合性，是指既要考察学前教育专业学生所学有关知识的掌握情况，又要考察他们在学前教育方面的实际操作与创新能力。在教学过程中，教师评价、学生互评、学生自评等多种形式参与到教学过程中。要充分调动学生的积极性、主动性，使学生在互相评价中得到发展。多元化的评价方式，就是对学前教育学生的评价，不能只以课程表现和考试成绩为依据，更要以实习结果及学习态度为依据。

第三节 学前教育专业人才培养模式的理论基础

一、学前教师专业发展理论

教师是幼儿园教育工作的主要组织者，也是幼儿园教育工作的主力军。因此，要想提高幼儿园的教学质量，就必须从整体上提升幼儿园教师的素质。从这一点可以看出,学前教育专业人才的培养目标是为了更好地培养出一批高素质的学前教育专业人才。很明显,我们应该以学前教育专业人才专业化发展的理念为指导,来培养一批高素质的学前教育专业人才。因此,这一小节将重点论述幼儿园教师专业发展理论。

(一)专业发展

专业发展这一概念由专业和发展两个词构成,要想明晰其含义,必先明确专业和发展这两个词的含义。根据《现代汉语词典》,发展的含义比较单一,它是指"事物由小到大、由简单到复杂、由低级到高级的变化"。而专业的含义有三种:一是指高等学校或中等专业学校里,根据科学分工或生产部门的分工把学业分成的门类;二是指产业部门中根据产品生产的不同过程而分成的各业务部分;三是指专门从事工作或专门职业。由于专业一词的含义并非单一,因而必须结合具体的语境加以理解。由于本小节内容主要阐述的是教师专业发展理论,因而本小节所阐述的专业特指专门职业。那么,专门职业是什么呢?

美国著名社会学家利伯曼给专门职业确定了如下八条标准:[①]①范围清楚,对社会上必需的劳动,采取"垄断"的方式;②运用高度的理智性技术;③需要长期的专业教育;④从业人员无论个体还是群体都有很强的自律意识;⑤根据职业自律,对作出判断,采取行动负有直接责任;⑥不以赢利为目的,而以服务为动机;⑦形成了综合性的自治组织;⑧拥有应用方式具体化的伦理纲领。

我国学者王建磐认为,成熟的专业工作应该具备以下六个特征或标准:[②]①专业知识,即构成专业的首要标准是需要一套完善的专门知识和技能体系作为专业人员从业的依据;②专业道德,即某一职业群体为更好地履行职业责任、满足社会需要、维护职业声誉而制定的自我约束的行为规范或伦理标准;③专业训练,需要经过长期的培养与训练;④专业发展,即需要不断地学习进修;⑤专业自主,享有有效的专业自治;⑥专业组织,即形成坚强的专业团体。

---

① 黄永忠.教师专业化与高师院校教育类课程改革备议[J].绵阳师范学院学报,2009,28(4)134-136+154.

② 王建磐.教师专业化与教师教育政策的选择[J].高等师范教育研究,2001(5):1-4.

本书综合以上两位学者对专门职业所持的观点并结合发展的含义后认为，所谓专业发展，是指一个普通的职业群体在某种专业（或专门职业）标准的指引下，通过不断提升其自身素质直至其自身素质逐渐符合相应的专业标准的过程。

（二）幼儿教师专业发展

教师专业化发展指的是教师专业化与教师发展之间的有机结合，它是教师群体中的一员。幼儿教师的专业发展也不例外。下面将从教师专业化和教师专业发展两个方面简要阐述幼儿教师专业发展理论。

1. 幼儿教师专业化

教师专业化是指教师在其职业生涯中，经过终身的专业学习和专业培训，获得了教师职业的专业知识和技术，形成了专业的道德和品格，培养了专业的自律性和独立性，以此来提高自己的专业素养，使自己的专业素养持续地提高，最终成为一名专家型教师。显然，幼儿教师专业化即幼儿教师通过终身的专业学习与专业训练，不断获取一系列从事幼儿教师职业不可或缺的幼儿保教知识与技能，形成幼儿教师必备的道德与品格，养成专业自主自立，从而使自身专业素质不断提升至接近或达到专家型幼儿教师应备素质的过程。教师专业化一般具有两层含义：一是指一个普通职业群体逐渐符合专业标准，成为专门职业并获得相应的专业地位的过程；二是指教师这一职业群体的专业性质和状态处于什么样的情况和水平。不言而喻，幼儿教师专业化也具有这样的两层含义。如同中小学教师专业化或高职教师专业化一样，幼儿教师专业化也包括幼儿教师职业专业化和幼儿教师主体专业化。其中，幼儿教师职业专业化是指幼儿教师职业群体向符合幼儿教师职业标准的方向变化与发展的过程；幼儿教师主体专业化是指幼儿教师通过接受培养与培训以及自身修炼等方式提升自身的专业情感、专业信念、专业品格、专业知识以及专业能力等专业素质，达到成熟状态的过程。幼儿教师专业化以幼儿教师职业的专业化为基础，以幼儿教师主体的专业化为目标。

2. 幼儿教师专业发展

（1）幼儿教师专业发展的含义

何谓幼儿教师专业发展？不妨先审视一下教师专业发展的含义。从字面意义上讲，教师的专业成长就是一个不断变化、演变、充实的过程；从理论上说，所谓"教师专业化"，实际上就是指"教师"这个特定的行业人员，他们的专业素质从过去的"成熟期"到现在的"相对成熟期"。在此基础上，提出了一种新的教师专业成长理论。从专业素养的视角来看，教师的专业发展是指一种由专业知识、专业技能到专业知识、专业技能、专业信念、专业动机、专业态度、专业情感、专业期待和专业发展意识的一个过程。从职业生涯的角度来看，教师的专业化发展就是从一个新手到一个资深教师，再到一个专家教师的过程。由此不难推断，幼儿教师专业发展既指幼儿教师专业素质的发展过程，又指幼儿教师专业生涯的发展过程。其中，幼儿教师专业素质发展是指，幼儿教师的专业素质不断提升至接近或达到专家型幼儿教师应备素质的过程；幼儿教师专业生涯发展是指，幼儿教师从新手型幼儿教师乃至职前幼儿教师不断向熟手型幼儿教师直至专家型幼儿教师发展的过程。

值得指出的是，幼儿教师专业发展的过程，不仅是幼儿教师自我完善的过程，更是幼儿教师通过完善自身而更好地促进幼儿完善的过程。

（2）教师专业发展的内容

①身心系统。幼儿教师的职业活动内容是教书育人，其中，教书是手段，育人是目的。由于人是具有主观能动性和个体差异性的智慧动物，因而教书育人活动是一项复杂的脑力劳动和特殊的体力劳动，它要求从业者必须具有充沛的精力、健全的人格、良好的心境，否则从业者将难以胜任这项活动。可见，拥有健康的身体和健康的心理是一名教师顺利从事教师职业的保障，健康的身心系统理应是学前教师专业发展的内容。

②观念系统。观念是行为的先导，教师的教育观念必然影响教师自身的教育行为，进而影响教育成效。与滞后的教育观念相比，先进的教育观念通常能够带来较高的教育成效。因而，先进的学前教育观念是学前教师专业发展的"催化剂"，形成先进的学前教育观念必然是学前教师专业发展的应有内容。

③品格系统。这里的品格是指教师的品德和性格。就品德而言，由于教师是学生成长过程中的"重要他人"，因而学生很难不会具有"向师性"。无疑，教师的师表形象是学生学习的榜样和模仿的对象，显然，具备优秀的品德是幼儿教师作为幼儿表率的前提。以性格为例，任何一种职业都需要从业人员

拥有与其相匹配的性格，也就是说，性格会影响到一个人对职业的适应性，一定的性格适合于从事一定的职业，与此同时，不同的职业也会对人的性格提出不同的要求。显而易见，培养良好的性格，也是幼儿教师专业发展的主要内容之一。可见，品格系统是幼儿教师专业发展的关键内容。

④知识系统。教师之所以配称为教师，最起码的原因是教师在知识方面具有相对的权威性。作为一名教师，不仅需要具备学科专业知识教育、教学知识和通识文化知识，还需要具备个人的实践性知识。由此可见，知识系统是幼儿教师专业发展的基础，必然是幼儿教师专业发展的主要内容。

⑤能力系统。由于具备一定的教育教学能力与教科研能力是教师顺利从事教师职业活动的条件。因而，与从事幼儿教师职业相关的能力系统理当是幼儿教师专业发展的基本内容。教育教学能力是指语言表达、教学组织、学科教学、课程开发和班级管理等方面的能力。教育科研能力指的是教育教学改革与创新，教育教学反思，教育教学行动研究。

二、学前教育实践性理论

幼儿教师是一份实践性非常强的职业，作为一名合格的幼儿教师，必须深谙幼儿的保育和教育工作，可见，在学前教育专业人才的培养中，应将更多的注意力放在对学前教育专业师资的培养上。因此，这一节重点论述了教育与生产劳动结合理论、教育情境构建主义学习理论和教育实践教学理论。

（一）幼儿教师教育与生产劳动相结合理论

教育与生产劳动相结合是马克思主义教育的基本思想，同时也是我国长期教育方针中的一项重要内容。老一辈领导人都非常重视教育与生产劳动相结合。

马克思、恩格斯立足于人的全面发展和全面教育的视角，主要从三个方面对教育与生产的融合进行了论述：第一、教育与生产的融合是现代化社会改造的一种有效途径；第二，把教育和生产有机地结合起来，是促进社会生产力发展的一个主要途径；第三，只有把教育同生产实践联系起来，才能培育出全面发展的人才。当前，"教育与生产劳动相结合"这一主张已经普遍被"教育要注重理论联系实践"这一原则所代替。

其实，上述两者的基本含义是一致的，它们都倡导人才的培养不仅要注重理论的指导，而且要注重实践的锻炼，通过理论学习与实践训练全面提升人才的知识素质和能力素质。对于致力于培养幼儿教师的学前教育专业而言，理当在重视学前教育专业学生知识积累的同时，不忘重视他们未来职业能力的训练。只有通过教育与生产劳动相结合的形式，即高职的理论学习与幼儿教育一线（尤其是幼儿园）的实践体验，才能更大限度地全面提升学前教育专业学生的职业素质。

（二）幼儿教师教育情境建构主义学习理论

建构主义学习理论是20世纪80年代末期参照人脑的机制而构建的学习理论。通过对这一问题的研究，提出了一种新的、有价值的、有意义的、具有创造性的学习方法。在学习的过程中，学生不能被他人取代，必须主动地进行知识的建构。学习不是一个被动的接收信息刺激的过程，而是学生主动建构意义的过程。这是一种基于自己的经历背景，对外部信息展开主动的选择、加工和处理，进而获取属于自己的意义的过程。因此，教师在进行教学时，不应忽视学生自身的已有知识经验，简单而又强硬地从外界对其进行"填灌"。在教育过程中，教师应是学生建构知识的引导者或合作者，学生才是知识的主动建构者。

20世纪90年代后，随着建构主义理论研究的不断深入，学术界对学习本质的认识不断加深，情境建构主义学习理论逐渐形成。情境建构主义学习理论认为，学习活动应尽可能在真实的职业环境中进行，学生在真实职业环境中的体验非常重要，这种体验十分有利于学生构建知识，教学有必要在真实的职业情境中进行。同时，情景建构主义学习理论指出，如果学生的学习环境与其未来的工作环境是割裂的，学生就难以养成在真实职业情境中建构知识的能力。

情景建构主义高职教育是一种以"实践"为导向，以"任务"为本位的高职教育教学模式。当前，高职院校在进行幼教教师的职前培训时，课堂教学在幼教教师中所占的比例依然很大，这不但让学生很难真正地掌握专业知识，还很容易导致理论和实践之间的严重分离。显然，对于学前教育专业人才培养来说，通过建构一种有利于学生学习的情境，激发学生学习的主动性与积极性，必然能够促进学前教育专业人才培养质量的提升。

（三）幼儿教师教育实践性教学理论

实践教学理论指出，那种将学生在学校的学习与将来的工作相分离，或说学生在学校的学习是为了将来的工作，将来的工作仅仅是利用他们在学校学到的知识，这种观点已被时代所淘汰，唯有将学生在学校的学习与将来的工作相结合，才是符合现代教育发展的潮流。基于这一点，实践教学论提出了与课堂学习相比，实践学习更具现实性。根据这一理论，我们可以得出结论，对于学前教育专业的人才培养而言，因为幼儿教师职业的实践性很强，所以在人才培养的过程中，应该注意把学校的课程学习和幼儿园的见习和实习相结合，这样才能最大限度地提升学前教育专业毕业生的职业技能。

三、教师的实践性知识观

教师职业是一项实践性相对较强的职业，需要教师具备相应的实践性知识。教师的实践性知识是指教师通过自己的实际工作，经过多次的成功与失败而形成的一种经验。因为教师的实践知识是其专业成长的重要知识基础，它在教师职业成长过程中有着无可取代的地位，所以，要提高其专业成长，就需要不断积累实践知识。幼儿教师也是其中的一员，也是其中的一员。显然，在学前教育师资或幼儿教师的职前培养阶段——学前教育专业人才培养过程中，应注重以实践知识观为指导，以便促进准幼儿教师实践性知识的积累。为此，本小节将专门阐述幼儿教师的实践知识观。

（一）实践性

实践性是指某一事物具有实践的性质或实践的特性，它是相对理论性而言的。何谓实践？关于这一概念，无论是理论界还是实践界，无论是正式场合还是非正式场合，都得以广泛运用，但从已有文献看，很少有专门阐述这一概念的话题或文章。马克思认为，实践不仅是与认识相对应的范畴，还是人的存在方式。郭水兰指出，实践一词有广义和狭义之分，广义的实践是指人们特有的对象性活动，或人们凭借一定的手段有目的地、能动地改造世界的对象化活动；狭义的实践是与理论或认识相对应的范畴，是理论认识的运用，是区别人们以精神或观念的方式把握客体的活动。[①] 本书认为，实践是相对理论而言的，是人们以一定的方式或手段改造客观世界的能动性活动，这种活动既可以是内隐的心理活动，也可以是外显的行为活动。

（二）教师的实践性知识观

实践性知识观是一种对实用知识的看法和理论。实践性知识观认为，知识可以被划分成两种类型，一种是理论性知识，另一种是实践性知识。理论性知识能够从理论学习中获得，而实践性知识则必须从自己的亲身实践中获得，并且，实践性知识还具有个体性、经验性、情境性、缄默性及非结构性等特征。

1. 个体性特征

知识是人类在实践活动中形成的，不同的个体，由于其经历的具体实践不同，因而所获得的实践性知识也有差异。正如美国教育家埃贝尔所说："一个人经验（直接的或间接的）和记忆的一切内容，都可以成为他知识的一部分。如果经验和记忆的内容被整合进他自己的知识结构中去的话，记忆内容就成为知识的一部分。但这只能由学习者自己来做，别人无法越俎代庖[②]。"实践性知识具有个体差异性，不同的个体，其拥有的实践性知识也是不同的。

2. 经验性特征

实践性知识是个体在经历某种实践活动的过程中或完成某种实践活动之后形成的，是个体对某种实践活动的真实体验与体悟，明显具有经验性。一个人的实践性知识必须依靠他本人亲自体验与体悟之后才能形成，其他人不能代替或包办，否则就不是他本人的实践性知识而是他人的实践性知识。实践性知识不是某种客观的、独立于个体之外而被习得或传递的东西，而是个体经验的全部。

3. 情境性特征

一方面，个体的实践活动离不开具体的情境，即个体的实践性活动必然发

---

① 郭水兰. 实践教学的内涵与外延 [J]. 广西社会科学, 2004（10）：186-187.
② 潘洪建. 什么是知识：教育学的界说 [J]. 江苏大学学报（高教研究版），2005（1）：23-29.

生在某种具体的情境之中，若缺乏某种具体情境条件做支撑，相应的实践活动将难以产生或根本不可能产生。为个体提供相应的情境条件，是个体形成相应实践性知识的前提。另一方面，与理论知识相比而言，实践性知识是一种不确定性的情境性知识，与特定情境问题的解决有关。

4．缄默性特征

实践性知识是个体对自身实践活动的体验与体悟，其中的诸多体验与体悟是难以用言语表达的，只能通过意会的方式表达。如果某种实践性知识的全部内容均能用言语的方式表达出来，则这种实践性知识就上升成为一种理论性知识。

5．非结构性特征

个体的实践性知识是一种实践智慧，具有较大的灵活性，在不同的具体实践活动中必须灵活地运用。

（三）教师实践性知识的增进途径

要提高教师的职业技能，就必须提高他们的实用知识水平。加强教师的实践反思、创建教师共同体、强化教师培养的实践环节等途径，是增进教师实践性知识的基本途径。

1．加强教师的实践反思

一般来说，只要具有一定"三教"实践经历的教师，都或多或少具有一定的实践性知识。起初，这些实践性知识大多是零散的、感性的，但经过教师自己反思总结后就可能比较系统、比较理性，进而就会对教师今后的"三教"实践具有指导价值。为此，通过一定的方式，激励教师积极主动地反思自己的"三教"实践，以之增进教师实践性知识，十分必要。

2．创建教师共同体

由于教师实践知识的特殊性，以及其所处的特定环境的特点，导致了教师个体面对"三教"这一复杂问题时，往往会感到无力。而基于平等与合作的原则，成立一个教师社区，可以让教师通过讨论、协商、互助的方式，共同探讨和解决"三教"难题。不言而喻，在教师共同探索与解决"三教"问题的过程中，他们各自的实践性知识都将会得到明显的增进。

3．强化教师培养的实践环节

教师实践性知识是教师在大量实践体验中产生的，为增进教师实践性知识，有必要强化教师职前培养、入职教育及职后培训等各阶段的实践环节。比如，在入职教育及职后培训阶段，通过调整教师培养的课程结构，增加教学技能和微格教学培训的课时量；在职前培养阶段，延长教育实践的时间长度，保证教育见习与教育实习的有效性。

第四章

学前教育专业人才培养模式现状及反思

- 第一节　学前教育专业人才培养模式的现状
- 第二节　学前教育专业人才培养模式改革思考
- 第三节　学前教育专业人才培养模式展望

第一节　学前教育专业人才培养模式的现状

一、经典的培养模式

到目前为止，我国不少高等师范和高等职业技术学院都在不断地探索学前教育专业人才培养模式，主要有以下四种模式。

（一）"大教育小学前"模式

该模型突出了幼教专业的"学科性质"，把幼教与小学教育和特殊教育放在同一水平线上。因而，在人才培养上，习惯将学前教育专业人才放在大教育学背景下来培养。主要体现为：该专业学生与其他教育学类专业一样，共同接受基础性的教育学科理论教育后，再系统地学习学前教育专业的相关理论课程，并接受学前教育专业的特殊实践训练。该模式既注重教育学科的基础理论知识，又考虑到了学前教育专业的特殊性，体现了"厚普通教育学科基础、深学前教育专业知识"的特点。

（二）"专业教育教师教育"模式

此类教育模式突出了学前教育专业的专业属性，将学前教育视为与语文教育、数学教育、物理教育、化学教育等学科教育一样的专业教育，因而，长期以来，在人才培养上，对于学前教育专业人才的培养，大多数人都将其分为学前教育和师资培训两大类。具体做法是在普通的学前专业理论、专业实践课程之外增加一门教师教育课程，通常由2个必修学分、8个选修学分和12个实践学分组成。它是一种"宽师资，精学前教育"的教育模式。

（三）"平台模块"模式

此类模式突出了课程在人才培养上的重要价值。此处的平台特指平台课程，模块特指模块课程。其中，平台课程是指学校、院（系）、专业三个不同平台所开设的课程，而模块课程是指某一平台上相关联的课程体系。学前教育专业的学生可以选择性地学习这三个平台上的不同模块课程。该模式淡化了传统培养模式人才培养方面的狭隘专业观念，强调了课程在人才培养方面的特殊意义。

（四）"'校''园'合作"模式

这里的"校"特指设有学前教育专业的学校，"园"特指各类幼儿园。"校''园'合作"模式亦称"工学交替"模式，指的是学前教育师资培养机构与幼儿园签署了人才合作培养协议，学校针对幼儿园发展需求，设计了适合幼儿发展的课程与内容。制定了相应的课程和教学内容。一般来说，学校采用"2+1"或者"3+1"方式培养人才。其中，学生两年或三年时间在校学习理论，最后一年在幼儿园实地学习。该模式突出了学前教育人才培养的定向性。

二、新型培养模式

当前，由于幼儿园的重要性日益凸显，学者们对幼儿园的认识日益加深，许多大学不仅纷纷申请幼儿园专业，并对学前教育专业的人才培养模式进行了探索。在此情况下，各类学前教育专业人才培养新模式纷纷涌现。其中，以下几种模式尤为突出。

（一）"全实践"模式

所谓"全实践"，就是将幼儿教师专业发展全程中所有实践环节作为一个整体来系统定位、统筹安排。"全实践"模式亦称"田园耕作"模式，该模式注重突出学前教育专业人才培养的实践环节。在学前教育专业人才培养中，融入"全实践"的理念，通过名师指导，使学生在做中教、做中学，以之扩大学生的"田园耕作经验"，提升学生的具体实践能力。这种模式强调"全实践"的思想贯穿于学生的培养全过程，强调学生的综合素质，强调学生的教育观念。同时，它还强调了在培训过程中，应根据培训的具体情况，设置不同层次、不同深度的见习、实习和顶岗带班。

（二）"工学结合"模式

"工学结合"模式是将学习与工作结合在一起的教育模式。该模式突出理论与实践并重的学前教育专业人才培养理念，主张学生在校期间不仅要从事学习活动，而且要去实习基地工作，即主张学生边学习边实践，做中学、学中做，从学习中习得理念，从实践中获取能力。

（三）"反思实践"模式

该模式针对一般人才培养模式中或偏重理论的"学"或偏重实践的"行"而忽视沟通理论与实践之桥梁的"思"，将"反思性实践者"作为人才培养的理想形象，为 21 世纪幼教发展培养高素质的专门人才。这种模式提倡学前教育教师不仅要有丰富的自然、人文方面的一般知识，还要有深厚的学前教育专业理论，还要有反思的知识和反思的能力，把这两种知识结合起来，并应用到实际中去。所以，在课程设置上，该模式既注重通识课程的教学质量，也注重对实践课程进行反思性学习，倡导学生在实践过程中培养反思意识与反思能力，做到"学、思、行"并重。

（四）"全语言教育"模式

该模式是基于"全语言理论"提出的，旨在培养适应儿童的"形式语言"（中文、英语等）与"符号语言"（舞蹈、英语、肢体动作等）。该模式强调构建"全语言教育"师资团队，以"产—研"双师型教学方式或"3+1"教学方式来培养学生的"全语言"意识、"全语言"教学能力，以适应"全语言"教育。

第二节　学前教育专业人才培养模式改革思考

一、学前教育专业人才培养模式改革的政策思考

政策是连接理论和实践的桥梁，教育政策又是以教育理论为基础来引导教

育实践的"风向标",学前教育政策理所当然是学前教育的实践统帅。在对现行的学前教育专业人才培养模式进行改革前,首先要对与之相适应的政策基础进行研究,因此,这一小节将重点对与此有关的政策基础进行阐述。

(一)人才培养模式改革的背景性政策

过去很长一段时间以来,人们一直将培养教师的教育称为师范教育,而且师范教育主要在师范院校进行,且师范教育针对的是教师入职之前的培养,很少甚至不涉及教师入职的教育和职后的培训。从20世纪80年代开始,美国掀起了教师专业化运动,教师专业发展迅速成为国际性潮流,这促进了诸多国家教师培养制度的改革。这场国际性的教师专业发展运动促使传统的师范教育向现代教师教育快速转型并呈现出八大特征:其一,十分重视教师和教师教育;其二,大力加强教师教育法制建设;其三,积极推进教师教育体系开放;其四,着力提高教师教育层次水平;其五,充分重视教师教育质量;其六,系统开展教师职后继续教育;其七,不断强化教学实习实践环节;其八,紧密联系基础教育教学实际,以切实提高教师教育质量,促进教师专业发展。[1]

随着教师专业发展运动不断深入,传统的"师范教育"已逐步被现代的"教师教育"所替代,教师的培养打破了昔日封闭性与终结性的师范教育体系,逐步进入开放性与终身性的教师教育体系。目前,教师教育成为教师职前培养、入职教育及职后培训的统称。相对于传统"师范教育"而言,现代"教师教育"是一种以终身教育为基础,根据教师不同的职业发展阶段的特点,把教师的职前培训、入职培训、职后培训作为一个完整的、持续的、一体化的教育过程。在此背景下,2001年颁布的《国务院关于基础教育改革与发展的决定》中明确主张"完善以现有师范院校为主体、其他高职共同参与、培养培训相衔接的开放的教师教育体系"。

而在2003年颁布的《2003-2007年教育振兴行动计划》中进一步提出要"构建以师范大学和其他举办教师教育的高水平大学为先导,专科、本科、研究生三个层次协调发展,职前职后教育相互沟通,学历教育与非学历教育并举,促进教师专业发展和终身学习的现代教师教育体系"。这一文件的出台,

---

[1] 杨天平,王宪平.国际教师教育改革发展的特征和趋势述要[J].当代教师教育,2009,2(1)68-73.

标志着我国"师范教育"时代正式结束，而"师范教育"时代的结束正是"教师教育"时代的正式开始。在"教师教育"时代，我国教师培养体现出从学科本位向能力本位转变，从中专、专科及本科三级教师培养体系向专科、本科、研究生三级教师培养体系甚至向本科、研究生二级教师培养体系转变，从单师范院校（含中等师范学校）培养师资的格局向多样化大专院校（含极少数中等师范学校）培养师资的格局转变的三大特点。

（二）《幼儿园教师专业标准（试行）》是改革的指导性政策

为促进幼儿园教师专业化发展，建设高素质的幼儿园教师队伍，《幼儿园教师专业标准（试行）》（《专业标准》）是根据《中华人民共和国教师法》于2012年颁布实施的，并以此为依据，结合我国的实际情况，提出了一系列与之相适应的幼儿园教师职业标准。《专业标准》是国家对幼师的一项基本要求，是幼师教育教学的基本准则，在幼师的培训、准入、培训和考核等方面起到了很大的作用。《专业标准》从专业理念与师德、专业知识、专业能力三个维度对合格幼儿教师进行规定，涉及14个领域，包含62项基本要求。

《专业标准》具有以下五个突出特点：第一，对幼儿园教师的师德与专业态度提出了特别要求；第二，要求幼儿园教师高度重视幼儿的生命与健康；第三，充分体现幼儿园"保教结合"的基本特点；第四，强调幼儿园教师必须具备的教育教学实践能力；第五，重视幼儿园教师的反思与自主专业发展能力。《专业标准》指出：开展幼儿园教师教育的院校要将《专业标准》作为幼儿园教师培养培训的主要依据；要重视幼儿园教师职业特点，加强学前教育学科和专业建设；要完善幼儿园教师培养培训方案，科学设置教师教育课程，改革教育教学方式。不言而喻，该文件不仅指明了合格幼儿园教师应备的基本专业素质，而且为各类幼儿园教师培养机构（学前教育师资培养机构）从培养理念、课程体系及教学方式等方面改革其学前教育专业人才培养模式做出了具体指导。

（三）幼儿教师资格证书考试制度是改革的动力性政策

正所谓"教育大计、教学为本，教学大计、教师为本"，教师是教育教学的第一资源。为从教师人口上保障教师质量，教育部于2011年颁布了《教育部关于开展中小学和幼儿园教师资格考试改革试点的指导意见》（教师函〔2011〕）6号文件。幼儿园教师资格考试主要从职业道德、专业知识和专业能力三个方面对从事幼儿教师职业者的专业素质进行考查。通过对幼儿园师资考试大纲的分析，我们可以看出，符合幼儿园教师资质的幼儿教师，需要具有超前的教育观念、良好的法律意识、高尚的职业道德、基本的科学文化素质和基本的阅读理解能力、语言表达能力、逻辑推理能力以及对信息的处理能力。能正确解决幼儿保育和教育中经常出现的实际问题，具备一定的学科教学能力，掌握专业领域的基本知识及幼儿教学设计、幼儿教学实施和幼儿教学评价的基本原理和方法，并能在幼儿保育和教育实践中正确运用。毋庸争辩，幼儿园教师资格证书考试制度，既直接对幼儿教师职业从业人员提出了基本要求，又间接对各级各类幼儿教师教育机构（学前教育师资培养机构）人才培养提出了基本要求，推动了各级幼儿园教师培训和教学组织对现行幼儿园专业人才培养模式的改革。

（四）《教师教育课程标准（试行）》是改革的操作性依据

《教师教育课程标准（试行）》是教育部为了贯彻教育纲要，进一步深化教师教育的改革，对教师教育的课程设置和教学进行规范和指导，同时也是为了培养一支高质量的、专门的师资队伍。《教师教育课程标准（试行）》反映了国家对师范院校教师教育课程的基本要求，是制定师范教育课程计划，开发教材和课程资源，进行教学和评估，并进行教师资格认证的重要基础。

（1）本课程旨在使准教师对幼儿的特征与价值有一个全面的了解，理解"保教结合"的重要性，把握适合儿童生长发育特点的科学保育教育方式；通过对儿童认知特点和学习规律的理解，可以把教学与儿童的生活和游戏相结合，为幼儿创设适宜的教学情景，保持和发展幼儿探究与创新的兴趣，让幼儿在幼儿园的幸福生活中健康地成长。幼儿园教师教育机构应根据幼儿园教师教育课程标准，编制幼儿园师资培训课程计划，科学合理地设置公共基础课、专业课程、师资培训课程的结构比例。

（2）以学习领域、建议模块和学分要求为依据，构建与学前教育相关的课程体系，并对课程的实施方式进行阐述，并制定相关的保障措施。

（3）建立幼儿园教学过程中的自我评价体系，发现问题、总结经验、改进教学计划；强化学前教育实践环节，完善学前教育实践课程管理，确保学前教育实践课程的时间和质量。

（4）我们将积极推动学前教育新课程的发展，并在师资培训方面进行创新。

通过研读《教师教育课程标准（试行）》可以发现，它不仅具体指明了我国幼儿教师教育课程改革的方向，而且具体指明了我国幼儿教师培养模式改革的方向，对各级各类学前教育师资培养机构改革其现有的学前教育专业人才培养模式提供了操作性的指导意见。

二、学前教育专业人才培养模式改革的现实思考

任何人才都不是抽象的人才，而是社会需要的具体人才，培养人才必须立足社会现实。培养学前教育专业人才当然也不例外。为此，在改革与重构学前教育专业人才培养模式之前，必须先从社会现实层面探讨其依据。本小节将从学前教育专业的生源状态以及学前教育专业毕业生的素质状况两个方面阐述其改革的现实依据。

（一）学前教育专业的生源现状

1. 男生极为缺乏

无论是从教育专业这个大方向来看，还是从学前教育这个小方向来看，学前教育专业男性学生都极为缺乏，虽然近些年来其比例有所上升，但其人数占总人数的比率很小的现实仍旧没有改变。

2. 调剂生占有一定的比例

调剂生即接受专业调解的学生。所谓调剂，就是考生在未被第一志愿录取的情况下，从平行志愿中选择其他的志愿进行录取的行为。调剂分为校内调剂和校外调剂，校内调剂主要是专业的调剂，而校外的调剂主要是不同学校之间的调剂，其中校内跨专业的调剂最为常见。笔者在调查中发现，虽然调剂生没有占到大多数，但仍旧占有一定的比例。

3. 专业认识模糊

专业认识模糊是指报读学前教育本科专业的学生对学前教育专业本身的认识模糊。笔者在调查中发现，虽然很多学生在报考专业前都会通过网络搜索去了解专业相关的内容，但多数学生理解得非常片面，其认识仅仅停留在一个非常浅显的层面，能够对学前教育专业有深入了解或认识的学生比例相对较低。

（二）学前教育专业毕业生的素质现状

1. 知识运用能力现状

幼儿教师从事教育教学工作应具备的基本素质有科学文化、专业技能和专业基本理论三方面的知识，这就需要幼儿园教师在教学过程中所掌握的知识具有相对均衡的特点。知识应用能力是一种需要成为一名幼儿园教师的专业实践操作能力，它指的是一名教师在教学过程中，利用多个领域的知识，去解决在教学过程中遇到的各类问题的能力。具体地说，知识运用能力主要包含了以下几个方面：观察了解幼儿的能力、理解和把握幼儿心理的能力、学习和获取新知识的能力、自学能力、设计编写教案能力、教学评价能力、科研能力。本研究结果表明，学前教育毕业生最缺乏的是研究能力。同时，在教师的专业成长过程中，研究能力也是必不可少的一项素质，每一位教师都应该是一名研究人员，只有这样，才能使自己的教学工作更好地进行，才能使教学工作更好地进行。

造成这一现象的主要原因有二：一是学前教育专业毕业生、幼儿园教师等对教育科研工作的认识与了解不充分，还存在着一些问题；第二，受教育科研能力和层次的制约，许多幼儿园所进行的科研工作，主要是对实际工作中的经验进行总结，缺少系统化的理论支撑和指导，缺少比较科学、行之有效的组织和管理方式。

2. 实践操作能力现状

对幼儿园教师而言，动手能力是其职业生涯中最重要的一环。21世纪对一名优秀的幼儿园教师提出了三个要求：一是要具备一定的现代教育技能；二是要具备一定的自主创新能力；三是要能够熟练地使用各种现代教育技术，并在此基础上进行实际的教育。幼儿园教师具有丰富的实践操作技能，包括五个方面：设置活动区域环境的能力、制作玩教具的能力、使用多媒体的能力、创作能力、利用社区资源的能力。

但是，由于学前教育专业人才培养模式中过于重视理论知识的学习，导致少数毕业生的实践操作能力不尽如人意，尤其是社区资源利用能力极为欠缺。很多毕业生对于社区的结合还存在不少不正确的认识，如有人认为自己幼儿园周围的社区环境不好，所以不能合作；或认为与社区合作过于麻烦，开展活动困难；或认为幼儿什么也不会做，社区的活动开展频繁影响幼儿园的日常日程等。

3. 组织沟通能力现状

组织与交流是幼儿园教师在日常生活中最重要的一项职业技能，也是幼儿园教师进行教育与教学工作的重要环节。从沟通能力的角度来看，它主要体现在三个方面：与幼儿沟通、与家长沟通、与同事沟通。而沟通能力的结构按照重要程度的顺序，依次为与幼儿的沟通能力、与家长的沟通能力、与同事的沟通能力。

教师与学生、教师与家长、教师与学生之间存在着大量的人际交往。所谓交流，就是人们通过信息的交换，能够互相了解，接受另一方的意见，并进行协调，最后达成默契的过程。因此，在交流技巧上，幼儿园教师都认为，作为一个即将成为学前教育教师的教师，他们的教学活动是直接面向幼儿的，必须要对幼儿有足够的认识，要和幼儿有很好的交流和沟通。同时，幼儿园教师也要具备与幼儿家长沟通的能力与技巧，使幼儿家长能够充分地理解幼儿在幼儿园一日中的所有活动。还可以跟父母进行交流，从而对幼儿在家中的生活习惯以及行为方式有一个大致的了解。但是，很多学前教育专业毕业生由于缺乏有效的实践经验，在与幼儿和幼儿家长沟通的时候总是会出现各种问题，当然，随着与幼儿和幼儿家长接触的增多，其沟通能力自然会获得提升。

在组织能力方面，教育全班幼儿，使幼儿在体、智、德、美几方面全面发展是教师的中心工作。在班级组织管理中，教师肩负着重大职责。在教学内容上，德，智，体，美是全方位的；按工作内容划分，可分为保护与教育两类；就教育方式而言，主要有：集体教学、劳动、游戏和日常生活；在组织方式上，可分为团体活动、个人活动等。对幼儿园教师而言，要对这些内容和活动形式展开合理的规划,并对其进行科学的安排。并作出最优的计划,以推动孩子们的成长,并不是一项简单的工作,这对老师的组织能力提出了很高的要求。但是,在实际工作中,许多幼儿教师因缺少实际操作的经验,其组织技能的发挥也不尽人意。

三、学前教育专业人才培养模式改革的国外经验借鉴

(一)国外学前教育师资职前培养模式的经验

梳理国外学前教育师资职前培养模式的特点发现,其中存在着不少具有鲜明特征的培养经验。由于培养模式主要包括培养目标、培养内容、培养手段、培养制度及培养评价五个方面,下文将逐一对此加以阐释。

1. *培养目标:以幼儿教师职业需要的具体实践素养为指向*

培养目标是在特定的教育目标下,根据一定的需要和约束,达到预期的教育效果,也就是说对学生所期待的发展状态的规定。为了最大限度地提高高素质的幼师素质,世界各国都非常重视幼师专业培训目标的具体化和实用性,也就是将幼师专业培训所需的多种特定素质作为培训目标,这种情况在美国、英国等国家尤为明显。

就拿英国来说吧,英国学前教育教师培训组织最近几年,在制定幼儿园、幼儿园和幼儿园(5～7岁)等不同的学前教育组织中,越来越重视不同类型的学前教育组织的教育和教学需求,并充分考虑到未来的学前教育教师要在真正的学前教育环境中进行教学活动所需具备的各种素质。例如,英国学前教育教师训练中心的教育实习目的,主要是训练学生的教学技能,其中包括:设计和执行各类幼儿园课程、指导幼儿学习、与幼儿父母交流、班级管理等。同时,还应具备"社区合作"能力、早期儿童教育评价能力和早期儿童教育科研能力。同时,也应具备对幼儿园教师职责与职责的切实认识与掌握的能力,以及对自身职业发展的责任感等能力。这些实习目标的设定,是为了让实习老师能顺利成长为一名合格的学前老师。

2. *培养内容:以幼儿教师职业需要的专业理论素养为依据*

教师的职业理论素养,是对其职业知识、职业能力的集中体现。在发达国

家，人们普遍认为，尽管幼儿园教师是一支庞大的教师队伍，他们拥有与教师职业相对应的专业知识和技能，但是，因为他们的工作对象与大学教师和中小学教师有着很大的区别，所以他们在专业知识和技能上也有着很大的区别。所以，在对幼儿园教师进行职前培训时，国外一般都会针对其职业所要求的特殊知识和能力进行相应的培养，尽管每个国家的具体课程设置有所不同，但总的来说，他们具有"知识与技能并重、理论与实践并重、通识与专业并举、学术和师范"的特征。

比如，就美国而言，其四年制大学早期教育专业不仅设置了诸如历史、人文、艺术、哲学、科学等大量通识课程，并且使得这些课程的学时达到全部课程的1/3以上，并且在实践课中所占的比重也显著增加，达到了全部课程比重的30%。近几年，随着美国越来越注重对学前教育教师职业实践能力的培养，对学前教育教师职前培训的评估方法进行了改革。以往美国更注重对知识和学习结果的内在评估，现在更注重对学生实际行为和理论应用的外在评估，对师生互动和个别辅导的外在评估。

在英国，尽管各幼儿园师资训练机构针对自身的具体情况，制定了各幼儿园师资训练方案，但它们都突出幼儿园师资的专业性。第一，从教学内容来看，这门课与幼儿师范类专业的教学实践紧密联系；近年来，最近几年，英国学前教育教师培训机构越来越注意到目前幼儿园（5～7岁）、幼儿园和保育中心的实际需要，以专题的形式，大量增设"国家公共政策与学前教育""儿童福利与学前教育""多元文化与学前教育""大众传媒与教育""文化传承与教育发展""反思性教学""叙事、研究与教学"及"以研究变革教育"等课程。除此之外，还应着眼于学前教育教师队伍建设，设置了一系列围绕教师专业提升的主题课程。第二，课程内容不仅涉及理论知识，还包括实践教学，既重视对教师学术知识的提升，也重视对教学能力的培养。英国学前教育教师培养课程通常分为四大模块，涉及核心课程、专业研究、学术研究以及学校体验四方面内容。其中，核心课程主要包括学前教育必须得英语、科学、数学三门课程的理论知识和教学方法；专业研究主要涉及的是教学活动的知识与能力，如教学设计、课堂管理、教学方法、教育评价、教育记录等；学科研究是指学前教育专业学生根据自身兴趣在修学期间（一般在入学后的第一、二学年）从小学基础科目中选择的、专门研习的一门学科；学校体验主要是实践实习活动，如到中小学或幼儿园进行教育实习、教育见习，开展教育调研等。在教学中，要注意通过教学实践来提高学生的教学理论水平。英国的学前教育教师培训机构一般都会把"学校体验"作为一个整体，或与其它课程相结合，并在每一学年中都开设一门独立的课程，并与相应的课程内容相互补充。总体而言，英国学前教育教师培训机构非常注重指导学生在教学中探索实际问题，从而既提高了学生的实际操作能力，又提高了他们的理论水平。

3. 培养手段：突出"分段一体式"的教育实习

培训方法是指在培训过程中，为达到培训目的所采取的训练方法。通过对国外幼儿园教师职前训练的考察，发现，在训练方式上，幼儿园教师的"分段一体"教育实习不仅具有多样化的特点，而且还具有明显的"分段一体化"特点。所谓的"分段一体式"教育实践，指的就是要提高教学实践的针对性和实效性，将教学实践划分为多个环节，每个环节分散到不同学期教学之中，加强实践教学环节与理论知识教学相互衔接，实践目标与知识学习任务互相联系。

以美国为例，学生第一学年主要以学习基础理论知识为主，第二学年在完成基础理论知识学习后到中小学或幼儿园进行见习，第三年直接到幼儿园实习，这一时期也是就业预备期，学生需要再幼儿园观察、学习其他正式学前教育教师的工作，并对自身进行调整与改善。并且美国为了提高"分阶段综合"教育实习模式的成效，进一步完善了教育评价体系，从过去的侧重知识的掌握与学习成果的内部评价，转向侧重理论知识应用与实际操作的外在评估，并将学生与儿童的互动以及对儿童实施的个体化指导成效一同纳入教育评价之中。教育实习是英国非常重要的一项工作，分为正式工作和非正式工作。在这些实习中，非正规实习通过在中小学和幼儿园中的实习、科研等方式，被安排在"学校体验"模块（教育实践课）中，而正规实习则在学前教育专业实习基地中进行。

4. 培养制度：讲求多元合理

培训体系是关于培训人员培训的一系列标准和标准。从世界各国学前教育教师的职前培训体系来看，其突出的特征是多元化、合理性。其中，其培养制度的多元性培养机构的多元性和培养水平的多元化两个方面。

首先，培养机构的多元性。设置学前教育专业的机构不只有师范类学院，社区学院、综合性大学、教师资格培训部门、专门学校等也都可开设学前教育专业。并且，一些没有学前教育专业的高职也设置了类似的课程，办法的毕业证书也可以从事学前教育，甚至具有高中文化程度的学生，只要经过一段时间的实习，就能进入幼儿教育部门工作；德国幼儿教育教师队伍建设的主体有：师范院校、高等专科学校和培训学院；英国培养学前教育师资的机构主要有大学教育系或教育学院、师范学院、多科技术学院的教育系、技术教育学院和艺术教育中心五类。

其次，培训水平的多元化。在第二次世界大战期间，世界上许多国家都要求幼儿园教师必须具备大学专科或更高的教育水平。在美国、英国等国家，在1977年左右开始出现了一批具有专科学历的幼儿教育教师。近几年来，伴随着幼儿教育的持续发展，在西方发达国家，幼儿教师的素质也在不断提高。有些国家甚至出现了研究生层次的学历要求。例如，法国从2010—2011学年起，为了提升教师的素质，对新来的教师进行了"硕士化"的培训，把他们的学位起点提升到了硕士，也包括幼儿园教师。当前，发达国家学前教育师资的学历呈现出专科、本科及研究生并存的格局。

其教育体制的合理性，主要表现在各种教育院校对人才的教育导向上。从目前世界各国的各类学前教育教师职前培训机构来看，无论是在对人才培养的学历层次的定位上，还是在对人才培养的能力水平的定位上，大多数都是以机构本身办学条件为基础实施人才培养的。以美国综合性大学为例，学前教育专业的教师设置通常是由具备该专业相应学位的教师组成的；日本针对学前教育人才培养，有两年制短期培养，也有四年制长期培养，前者培养的是专科层次教育，后者是本科层次教育；英国与日本类似，有两年制的技术学院，是专科层次教育；也有四年制的大学教育，提供本科及以上层次教育。除此之外，无论是美国还是日本、英国，社区学院的办学条件和教育水平不高，以培养具备资质的学前教育教师为目标，而那些办学条件好、教育水平高的优秀高等院校，更侧重培养优质的学前教育教师资源为目标。不同层次培养目标由不同水平培养机构负责，层次分明。

5. 培养评价：沿用第三方权威专业机构制定的评价标准

培训评价是指在培训过程中，以科学、合理的标准，以客观的社会需求为依据，对整个培训过程做出的一种价值评判。培训评估对培训目标、培训内容、培训方法和培训制度起到了监督、反馈和监督的作用。从西方国家对学前教育教师的职前培训评估来看，它的显著特征表现在：评估标准的制定往往是由第三方权威的专业机构来完成，其目标是为了更好地保证学前教育教师职前培训的质量。

例如，美国学前教育教师职前培训的评估规则，就是依据《幼儿教育职业准备标准》，这是美国学前教育领域最具权威的专业组织——全国儿童早期教育学会所制订的。美国早期儿童教育学会制订三项幼儿园教师的职前资格标准，分别是：初级资格标准（本科级）、高级资格标准（硕士或博士级）及高级资格标准（专业级）。三个标准各有优等、熟练、发展性和基本等四项水准，而在职前培训完成时，准幼儿园老师应最少达到熟练程度。又比如英国，对幼儿园教师的职前培训十分重视，不但对幼儿园教师有明确的要求，幼儿园也严格实施了教师资格证书制度。英国学前教育教师资格证通常由四种，分别对应不同教育等级。第一种，可对0～8岁儿童进行教育的两年制课程证书；第二种，可对2～5岁儿童进行教育的一年制课程证书；第三种，可对2～5岁儿童进行初等教育的三年制课程证书；第四种，可对0～8岁儿童进行教育的一年制课程证书。

（二）国外学前教育师资职前培养模式的启示

审视国外学前教育师资职前培养模式的经验，不难发现，其中具有诸多可以借鉴的地方，下面着重从培养目标、课程设置、培养方式及培养端口四个方面进行阐述。

1. 促进培养目标分层定位

从理论上讲，人才培养目标应当充分体现国家、社会或行业对人才的要求。在国家、社会、产业对人才需求多元化的情况下，各培训机构应结合自己的具体情况，设定不同层次的人才培养目标。通过对国内外各学前教育师资职前培训机构的考察，可以看出，不同级别的培训机构有着不同的培训目标，而这些培训目标的差异又与其本身的水平相匹配。大多数西方国家的社区学院和普通高等院校通常以培训合格的学前教育教师资源为主要目标，只有一些办学条件好、教育水平高的高等院校，能够培养更高层次的学前教育教师，以培养优质学前教育教师资源为主要目标。不同层次的学校有明确的人才培养目标，自身定位准确，层次分明，分工明确。与之相比，我国大多数普通高等院校和职业院校对自身定位不明确，人才培养目标不清晰，这也是限制学前教育专业建设发展的重要问题。

国内一些相应资质比较雄厚的重点师范院校，培养层次可从专科直至博士，培养层次全面并非全是优点，由于过于面面俱到，很难做到专和精，无法与当前多样化人才需求相契合。很明显，目前我国学前教育教师职前培训机构的一个突出特点就是没有明确的办学层次，没有明确的培养侧重，因此，推动各类幼儿园教师职前培训组织对其培养目标进行分类划分，是目前我国学前教育教师职前培训模式改革的一种重要举措。

2. 促进课程设置权威认证

课程设置是指围绕人才培养目标对专业课程进行总体规划。具体地，包括设置课程内容，明确学科门，确定教学活动，安排教学时长和时间，安排教学顺序和学年划分，最终建立一套合理的课程体系。

从国外学前教育职前培训模式来看，其课程设置通常都需要经过学前教育专业的权威机构的认证方可实施，因此其课程设置基本上都是科学合理的。如，美国学前教育职前培训机构的课程设置，必须符合《幼儿教育职业准备标准》的规定；英国学前教育职前培训机构的课程设置，必须满足《英国合格教师专业标准与教师职前要求》的要求，且需通过英国教师联盟的认证，实践课程必须占所有课程比重的30%；美国，英国，日本和加拿大等国的幼儿园教师的职前培训组织，已将一般学科所占的比重，提升至约1/3。另外，以美国和英国为代表的西方发达国家，其幼儿园教师的职前培训一般都要求由权威专家批准或由权威机构出具证明，才能最终确定某一特定的课程类型和课程内容。

3. 增强培养方式的实践性

要增强培养方式的实践性，需要学校与中小学、幼儿园建立合作关系，甚至创办幼儿教师专业发展学校，为学前教育专业学生创造更多的实践实习机会，通过实践实训促进学前教育专业学生专业能力与实践能力的发展。目前，美国、英等西方国家在开展学前教育人才培养过程中，就建立了与中小学、幼儿园深入合作的实践教育基，形成了较为成熟完善的实践实习机制。

以美国威斯康星大学为例，与幼儿园建立合作，不仅培养学前教育人才，也为幼儿园在职教师提供再培训。同时，积极参与幼儿园活动，学校和幼儿园共办专业交流活动，一方面幼儿园在职教师能为学前教育专业学生提供经验指导，另一方面高职也能对幼儿园在职教师提供专业指导，从而培养出大量高素质的幼教教师。哈特福德大学打破传统教师个体性的课堂教学模式，通过与当地幼儿教师构成研究共同体，以教师专业行动研究的方式培养出了大批合格的学前教育师资。此外，美国学前教育专业学生的教育见习与实习的时间相对较长，且分散于学生修读期间的多个学年或学期进行。

4. 促进培养端口把关严格

培养端口是指人才培养的入口和出口，即入学关口和毕业关口。其中，入学关口事关生源质量，其把关是否严格间接决定着人才培养的质量水平，而毕业关口事关毕业生的素质，直接决定着人才培养的质量水平。所谓"严把门"，指的是不仅要强化对学前教育专业学生的招生条件的筛选，而且要强化对学前教育专业学生毕业条件的确认。从培训人口角度来看，世界各国都非常注重幼教学生的素质，以保证幼教教师的职前培训质量。例如，一个学生要选择一个学前教育专业，就必须要对这个专业进行认真的思考，并且最后做出一个选择，不然的话，就很难进入这个专业。2009年，美国儿童早期教育学会公布了《幼儿教育专业准备标准》明确了学前教育专业许可证书分级和专业标准，分别为副学士学位证，对应的是抓个水平的培养标准；初级许可证，对应的是本科水平的培养标准；高级许可证，对应的是硕士及以上水平的培养标准。无论是哪个等级，都包含了学前教育专业知识与专业能力的核心准则，并在各个层面上有额外的准则，并按实际工作表现分为优秀、熟练、发展、基本四个等级。另外，根据美国儿童早期教育学会的规定，非教师科系的本科毕业生，若要进入儿童早期教育领域，还须再修完三十学分的教育原理与基本课程，并进行教学实践，经评估通过，方可颁发教师资格证。再比如，法国于

1989年通过了《教育发展方向指导法》,将幼儿园教师的选拔与培训同中小学教师的选拔与培训划上了同一轨道,从而提高了幼儿园教师的素质。

第三节 学前教育专业人才培养模式展望

一、培养目标展望

(一)确定科学的培养目标

不同地区、不同学校在培养目标上会存在差异,但都具有一定共同点,学前教育人才必须是能够了解儿童身心发展特征和规律,熟练掌握学前教育方法,具有学前教育课程开发能力,能够适应各类学前教育机构工作,有良好职业道德与专业素养的学前教育专业人才。

"一专多能",就是让学生在学习过程中,既能在学前教育领域掌握一门特长,又能掌握弹、唱、跳、画、说、演等多种技能,还能具备综合能力,可持续发展能力,以及终身学习能力。对学前教育专业人员的具体要求如下。

第一,对学前教育专业的基本知识、基本理论和基本技术都有了比较系统的了解,对学前教育专业的教育方式和成果也比较了解,能够进行教育教学工作,具备一定的管理能力,能够在各种组织中进行儿童和少年儿童的教育和各种活动的指导。

第二,能够掌握教育的普遍规律,具备先进的教育教学理想理念,掌握学前教育的教育教学理论;熟练掌握现代教学技术。

第三,具备一定计算机基础,掌握基本现代教学设备的操作方法,能在教学活动中灵活熟练地运用现代教学技术。

第四,良好的文化素质,良好的心理素质,流利的普通话,普通话等级为国家二级甲等或以上。

（二）确定人才培养规格

笔者认为应从知识、能力、素质三方面设计人才培养规格，并支撑和呼应专业培养目标（图4-1）。

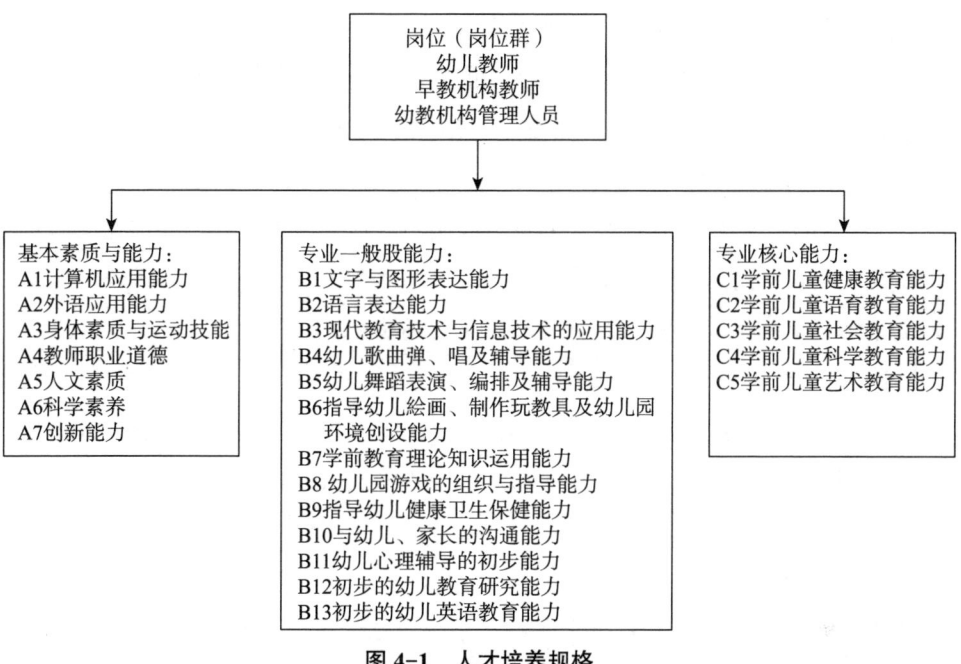

```
                    岗位（岗位群）
                      幼儿教师
                    早教机构教师
                  幼教机构管理人员
```

基本素质与能力：
A1计算机应用能力
A2外语应用能力
A3身体素质与运动技能
A4教师职业道德
A5人文素质
A6科学素养
A7创新能力

专业一般股能力：
B1文字与图形表达能力
B2语言表达能力
B3现代教育技术与信息技术的应用能力
B4幼儿歌曲弹、唱及辅导能力
B5幼儿舞蹈表演、编排及辅导能力
B6指导幼儿绘画、制作玩教具及幼儿园环境创设能力
B7学前教育理论知识运用能力
B8幼儿园游戏的组织与指导能力
B9指导幼儿健康卫生保健能力
B10与幼儿、家长的沟通能力
B11幼儿心理辅导的初步能力
B12初步的幼儿教育研究能力
B13初步的幼儿英语教育能力

专业核心能力：
C1学前儿童健康教育能力
C2学前儿童语育教育能力
C3学前儿童社会教育能力
C4学前儿童科学教育能力
C5学前儿童艺术教育能力

图4-1 人才培养规格

1．知识目标

拥有较全面的科学文化素质，对学前儿童的身体、心理等方面都有比较系统、全面的了解，对学前儿童的教育规律了如指掌，拥有正确的儿童观和教育观。

2．能力目标

具备从事幼儿园工作所需的教育技术，能够进行各类幼儿园教育活动，对幼儿园的研究有一定的兴趣与能力。

3．素质目标

拥有良好的个人道德品质和职业道德，有健康科学的三观；熟练掌握学前教育知识和技能，掌握学前教育方法；遵纪守法；热爱儿童及儿童教育；具有良好创新能力、自我提升的能力。

二、学前教育专业教学方式展望

（一）增加实践课程

实践课程是培养学生的实际动手能力的一种主要方式，它是在学生已经具备一定的专业知识和技能的基础上，让他们有机会与幼儿园的实际工作环境进行直接的接触，这样他们就可以和将来的工作岗位进行"零距离"地对接。

1．扩大校外实习实训基地

为了给学生们营造一个良好的见习和实习环境，学校应该持续强化实习实训基地建设，并将其打造成一个以学校所在地区为中心，辐射省内校外的实习实训基地，这样才能让同学们有更多的实践场所与实践机会。。

2．丰富教育实习内容与形式

将幼儿园教学培训与课堂管理培训相结合，使之成为一个相辅相成的系统；采用集中与分散两种模式，让幼儿园的各种实习方式互相补充，从而缩短幼儿园的就业适应期。

3．加强顶岗实习与管理

顶岗实习是实践实习活动的重要内容和关键环节，是促进学生将理论知识转化为实际能力的重要课程，同时能让学生更加充分地了解幼儿园的工作环境、学前教育教师的工作内容等，通过顶岗实习能让学生自己进一步验证理论知识学习和对未来实际工作的构想。可以说，顶岗实习不仅能增强学生的实践能力，还能提升学生的科研能力，对岗位环境的适应能力，使人才培养的重要方式和手段。当然，要想提高实训质量，就必须强化实训的管理，健全实训制度，其具体措施包括以下几点。

第一，丰富顶岗实习的内容。在在顶岗实习过程中，要让学生充分了解幼儿园的的工作内容、工作流程以及工作重点，初步掌握带班教学的方法，学会制订教育计划、制作教案、书写教学记录等。

第二，强化顶岗实习的指导。顶岗实习不是把学生放到实习地，学校就放任不管了。在顶岗实习过程中，学校应配合幼儿园对学生有更加清晰明确的实习指导，帮助学生明确顶岗实习的职责和行为规范，如此才能保证顶岗实习的有效性。

第三，规范顶岗实习的过程。可将顶岗实习划分为若干阶段，每阶段结束后学生回到学校做好实习总结和有针对性学习，之后在开始下一阶段的实习。如有的学校将顶岗实习分为三个阶段：第一阶段为期一周，主要是了解幼儿园的工作内容、工作流程、工作规范、工作重点等；第二阶段为期六周，学生在幼儿园在职教师带领下参与带班教学，初步掌握带班教学的方法和工作重难点；第三阶段为期三周，做好实习收尾工作，如编写实习总结、整理学习笔记和观察记录、案例整理与初步分析等。

第四，加强顶岗实习的监控。做好定岗实习监控，使学校能随时掌握学生的实习动态，以便学生实习后进行有针对性的指导。同时，顶岗实习过程和成效也可以纳入教育评价之中，进一步完善教育评价体系。

第五，完善顶岗实习评价。建立健全的实训成果评估体系，使实训成果评估更加客观；同时，对毕业实习成果的评估方式进行了规定，使评估程序规范化。

（二）采用灵活多样的教学方法

1. 以学生为主体的灵活教学方法

学前教育更侧重于对学生专业技能与能力的培养，而非理论知识的传授，因此，学前教育应打破传统以教师为中心的教学方法，而应以学生为中心，重视学生技能提升与能力培养。学校和教师应转变思想，采用更加灵活的教学方法，充分调动学生的主观能动性，挖掘学生的潜力。以《学前美术》课程教学为例，应多采用讨论法、示范法等教学方法，通过现代媒体技术，将教学资源更直观、真实地呈现在学生面前，让学生能够直观地感受美术的魅力；之后，可采用情景教学法、仿真模拟演练法、案例分析等教学方法，将抽象的知识具象化，使学生更容易理解。

2. 采用多媒体等多样的教学手段

多媒体等现代教学技术，能更加直观、具体、生动、真实地呈现教学资源，为学生创设生动真实、身临其境的教学环境。特别是学前教育专业，涉及少儿音乐、少儿美术、少儿舞蹈等课程，都可以充分运用现代多媒体技术，将这些教学内容生动真实地展现出来，让学生获得真实的感受，充分激发学生的学习兴趣，提高学生的学习积极性，也能有效解决学前教育教学中的一些难点。除此之外，学生也可以通过互联网获取网络学习资源，教师也可以通过互联网向学生推送优质学习资源，随时随地为学生提供教学指导等。

（三）注重校企合作，推进产学研结合

1. 创建订单式人才培养模式

这一模式更加适用于高职类的院校，即院校与幼儿园签订一些人才培养合作协议，为幼儿园提供所需要的人才。因为幼儿园需要体智能教师、才艺教师、美语教师等课程的教师，学前教育专业又具备培养这些人才的能力，所以双方可以实现无缝对接。而为了更好地落实这一模式，需要院校和幼儿园注意如下几点。

（1）通过学校和幼儿园的合作，可以制订专业的培养计划、培养目标和教学大纲，并进行课程设置和教材的开发。

（2）在人才培养的过程中，幼儿园为学生们提供了一个实践的平台，使他们能够在这个过程中得到充分地发展。教师能够结合课程的实际需求，定期带领学生到幼儿园或中小学进行教育观察，感受幼儿园或中小学的工作氛围，了解学前教育教师的实际工作情况，促进学生将理论知识转化为实践能力，实现高效的开放性循环学习。

（3）幼儿园可为在校大学生安排勤工助学的机会，使其在整个学期内都能亲身体验到工作的全部流程，使其尽快融入到工作的角色中。

2. 建设校外实训基地

学校应该建立一系列的实训基地，对学生进行长时间的实习和培训，为学生的实践操作和专业技术的运用创造了有利的环境，让学生可以切身体会到幼儿园的教学组织和管理，并积极参加幼儿园的教学活动，不断地提升自身的业务水平，培养出优良的职业道德。

3. 校企人员互兼互聘

学校还积极与实习基地（幼儿园）的工作人员互相兼职。例如，学校可以聘请一些幼儿园在职教师到学校开设讲座、指导实践教学等。同时，学生也可

进入幼儿园进行实践实习,快速提升学生的实践能力和专业素养,学校与幼儿园开展联合教育研究,相互指导、相互促进、相互帮助。

三、学前教育专业管理与评估体系展望

(一)加强对教师教学过程的质量监控

教师队伍建设对教学质量和教学成效产生直接影响,因此,高职要加强教师队伍建设,建立教师专业保障体系,健全教师建设机制,从整体上提高教师队伍的专业素养。

1. 目标体系

(1)人才培养目标体系

人才培养目标体系建设的主要目的是明确院校人才培养目标的定位、人才培养目标的建设、人才培养模式的建立、人才培养方案的设计与制订、专业建设的方向等。

(2)人才培养过程体系

人才培养过程体系的主要作用明确人才培养过程,并对其进行监控与调节,包括根据教学大纲选择教学资源、组建教师队伍;同时,实施教育评价,考察课堂教学质量和实践教学质量,及时发现教学过程中存在的问题,并提出解决办法等。

2. 组织体系

由院、系、室组成的三级督导机构,按照各自的管理功能,对各层次的学生进行督导。教研室以学校教学质量管理目标为标准,结合学前教育教学方案,对教学过程中的每个环节进行管理,包括教师教案的审批、教材的选择或编写、教师队伍组建与专业提升、开展教学研究活动、开展教学改革活动、开展教育评价、对教育评价信息进行综合整理与反馈、监督教学制度的执行情况等。

3. 方法体系

(1)教学信息监控

定期进行教学秩序检查,每学期进行期中、期末教育检查;根据教育检查的信息反馈了解学生学业水平和教学质量;收集课堂教学信息与实践教学信

息，分析教学过程中存在的问题。

（2）教学督导监控

学院可根据自身院系建设组建教学督导小组，定期对本院系教学活动进行监督与考评，检查教学管理制度实施情况、教学计划实施情况并进行反馈。

（3）专项评估监控

学校可通过建立综合评估体系实施评估监督，如教材品谷、实践活动评估、精品课程评估等，以人才培养目标为导向，通过多种评估方法，充分发挥教育评估的诊断评价功能，及时发现教学过程中存在的问题，督促相关部门与责任人调节并优化工作方法，提高工作质量与教学成效。

（二）多元开放的评估体系

1. 以院校自我评价为基础

院校的自我评价可以从听课制、学生评教制以及学生信息员制三个方面展开。

（1）听课制

学校可组建听课指导小组，由院系领导、专业骨干教师组成。每年设定若干个听课周活听课月，对专业教学活动进行听课抽查，充分发挥听课制的监督指导功能，督促教师优化教学活动，丰富教学方法，提高教学质量。

（2）学生评教制

目前国内学生评教制的主要方式还是通过调查问卷收集学生反馈信息，再由评教组将反馈信息进行整理、综合、分析，得出评价结果。该制度的优点是能使学生积极参与到教学活动之中，形成自己才是教学活动主体的认识，从而提高学生的学习积极性和主观能动性，同时也能为教育评价提供有价值的信息反馈，为教学改革、教学质量的提升提供重要依据。

（3）学生信息员制

由学生组成，对各类教材进行反馈；负责收集整理教务处和教务部门提供的各种教学材料；参加系与教务处组织的学生教学信息交流会，对所收集的教学资料进行汇报，对系、校的教学管理工作进行评价，并将相关的教学问题的处理情况及时反馈给班级。

2. 以用人单位等社会评价为主体

社会评价是指社会对学校人才培养质量的肯定，表现为高职院校人才的出口和进口，也就是招生与就业。招生、教学、就业是办学的三大要素。为了促进社会、经济、教育自身的改革与深化，需要构建一种社会评估机制。在大学教育评估中，大学学前教育专业毕业生的社会满意度是衡量大学教育质量的重要指标。

（1）用人单位评价

它是对大学教育质量的一种比较直观的评估，而大学生的素质则是大学教育质量的一个重要指标。在高职学前教育课程设置中，应由各学科负责人及各教研室人员进行年度调研，了解学生的就业情况及社会需求。通过问卷调查、座谈会、电话回访等方式，对全省范围内的就业单位（幼儿园）发放问卷调查，通过这种方式了解学前教育毕业生的从业表现。调查问卷涉及的内容包括教学方法、从业态度、专业技能水平、职业道德、科研发展等。通过对调查问卷反馈数据形成学前教育人才素质与人才需求调查报告。通过对报告进行综合与分析，了解学校学前教育人才培养实际成效，毕业生就业情况以及从业情况，分析学校人才培养目标是否与人才需求相契合，及时发现人才培养中存在的问题，并进行调整与优化。

（2）行业评价

行业评估是基于行业对职业资格和标准的控制和把握，由学校组织，由学生参与对职业资格的鉴定，以大学生获得与相关行业相关的资格证书的情况为依据，从一个侧面反映了院校教育的办学水平。例如，每年除了要组织学前教育的学生进行电脑水平、普通话水平、英语水平、教师资格、保育员资格、育儿师资格等考试，还要鼓励有能力的学生去考营养师资格、心理咨询师资格等等，并根据学生拿到证书的比率，来评估幼儿园的教学品质。

四、其他方面的展望

（一）多方面提升学生的职业素质教育

1. 加强学生思想政治教育

在理论教学和实践教学过程中，一方面，要重视对学生理论知识、专业技能、职业素养等方面的培养与提升，另一方面，还应重视对学生个人道德修养、职业道德、职业素养的培养与提升。除了学校设置的思想道德修养、思想与道德等公共必修课之外，结合学前教育职业需求，还应设置美术鉴赏、音乐鉴赏、朗读朗诵等公共选修课，或组织相应的学生文化社团，或组织相应的校园文化活动。总而言之，学校应充分发挥自身职能，为学生创建良好的校园文化环境，通过多种形式加强学生的文化道德修养。

2. 关注学生心理健康发展

随着高等教育改革的不断深入，以及心理学科的发展，国家越来越重视对学生的心理健康教育。目前，国内大多数高等院校都通过各种方式实施心理健康教育，如开设心理健康相关课程，或组建各种心理健康咨询室，或在心理学专业教师指导下组建学生心理健康社团等。高职应进一步加强对学生心理健康教育的投入和指导，定期对学生进行心理健康检查，为每个在校学生建立心理健康建档，对存在心理健康问题的学生进行观察，必要时采取有效的心理干预措施。同时，学校心理健康教育相关组织机构应通过多种形式宣传心理健康教育知识，如开设讲座，设置心理健康宣传栏、心理健康咨询热线等方式。同时，学校应对学生实施三级管理制度，第一级管理层为寝室管理，每个学生寝室选出寝室长，建立寝室长责任制，寝室长要及时了解同寝室各学生的心理状况，一旦发现异常情况，应及时向辅导员或心理健康联络员汇报；第二级管理层为班级管理，班级内选出心理健康联络人，负责掌握班级学生心理动态，一旦发现异常情况，应及时向辅导员、班主任汇告；第三级管理层为辅导员管理，辅导员负责为各班心理健康联络人、寝室长安排任务，收集信息并进行汇总，随时为学生提供帮助。

3. 注重人文、社会科学和自然科学素质教育

无论是什么专业，学校都应重视对学生人文素养、科学素养的培养与提升。如在人才培养内容中增加道德修养、艺术修养、科学修养等相关内容，开设相关公共选修课。同时，学校可延请专家学者开设论坛、讲座、专题报告等，创建良好的科研氛围。此外，学校还可组建各种校园文化活动，打造良好的校园文化氛围，潜移默化地对学生施加文化熏陶。

（二）完善教学大纲

为了保证人才培养质量，院校应该制定相关规范，并针对课程需要，完善课程教学大纲。在每一份教学大纲中，要将多层次的教学要求、能力培养的要求都体现出来，对一些具有实际应用价值的课程，还应该提出能够培养能力的基本技能训练项目，确定科学合理的考核标准，制订考核方法以及考核评价标准。除此之外，应充分了解学前教育职业对从业人员具体的专业标准、素质要求和能力要求，并将其融入教学大纲；结合职业资格证书考试大纲，合理安排专业课程，选择课程内容，将职业标准融入到课程标准和人才培养标准，实现有针对性的人才培养，提高人才社会适应能力和市场竞争力。

第五章

产教融合背景下学前教育专业人才的职前培养体系

- 第一节　学前教育专业人才职前培养的途径
- 第二节　学前教育专业人才职前培养层次的提升
- 第三节　学前教育专业人才职前培养模式的发展趋势

要想培养出一支高素质的幼师队伍，必须建立科学合理的幼师队伍。学前教育教师培养模式的内涵概括了教育活动中人才培养目标、培养规格、培养制度、培养过程和教育评价等基本要素之间的相互关系。

第一节 学前教育专业人才职前培养的途径

随着时间的推移，全社会对幼儿教师的质量提出了更高的要求，尤其是师范类高职院校，充分发挥了自身在专业和人才上的优势，在幼儿教师的入职培训中扮演着日益重要的角色，逐步成为了培养幼儿师资的一个重要载体。

一、学前教育专业人才职前培养存在的问题

（一）对人才培养目标与规格的认识有偏差

1. 培养申标定位不准，职前培养目标与职后培训目标相脱节

国内存在一部分专科院校，对自身培养目标的定位不准确，直接照搬本科层次的培养目标。除此之外，一些学校在为社会和幼儿园服务的过程中，还存在着对自身定位不明确的问题，对目前教育市场的情况没有充分的了解，这就导致了人才培养目标与行业需求、市场需求存在错位的情况。在人才培养目标设置上，学校没有科学的教育教学理念为指导，对人才培养的定位不明确，对行业需求和市场需求不了解，人才培养没有针对性，最终出现学前教育行业用人难，学前教育毕业生就业难得尴尬局面。

2. 培养规格层次不清，没有体现专科层次的特点

在许多人的心目中，教师应是具备丰富的专业知识、熟练的专业技能的职业，对本科层次水平的教育较为重视和关注，常常没有看到专科层次水平的教育。专科院校学生的生源素质通常比普通高职的学生生源素质低，学校办学条件有限，教育教学水平不高，并且高等教育专家学者对专科层次教育研究和人才培养的相关研究较少。本应注重专业技能培训的专科学院，大部分都是模仿

本科教育的方式，把培训的重心放在了理论知识的传授上，而忽视了对专科层次的培养。

（二）课程设置与内容选择不合理

一些高等职业学校的学前教育专业教育课程设置，主要有以下几个方面的问题：一是课程设置的功能不够清晰，偏重于对专业知识的培养，没有引导学生去吸收更广泛的知识，并去尝试更多的知识探究方式，结果导致了学生的专业口径较窄，所拥有的知识面也较窄；二是学校的课程体系和工作岗位的需求有一定的差距，学校在教学过程中对目前的学前教育市场没有足够的认识，导致学生无法适应市场的需求；三是课程体系的内在结构不尽合理；四是教师职业属性没有得到很好的体现，缺乏职业理想的培养，缺乏职业知识的培养和职业技能的培养；五是在教学中没有重视学生的实践性和专业技能的培养，学生的实习课程严重缺乏，几乎没有实习活动课程，实习项目和实习内容的选取也不科学。

（三）课程实施不到位

由于这种以灌输式教学为主导的教学方式，师生间缺乏交流，师生仍沿用着多年来形成的传统教学方式，因此，教师和学生的教学模式过于简单，无法满足社会的需求；实习和技能课程的管理还未走上轨道，相关的制度还不够完善；艺术课程注重技巧，而非教学方法，这不仅与高考招生模式下的学生状况不符，对大众化阶段的大班艺术教学也不利，也与幼儿园教育的发展现实不符，更失去了艺术的教育和创新价值。

（四）职业技能教学存在误区

过分地追求艺术技能的专业训练，并没有将对学前教师教育技能的培养放在心上，也没有建立起一套完善的技能教学体系，也没有制定出相关的评价制度和标准，也没有制定出相应的考核措施。在实践教学中，学生的主动性和参与性较差，在教学内容、教学方法、教材等方面没有给予足够的重视。

（五）没有建立完整的实践教学体系

将理论性课程与实践性课程割裂开来，实践教学还没有形成包括目标、内容、实施与考评在内的完整体系。所学的内容与实际情况相脱离，对实践的操作性指导不强，学生的能力成长缓慢。实习时间少，缺乏对实践教学设施和设备的投入，缺乏与实践教学基地的联系，学校没有保教型和拓展型实训室，没有真正实现产学研结合和校企深度合作。

（六）"双师型"教师队伍尚未形成

师资队伍实践能力缺乏，一些新开设的课程缺乏相应师资，主要体现在两方面：一方面，指导教师数量显著不足；另一方面，指导教师的人员结构不尽合理，过分依赖本校具有一定理论素质的教师的指导，而忽视了对幼教机构具有实践经验的师资的利用。目前，我校幼教导师的素质结构还不够完善，过分注重提高幼教导师的专业理论知识，忽视了幼教实践经验的充实。

二、学前教育专业人才职前培养的途径探索

（一）分层人才培养模式的探索与实践

近年来，随着高等教育大众化的发展，高职招生规模的不断扩大，录取率的提高，使高职生源越来越复杂，学生之间的差异也越来越大，教师教学难度增加，给教学质量也带来冲击。以学前教育专业为例，这些问题具体体现在两个方面：一是同一年级、同一班级学生之间在基础知识、能力、兴趣和意愿等方面差异明显；二是生源类型多，有普高毕业生、职高毕业生和五年一贯制学生，他们在知识结构、专业基本技能、对专业的认识度等方面均存在较大的差异，教师教学难度日益增大，如何解决由于生源状况复杂出现的教育质量问题是当前高职学前教育专业在人才培养过程认真思考的问题。

1. 制定分层、有效的教学计划

针对普高生、职高生、初中起点的五年制学生在知识结构、学习方法、专业认知度等方面的差异，分别制定了针对他们的三套不同的专业教学计划。在

毕业时"准出"标准要求一致的前提条件下，在课程设置、教学内容、教学要求等方面都有针对性的变化。

在课程设置上力求小型化、模块化。首先，为保证人才培养的质量和专业特性，设置三类生源都必须共同学习的课程模块。其次，根据三种生源的特征差异，设置适合他们的课程模块，如针对职高生文化基础和文字表达能力较差的现实，在职高生的教学计划中设置适合他们的文化课程模块和文字训练课程模块；针对普高生艺术类技能和表现力较弱的特点，在普高生的教学计划中艺术技能课程增强；针对五年制学生艺术类技能强、文化基础扎实而教育教学技能弱的特点，在五年制教学计划中增强教育教学技能课程。在教学内容、教学方法和教学要求上实行有针对性的区别对待，强调因材施教、个性发展和综合培养，力图通过完善的教学计划来保障人才培养质量的提高。

2. 主要的专业基础课程实行分级教学

根据三类生源的不同，一些主要的专业基础课程，如"大学英语""普通话"、教法课程、艺术类提高课程、专业理论课程等实行分级教学，制定不同的学习目标、学习内容和课外练习与拓展知识，加强教学的针对性与有效性。如在"大学英语"和"幼儿园英语教育"这两门课程学习过程中，根据三类生源在英语基础方面的差异，对职高班学生、五年制学生只要求教学大纲的内容，达到关于高职高专毕业生在英语方面的要求就可以，帮助那些基础较差的同学建立起自信心，顺利地完成自己的学业。而对于英语基础好的普高生，除了要满足基本的教学目的外，完成提高性的目标，即通过国家大学英语四级或六级考试，并能科学、合理地组织幼儿园英语教学活动。

（二）基于学习者中心的教学方法改革

教学是人才培养的根本，科学合理的教学方式是保证教学质量的根本保证。教学方法有很多种，在教学任务、教学内容、教学对象等方面，可以有很多种。但是，在很长一段时间里，我们高职院校里的很多老师都更注重自己作为一个信息权威者的形象，他们已经习惯性的成为了消息的传递和处理。在教学中，特别是专业理论课程教学过程中，几乎千篇一律，单纯讲授，一讲到底。这种单一的教学模式，造成了大学课堂中教师与学生之间缺少了一种积极的互动。这种"死记硬背"式的教育方式，不能培养出具有创造性的人才，不能充分调动学习者的自主性和积极性。

学前教育专业以女性学生为主体，她们擅长形象性思维，而逻辑思维能力欠佳；再者，随着高职招生规模扩大，专科层次生源质量逐年下降，这些因素导致学前教育专业学生学习主动性弱，喜欢技能方面的训练，不会思考，对专业理论课程学习没有兴趣。因此，为促使学生能充分理解并应用所学专业理论课程内容，学会学习，增进教学效果，宁波教育学院学前教育专业积极尝试"学习者为中心"的学习及评价方式，关注学生的进步和需要，课程与教学强调以"学习者为中心"，教师角色发生变化，灵活选择与运用多样化的教学策略，促使学生在学习过程中学习态度更为主动。

1. 以学习者为中心的教学策略

以学习者为中心的教学指以学生为学习活动的主体，通过多样化的教学活动，引发学生学习兴趣，激励学生主动学习、丰富生活内涵，增进学生创造性思考、问题解决及适应社会变化能力的教学活动。

以学习者为中心的教学策略，是指根据课程性质的不同，打破传统理论课程教师"一言堂"讲授、学生被动接受知识的模式，课堂教学选择运用示范教学法，问题解决，小组讨论法、合作学习法、心理剧演出、活动式教学法、开放课堂、读书计划、头脑风暴、课堂交流、观摩评课等多样方式，吸引学生积极参与到教学活动中来，成为教学活动的中心，以增进学生主动学习，创造性思考、问题解决及互助合作等能力的教学。

在课程考核方面，以学习者为中心的理论课程主要根据学生完成学习任务情况，采用不同的考核方式，如小组合作成果、课堂展示、读书报告、档案袋评价等，且期末考试成绩比重不超过70%。

2. "以学习者为中心"教学方法实施的基本途径

以学习者为中心理论课程教学策略改革实施以来，通过课堂示范讲解与自主学习相结合、学生与教师互动、课内与课外贯穿、理论与实践一体等形式完成课程教学任务，在调动学生的学习积极性、增强学生的自主学习能力、改革传统教学模式、提高教学质量方面取得预期效果，学生反响良好。

（1）读书计划

学前教育教师的职业特点要求他们的知识结构非常"杂"，对语言、社会、科学、艺术、健康五大课程领域的知识都必须有所了解，以促进儿童的全面发展。

但实际教学中发现，学前教育专业学生普遍存在缺乏主动学习意识、知识面较窄、专业书籍阅读水平参差不齐、主动读书的意识差等问题，严重影响课堂教学质量。因此，为培养合格的学前教育教师，在专业课程教学过程中，积极推行读书计划活动，把课外书籍的阅读与专业教学紧密地结合起来，旨在通过读书计划，扩大学生专业知识面，提升学生理论和实践水平，全面提升学生的教师素养。

拟定读书目录：要求每名学生每学期从教师提供的书目中至少选择四本书来精读（教师提供的书目是分院全体教师共同讨论拟定，包括专业知识部分和普通知识部分），例如《窗边的小豆豆》《给教师的一百条新建议》《多元智能》《心理育儿》《卡尔威特的教育》《儿童的一百种语言》《爱的教育》《上下五千年》《中国通史》以及中国的四大名著、外国文学作品等。

读书实施形式：读书形式以自学为主，但教师定期以小组或寝室为单位组织学生开展读书心得交流、经验与感悟交流、学生间好书推荐等活动，激发读书兴趣，启迪智慧。

读书学习档案袋：为每名学生制作读书学习档案袋，要求学生把在读书过程中的读书感悟、随笔、批注以及书中的经典语句用小卡片记录下来，按照时间顺序或书籍的顺序装订成小册子，形成反映思想变化轨迹的读书学习档案袋。

撰写读书报告：学期末每名学生必须撰写两篇格式规范的读书报告参加交流、展示、评比活动，毕业时把六个学期的读书报告装订成册，作为自己的精神财富好好保存。

评价：每学期末教师组织学生读书报告交流、展示活动，并组织专业教师对读书报告进行评价，给予优秀的读书报告一定的精神和物质奖励。

（2）小组合作学习

在专业理论课程教学过程中，积极推行体现以学习者为中心的小组合作学习教学策略改革。专业理论课程教师在对所教授的课程内容体系进行分析处理之后，把教学内容分为两大部分：一部分由教师讲授，另一部分内容由学生通过小组合作学习形式来完成。小组合作学习教学形式能培养学生主动投入学习的意识、搜集和运用信息的能力、语言表达能力、倾听能力、沟通能力、团队合作能力以及耐挫能力（端正面对反对意见乃至反击观点的态度）等。

成立小组，明确任务：小组合作学习法以每一寝室六名成员为一单位建立小组，并经过组内讨论，分别确定小组长（全面负责各项工作；负责召集组内会议）、副组长（负责收集每人查找的资料，并将其制作为 PPT）、记录员（负责记录每一位学生参加会议次数，开会时的发言情况以及递交备课材料的质量）、汇报人（以课堂授课的形式将组内收集的材料和制作的 PPT 展示给大家）、计时人（负责开会时的计时和汇报人授课时的计时，并及时提醒对方时间）和自由人（随时补充以上角色的功能，并负责在小组教学后协助记录员整理记录的原始材料，并进行小组自评工作）。这一环节主要是让学生体会团队的作用，以及培养每一位学生的主人翁态度。

选择章节，精心备课：每个小组选择老师所提供的学习内容，进行备课、讲授。每个小组都要在老师的指导下，制定出关于教学内容的教学目标。小组长以总体的教学目标为基础，制定出 5 到 6 个小目标，并将这些小目标分配到每个小组的成员身上，让每个小组的每个人都可以按照自己的小目标，收集材料，精心准备好课程。各组同学将所收集到的资料交由副组长及记事员完成，完成幻灯片制作及打分。这一环节的重点是要培养学生的积极参与学习的能力，掌握并运用信息的能力，交流的能力等。

学生讲授，学生互动：报告人的演讲时间不得超过二十分钟，否则将按成绩扣分。当报告人以小组内所有同学的备课资料为依据，并与 PPT 相比较，向全班同学讲课之后，其他小组的同学就会对报告人的内容提出疑问，这个小组的所有成员要负责对这些问题进行解答，学生之间的提问和回答时间都要保持在 15 分钟左右。老师会以学生的提问与回答作为评分标准。这一部分的重点在于提高学生的听力，口语表达等方面的技能。

师生互评，全方位提升：各组同学根据自己的学习目标，备课，教学内容，自我评价，教师评价。评论大约需要 10 分钟。这一环节着重于培养学生的抗挫折能力，批评与自我批评能力。

（3）儿童实验剧

针对学前教育专业课程实践性、操作性强的特点，在一些实践课程、实训课程的教学过程中，可以组织学生开展儿童实验剧的创编和表演，促进学生对幼儿生理心理行为特点的掌握。

前期策划：通过日常对儿童的观察建立儿童个人档案，内容包括儿童心理发展、生理发展、情感发展、行为习惯、社会性发展状况等内容。教师结合儿童发展状况及身心发展规律，将该阶段儿童典型心理特征、行为习惯等进行创造性加工，确定实验剧的主题和素材。

同学们按照既定的题材，分组写出自己的剧本，并交老师审核、修改。需要注意的是，剧本内容必须贴近儿童的生活，符合儿童的心理发展规律和逻辑规律，符合儿童的生理发展特征和行为习惯，如此才能使儿童在表演过程中展现出最真实的状态，并能从中获得成长。比如，能够反映幼儿的行为习惯的《爱打人的小霸王》、反映父母教养方式的《平面镜》《阿姨，快来》等剧本，并结合生理卫生和心理学的理论和方法，对家长，老师和孩子进行了有益的探索。在分配角色时，学生们可以自由选择，但教师也可以提供选择的条件，比如表演、表达等。在具体操作过程中，应尽可能选择心理发展状况良好、情绪稳定、智力发展水平高、行为习惯优良的儿童担任主角，不仅能保障实验剧的水平，挑选出的儿童也会成为其他儿童的榜样，在日常活动中能够起到模范带头作用。

戏剧表演：表演通常以班级为单位，根据各班儿童身心发展状况和剧本内容，充分运用各种喜剧技巧。实验剧的目的是通过活动的形式将儿童成长过程中存在的典型问题提出来，并帮助儿童掌握解决这些问题的方法和技巧。实验剧使儿童充分地参与其中，既享受到了表演的乐趣，也在活动中获得了真实的情感体验，主动掌握解决问题的方法和技巧。

分享检讨：这是一段让儿童们充分表达个人感悟的时期，也是教师进行教育的重要时期。在表演结束后，老师应组织儿童进行分享、交流，表达自己的个人感悟，如对人物的评价，对故事的理解与感受等，教师主要负责引导，让儿童能场所语言，在必要时刻提出观点，帮助儿童加深理解，达到实验剧的教育目的。

实验剧是目前比较新颖的实践教学方式，实验剧从策划开始到最后分享检讨阶段，每个环节儿童都充分参与其中，教师负责必要的指导和引导。这种教学方既能充分体现儿童在教育中的主体地位，充分激发儿童的参与积极性和主管能动性，也避免了教师在教育中"一言堂"的灌输式教学。同时，实验剧为儿童创建了真实的问题情境，使儿童获得切身实际的情感体验，积极参与到发现问题、解决问题的过程之中，促进了儿童的全面发展。

（三）构建综合性的课程教学评价与反馈体系

作为课程教学干预的决策基础，课程教学评价应该遵从评价主体平等原则。在教育评价中，各主体的地位都是平等的，没有高低之分。无论是教师还是学生，无论是评价者还是被评价者，在教育评价都不存在其中一方主体对另一方主体进行单方面的价值判断。在此课程教学评价理念下，我们对学前教育专业课程教学评价方式和内容进行了改革，强调过程性评价，强调在评价过程中学生主动参与、教师与学生平等对话，最终促进教学质量的提高和学生的全面发展。

1. "笔试 + 小组合作学习 + 读书报告"综合性课程教学评价

在学前教育专业课程教学过程中，为了改变传统的课堂教学中教师"满堂灌"的现状，促进学生主动学习，培养学生的综合能力，我们对传统的通过一张试卷的教学评价形式进行改革，要求所有专业课程，特别是专业理论课程的教学评价都采用"笔试 + 小组合作学习 + 读书报告"三种形式结合的综合性评价模式。

在综合性教育评价体系之中，会结合学生的综合表现得出评价结果，综合表现既包括每学期课程最终考核成绩，也包括实践活动表现、小组学习成果、实践实习报告等。在学生期末总成绩中，考试成绩只占50%，剩余部分各年级按课程设置自行划分。通过"笔试"考试，使学生掌握了本门课程的基本概念、基本原理等基础知识；通过"小组合作学习"，能培养学生主动投入学习的意识、搜集和运用信息的能力、语言表达能力、倾听能力、沟通能力、团队合作能力以及耐挫能力（端正面对反对意见乃至反击观点的态度）等；通过"读书报告"，扩大了学生专业知识面，提高了学生的文字运用能力。

2．专业课程试题库

教考分离是课程教学方法改革、教学质量提高的有效手段之一，专业课程试题库建设则是实行教考分离的前提与基础。

在很长一段时间里，学前教育专业课程的考试，尤其是理论课的考试，基本上都是老师们按照自己的教学经验，以及学生们的实际情况来出题，即 A 组和 B 组的题目，然后由教务处在考试前随机抽签。虽然该方法具有一定的灵活性和简单性，但是，在命题时，老师们的主观性很强。学生会根据老师在考前所给的考试重点，进行有针对性的备考，而不会进行全面、认真的学习与复习。这必然会造成考试成绩与实际水平有较大的差距，不能准确地反映出学生的学习情况和教师的教学态度。另一方面，一门课程往往由几位教师同时教授，如果由任课教师自己命题会出现同一年级的学生在学习同一门专业课程时的教学目标、教学内容、考试评价的标准都不同现象。

所以，为了能够公平、客观地对教师的教学成效进行评估，并对学生的学习成效进行检查，克服由于个人命题容易产生的片面性、随意性，能够对学生的学习成效做出较为科学、客观的评估，进而推动教学工作，提升教学质量。为此，我们对学前教育专业课程教学考试展开了改革，要求所有专业课程都要构建课程考试试题库，考试试卷从试题库中随机抽取。

试题库建设以专业课程的教学目标为依据，以教学大纲为基准，以培养学前教育专业学生实践应用能力为核心，强调学前教育教师综合素质的培养，体现"既考专业基础知识又考能力，既考理解分析能力又考综合运用能力"的原则。根据课程教学大纲，每门课程共编制 20 套标准试卷，题型有单项选择题、名词解释、简答题、辨析题案例分析题、实践操作题六种，同时我们为课程内容的每个模块提供小组协作学习的任务单、阅读的参考书目。

3．毕业生质量跟踪调查

毕业生质量即所培养的专业人才被社会的认可度和服务社会的水平。为促进学前教育专业建设的发展，提高教育质量，我们在加强学校内部教育教学质量监控的同时，也关注社会和用人单位对毕业生的评价，实行毕业生质量跟踪调查制度，依据毕业生质量反馈信息促进教育教学改革。

毕业生质量跟踪调查方法是三年为一个周期，通过《学前教育专业毕业生就业满意调查表》和《学前教育专业毕业生用人单位满意度调查表》两份调查问卷对学前教育专业毕业生的发展状况进行跟踪调查。前一份问卷由毕业生填写，后一份问卷由用人单位填写，均采用不记名的方式。

《学前教育专业毕业生就业满意调查表》的调查内容包括单位性质、变换单位的情况及原因、目前薪金水平和福利待遇及满意程度、对现从事工作岗位的总体满意程度、对工作条件（人际关系等）及氛围的满意程度、认为自己的可持续发展能力、认为自己在当前单位的稳定期、对专业课程设置的满意度、对专业课程教学内容与方法手段的满意度、综合能力培养满意度十个方面。《学前教育专业毕业生用人单位满意度调查表》的调查内容包括思想品质、工作态度、身心素质、专业知识技能、职业素质、实际动手能力、团队精神、沟通交往能力、创新能力、发展潜力十个方面。

根据毕业生质量跟踪调查的相关信息，合理调整专业建设目标定位，优化人才培养模式，调整与完善专业课程设置，改革教学内容与教学方法，加强实践动手能力与创新能力的培养，加强职业道德教育，加强职业生涯规划教育与择业观教育等，以培养出高质量、满足社会需要的专业人才。

第二节　学前教育专业人才职前培养层次的提升

学前教育是国民教育的起点，随着社会的发展，其受到人们的重视程度越来越高。面对全新的社会与经济形势，学前教育面临着新挑战与新机遇。如何提高幼教专业人才的职前培训水平，是当前幼教专业面临的重要问题。如何正确地处理好在提高学前教师资历的职前培训水平中所遇到的问题，是我如何培养和发展国学前教师的重要环节。

一、学前教育专业人才职前培养层次提升中存在的问题

（一）盲目提升办学层次，学前教育教师的培养出现断层现象

随着教育改革的不断深入，我国各级高等院校都在积极主动推动本校教育改革，顺应社会发展新动向、新趋势，在稳步发展中不断提高办学水平、升级办学形式、提升办学质量。但也必须要意识到，部分高职过分追求改革成效，或急于求成，或盲目跟从，没有从院校和地方实际情况出发，没有抓住教育教学中存的关键问题和重点问题，造成改革方向不清晰、改革目标不明确、改革计划不合理，严重制约院校的发展，也会对地方经济社会发展造成一定影响。

一种是在一个区域中发生的断裂现象。一些中等职业学校在满足了教育部门的要求之后，摇身一变，变成了一所专科类的师范院校。因此，这部分专科层次的学前教育教师培养院校迫切需要加强师资与课程设置的调整。

另一种国内普遍存在的现象是教师队伍建设不足，特别是一些经济欠发达地区的院校，教师队伍建设不足的问题更为严重。由于这些地区的院校办学条件有限，科研水平较低，职业发展前景受限，因而对人才的吸引力较弱。如何有效地解决这一难题，是一项值得广大教育工作者深思与探索的课题。

（二）部分幼儿师范学校提升方向不清晰，提升路径也尚不明确

在我国，一些幼儿师范学校利用"五年一贯制"等大专教育模式，进一步提升了高职毕业生的教育水平和人才培养水平。然而，这一教学模式与我国大部分高职的教学目的和要求存在着较大的差距，为此，不少高职纷纷提出了改革和调整教学模式的呼声。

（三）学前教育专业的课程设置远远达不到培养目标

各类院校学前教育五年制专业在课程设置、教学内容设置行都存在一些问题，主要体现在以下五个方面。

1. 基础课和专业课的矛盾

长期以来，不同层次的学前教育专业的课程设置过分重视专业课，忽视基

础课。比如，属于教育大类的学前教育专业，在高职高专学前教育专业和五年制学前教育专业这两个层次，几乎都不开设学前教育学这门课程；高师学前教育专业一般开设这门课程，但是，教育学中有关德育、教学、课程、学校管理等方面的内容教师一般略讲甚至不讲，因为有德育论、教学论、课程学和组织管理行为学等专门课程来讲述，而这些课程在学前教育专业是不开设的，这样，导致学前教育专业学生的知识面相对要窄一些。另外，学前教育专业的基础课常常只在学前教育这一领域中兜圈子，凡是课程都必须冠以"学前"或"幼儿"等字样，视野很不开阔，而文学、历史、哲学方面的基础课程非常少。

2. 选修课和必修课的矛盾

一般来看，学前教育专业每学期开设的必修课程在约10门，那么每周的课时安排至少需要24个学时，这还不包括专业选修课以及其他公共课程。学生的学习负担非常大，而专业课程学时安排过多，势必会挤压专业选修课以及公共课程的学时，一些课程不得不挪到其他学期，或者直接不开设。这其中受影响最大的就是专业选修课，专业选修课开设的课程少，整个大学时期的专业选修课约为4～10门，这种选修课数量严重限制了学生专业视角和能力的扩展。从学时的总数来看，大多少学校的专业必修课的总学时约2800学时，而专业选修课的总学时只有240学时左右，相差了整整10倍以上。专业选修课在专业课程中的占比过低，学生无法通过课程学习扩充自己的知识面，基本上无法满足学前教育教师知识结构"广""博"的特点。

3. 新旧课程更替的矛盾

我国学前教育专业的的教育改革方向，是使人才培养目标与行业素质需求相契合。学校应结合本校办学条件，以行业需求和地方经济社会发展需要为重要依据，促进学前教育专业的改革。在课程设置方面，要转换教学思想，及时更新和调整课程内容，合理分配专业必修课与专业选修课的可成规划，既满足本专业知识与技能的培养目标，有满足学前教育人才培养"广"和"博"的要求。

虽然，随着社会的发展，我国学前教育专业课程设置有一些新的变化，虽然增设了几个新的学科，但是这些学科大都是从较大的范围中选取的，缺少了与国际学前教育发展趋势相关的前瞻性。目前，世界学前教育研究领域出现了四大趋势：重视幼儿园—家庭—社会—体化的研究；特别重视3岁前儿童教育的研究；重视缺陷北童康复教育的研究；重视幼儿教育质量的评估。我国学前教育专业的课程设置对此反应较慢，新增加的课程门类未反映出世界学前教育发展的这些新变化。例如，很少有学前教育专业增设学校与社会、3岁前儿童教育、儿童语言矫正、阅读困难儿童诊断与矫治、护理学、儿童行为与人格评估、幼儿发展评估等课程。

4. 理论课程与技能课程的矛盾

学前教育教师不仅需要掌握广泛的学科知识，具有较高的教育理论素养，同时还要具备开展学前教育的职业技能和艺术表演、表达能力，以满足学前教育自身的特殊要求。

高职幼教专业在长期的"学科"观念下，在教学过程中，教师常常只注重理论，而忽略了专业技术和实践教学，这就造成了学生的专业能力和技能水平都比较低，缺少了学前教育方面的知识，无法适应儿童教育的需求。特别是在五年制专业培养中，学生更加偏重对学生实践能力培养，特别是对美术、音乐、舞蹈等技能的培养与发展，这在一定程度上满足了学前教育职业对"广"和"博"的要求，但过分追求专业技能的提升，而忽略了对学生专业素养的培养，挤压了其他理论可成的学习，如儿童心理学、儿童卫生保健、教育教学法等，一些学校甚至直接压缩了专业理论课程的学时，这就造成了毕业生的专业理论水平相对较低，缺少了向高层次和长远发展的动力。

5. 课堂教学与教育实践的矛盾

教育实践是师范教育的一个重要环节，对于学前教育来说，更是不可缺少的重要组成部分。无论是高师学前教育本科，还是高职高专、五年制学前教育专业，在过去培养学生的过程中，偏重理论知识的传授，从课堂到课堂，忽视实践环节；因此，在课程设置方面，更偏向于理论教学，实践教学的机会比较少，学生更是基本没有到幼儿园进行实训实习的机会。大多数高职的教育实习主要为幼儿园调查和学生自主实习，实习时间通常仅有四周，实习方式单一、不够深入，实习时间较短，学生无法通过实习活动获得有效提升，将理论知识转化为实践能力。并且，实习时间的划分也存在不合理的问题。大多数四年制本科院校，通常将实习时间设置在第 6 学期，即大三下学期；一些三年制高职院校通常将实习时间设置在第五学期，即大三上学期；五年制院校通常将实习时间设置在第 5 学期和第 9 学期，即大三下学期和大五上学期。这样设置的话，实践实训课程要与理论教学相适应，在时间设置上就不得不减少，大多数学校前几个学期没有实训实践教学，学生与儿童、幼儿园的接触较少，甚至没有。换言之，有的学生在实习时甚至是第一次正式接触儿童和幼儿园吧，很容易造成学生的心理负担，压力过大，严重影响实习的效果，也不利于学生的专业成长。[1]

二、应对学前教育专业人才职前培养层次提升的问题之对策

（一）鼓励学前教师多种培养模式，以防止断层现象

要加强和改进幼儿园教师培训模式，尽可能降低幼儿园教师培训的"断档"现象。在一些办学条件好、办学水平高的院校，可与地方示范、试点幼儿园建立合作关系，通过合作办学、共建实训实践基地等方式，为学生提供充足的实践实习机会，同时也可促进幼儿园在职教师专业素养的再提升、再发展。通过合作，学校能够更充分地了解当下幼儿园对从业人员的需求，及时调整人才培养目标，优化升级教学内容。

要充分发挥该办学模式的优点和优越性，就需要掌握学前教育的传统与侧重点，强化相关学院与学龄前机构之间的合作，构建适应市场需求的学前教育新模式，促进学前教育的良性发展。

（二）明确提升方向和提升路径

幼儿师范学校与专科类师范学校合作培养专科类学前教师，此种模式已经在实际教学市场中推广开来，一般被业内学者称之为"幼师大专"。

"幼师大专"的衍生依据是现行的高等教育体制，一般情况下，它的人才培养方式是参考普通大学的相关人才培养方式，将重点放在对专业理论知识的传授和教育上，其杰出的毕业生会直接进入幼儿园，从事与学前教育相关的

---

[1] 江洪玲．高师学前教育专业课程设置与教师专业化发展［D］．苏州：苏州大学，2007．

工作。

从具体实践来看,"幼师大专"是一种更符合我国目前学前教育现状的新的办学模式。

(三)优化课程设置,努力提升学前教师的素质

学前教育师资队伍建设的素质直接影响着学前教育师资队伍建设的质量。因此,必须从整体上提升幼儿园老师的综合素质。要科学合理地制定幼儿园的课程。当前,我国学前教育专业课程设置中存在许多问题,需要进一步优化。

1. 普通教育课

一是通过对大学生进行思想政治教育课,以提高大学生的政治素养和职业道德水平;二是以知识、修养、能力为重点,加强礼仪教学,加强文化素质的培养;这既是全面培养跨世纪人才的需要,也是提高基础教育质量对教师素质提出的要求。广泛开设社会科学、自然科学和人文科学课程。

在原来课程的基础上增加教师职业道德、大学语文等必修课,并且广泛开设文史哲类、艺术类、自然科学类、社会科学类选修课。开设广泛的公共基础课的真正目的是不断加深学生的文化修养与职业素质,使得学生所掌握的知识广度与深度不断得到拓展与加深,让他们形成正确认识世界的方法。并且,使学生一进入师范专业学习,就能首先在感性上对教师职业形成一定的认识,为以后的从业打下良好的基础。

2. 专业教育课方面

本课程的目的是通过对儿童早期教育的基本理论与基础知识的学习,包括教育学,心理学,卫生学,游戏理论,科学研究方法等,从而培养出一种新的儿童早期教育理念,了解儿童"保教"的一般规律,掌握对儿童进行各项知识的传授,以及对儿童的各项活动的组织与管理的基本方法,以及在"三位一体"中,将教育与科研相结合,解决实际问题,将儿童早期教育有机地结合起来,形成一种有机地结合在一起的教育方法。

一是改造专业课程群,突破传统的专业课程"三学六法"的局限,把专业课程分为教育类、心理类、游戏类、课程类、教法类、应用类等。教育类课程包括学前教育学、早期教育、早期家庭教育、幼儿园教育指导纲要解读、幼儿

发展与评价、中外学前教育史等课程；心理类课程有学前心理学、学前儿童发展心理学等；游戏类课程有游戏理论与游戏指导、游戏开发等；教法类课程除传统的六大教法，为适应实践发展的需要，增设幼儿双语教育课程；应用类课程主要是指把专业知识应用于实践，以解决实际问题的这一类课程，如学前儿童行为观察与指导、幼儿园观察与记录、学前儿童语言能力的训练、学前儿童营养与营养餐的配置等课程。

二是加强教师素质的训练，增设此类课程模块，包括普通话、教师语言表达、课堂教学技术与艺术、书法（钢笔字、毛笔字）、教师礼仪等课程。另外，像计算机应用、多媒体课件制作、大学生英语等级、常用文体写作、演讲与朗诵等方面课程都应根据需要做出适当安排，以全面加强学生的素质训练。

三是对专业技能课程的设置进行改造，使专业技能课程的设置构架为"纵横"框架。"横向"上把专业技能课程分为声乐类、钢琴类、舞蹈类和美术类四大类，"纵向"上按照学科知识体系之间的逻辑关系、专业培养目标的要求，使每一类专业技能课程在课程门类、内容难度、学习要求等方面在纵向上依次递进延伸。声乐类课程依次包括声乐基础、儿歌表演唱、合唱与指挥；钢琴类课程依次包括钢琴基础、钢琴伴奏、钢琴选修；舞蹈类课程依次包括舞蹈基础、幼儿舞蹈与舞蹈创编、舞蹈选修；美术类课程依次包括幼儿美术基础、手工制作、幼儿园环境设计、美术创作等。

专业技能课程的"纵横结构"设置，不仅体现学科知识内部的逻辑联系，同时保证了学生在学习该课程时的联系性、递进性，从而大大提高学习的效率。

四是增加保育知识的课程。学前教育工作的目标之一就是照顾好孩子的健康，让他们快乐成长，为家长解除后顾之忧。因此，保育工作是幼儿园教育工作的一个重要部分。因而在课程设置中，应适当增加保育知识课程，使学生具有膳食营养、卫生保健、意外伤害的预防与救治等多方面的扎实知识与技能。

3. 技能教育课方面

主要开设乐理、乐器演奏、演唱、舞蹈、美术和手工制作等课程。学校可通过举办校园文化活动的方式为学生创造良好的校园文化氛围，同时激发学生自我提升的内在潜力；学生通过参与活动技能提升自己的专业技能，也能锻炼自己的各项能力，促进自己素质的全面发展。

4. 实践教育课方面

实践教学活动既是一种集中式教育活动，也是一种分散化教育活动，正因实践教学活动这一复杂特性，学校应加强对实践教学活动的有效管理。学校可组织学生参与社会调查、社会服务、顶岗实习等多种践活动，在参与实践活动的过程中，学生能够将理论知识转化为实践能力和职业能力，并且能让学生更加深入了解幼儿教育工作的环境、工作流程、工作核心，从而对幼儿教育事业产生浓厚的兴趣。

首先，要开设实践教育课程。实践教育课程是帮助学生正确认识教育实践对成长的重要意义，养成良好的对待教育实践的态度。实践教育课程的内容主要包括教育实践活动的主要环节、实习（见习）计划的编制、实习（见习）报告的编写、观察记录的编写、课后反思、说课评课等。

其次，做好见习活动的设置与安排。一是集体见习活动的设置与安排，集体见习活动要避免传统的见习时间短、安排过于集中、缺乏联系性等不足，采取"全程化"学前教育专业实习见习活动课程的设置形式。第一学期，开设以学前教育专业发展的概况与趋势，以及学前教育实践发展状况为主体的专业讲座，稳固学生的专业思想，强化学生对专业的认知度；第二学期设置为期两周以保育工作为主体的保育见习；第三学期、第四学期都是为期两周的以教学活动为主体的教学活动见习；第五学期是为期两周的以游戏活动组织与指导为主的游戏活动见习；第六学期是为期两周的以幼儿园环境设计为主体的环境设计活动见习；第七学期是为期四周的综合实习活动。二是临时性教法课程的见习活动。教法见习活动是根据不同教法课程的进度、课程内容的安排与要求，临时性地组织去幼儿园见习该教法课程的设计与实施，并要求学生进行评价和反思，把理论与实践结合起来。

再次，学前教育专业的教育实践不仅包括在幼儿园的各类见习、实习和幼儿园各类活动设计等，还包括针对家庭、社区各类社会调查、学前教育社会咨询、亲子活动实践等。

最后，要根据不同学生的特质对其实行不同的教育，有些初中毕业的应届生，因为他们自身知识广度与宽度尚未打开，大多还未达到相关要求，因此要加强他们基础课程方面的训练；对于起点为高中毕业的学生，这部分学生的知识基础相对初中生来说更为扎实，不过其自身的实际操作技能等相关方面较为欠缺，应该加强在专业技术和实践等方面的学习，并适当提高这方面课程的比例。

综上所述，学前教师职前培养层次的提升，总体来说是较为系统而复杂的工程。不过最终这种提升能够为我国幼儿教育事业创造更加符合社会与经济发展形势的新的发展机遇，同时也对当前较为落后的学前教育培养事业提出的新的挑战。

第三节 学前教育专业人才职前培养模式的发展趋势

在新的历史条件下，从中华人民共和国建国至今，我国现行的教师教育体制已不能满足新的要求。该课程的目的是让学生掌握儿童早期教育、心理学、卫生学、游戏学、科研方法等基本理论与基础知识，树立对儿童早期教育的崭新理念，掌握儿童早期"保教"的一般规律，掌握对儿童早期教育各项知识的传授、儿童早期教育的组织与管理的基本方法，在"三位一体"的条件下，将教育与科研有机地结合起来，解决实际问题。使幼儿早期教育成为一个整体。由于现阶段我国对学前教师合格的学历要求已经由中专层次提高到大专层次，学前教师培养的任务也由原来以中专学校为主逐渐过渡到以大专院校为主。

一、学前教育专业人才职前培养的目标发展

为实现专科层次学前教师职前培养的目标，参照国家的学前教师资格标准和用人单位对学前教师的要求，根据生源素质的实际状况与能力水平，我们认为，专科层次学前教师职前培养实用型人才的质量规格必须充分体现学前教育的"专科层次"特点。应让学生具备一定的幼儿园教育实践工作能力和基本工作经验，表现为不仅掌握一定的理论知识包括基础性知识、专业及相关专业知识、社会经济法律知识等，还需要掌握具有一定复合性和综合性特征的实践能

力，并且具备创新意识、开放与合作能力等。这种培养的规格从以下几个方面来设定。

第一，热爱祖国，掌握马克思主义的基本观点，了解建设中国特色社会主义的基本原理，树立科学的世界观、人生观。对自己的职业定位清楚，对自己所做的工作忠心耿耿，有很强的专业追求，有很强的敬业精神，有很高的职业理想，有很强的职业道德修养。熟悉教育方针和法律，热爱和尊重幼儿，有良好的教师形象，有较强的工作责任心。

第二，拥有良好的人格心理品质和自我调节能力，拥有积极的生活态度和求实创新的科学精神。有一定的艺术欣赏和表现能力、文明礼貌和自我发展能力，富有耐心、细心和责任心以及团队合作精神，具备较强的社会参与意识和良好的社会责任感。

第三，具备较宽泛的人文与自然科学基础知识和基本的现代信息技术知识，掌握必要的幼儿身心发展与教育理论、幼儿教育教学规律，树立正确的儿童观和教育观。

第四，基本掌握学前教师核心职业能力，包括环境创设能力、保育能力、教育能力、组织教育活动能力、表达能力、观察与评价幼儿能力、沟通交往能力以及一定的教育反思能力、初步的教育研究能力等。

第五，熟悉当代幼儿喜欢的游戏和文学艺术作品，具有讲、弹、唱、画、跳、手工制作等基本技能。

第六，具有良好的生活、卫生习惯和体育锻炼习惯，身体健康，达到国家大学生体质健康合格标准。

二、我国学前教育专业人才职前培养模式的发展趋势

不断完善培养规格。我国出台了《学前教师专业标准》（试行）。进入21世纪后，随着学前教育事业越来越受到重视，特别是学前教师的培养体系开放之后，对培养规格的标准化呼声越来越高。2010年，《国家中长期教育改革和发展规划纲要（2010—2020年）》出台，明确提出要"严格制定学前教师资格标准，切实加强学前教师培养与培训，提高学前教师队伍整体素质"。2012年我国出台了《学前教师专业标准》（试行）并指出该标准是国家对幼儿园合

格教师专业素质的基本要求，是教师实施教育行为的基本规范，是引领教师专业发展的基本准则，是教师培养、准入、培训、考核等工作的重要依据。我国学前教师培养规格已走向标准化。

不断开放培养体系。20世纪50年代以来，我国学前教师主要由中等幼儿师范学校培养，80年代以来中专、大专、本科层次的学前教育专业都承担起了培养学前教师的重任。特别是2011年《国务院关于当前发展学前教育的若干意见》指出："完善学前教育师资培养培训体系。办好中等幼儿师范学校。办好高等师范院校学前教育专业。建设一批幼儿师范专科学校。"当前，我国的学前教师主要是通过职业学校来培养，通过对其进行专业教育，注重对其进行专业培训，以提高其素质；由普通高等院校负责培养本科层次学前教师的任务，理论知识教学内容更加全面、深入，专业技能培养更加扎实、全面，同时增加了对学生职业能力、职业道德素养的培养与提升；由具有研究生招生资格的高等院校负责研究生层次学前教师的培养，开展学术性研究，专注对学生研究能力、科研能力的培养。可见，以幼儿师范专科学校为主的专科层次、以地方本科院校为主的本科层次、以师范大学为主的研究生层次这个新三级培养体系正在逐步形成。

不断改革课程模式。我国开始重视课程模式改革。2011年，教育部《关于大力推进教师教育课程改革的意见》提出：要建设高素质专业化教师队伍，推进教师教育课程改革。该文件中有两个方面的内容特别值得我们重视，一是优化教师教育课程结构，二是改革课程教学内容，特别是及时吸收儿童研究、学习科学、心理科学、信息技术的新成果。目前，我国一些学者认为我国现行的大专层次学前教师培养的课程模式存在着内容陈旧、学用不一等诸多问题，严重影响了培养质量。为此，一些专家和学者建议，应对课程进行相应的调整。新的课程体系应以提升学生的整体素质为重点，在加强对学生进行专业技能培训的同时，还应在普通课程、社会实践等方面加强对学生的职业素养和基础技能的培养。为了达到这个目的，应夯实专业基础，丰富理论教学的内容，拓宽学生的知识面，对重点课程进行改革，更新教学内容；强化实践课程，丰富实践实习活动的形式和内容，为学生尽量提供更多的实践实习机会和平台，提高学生的专业能力、职业能力与专业素养。

三、学前教育专业人才职前培养模式的改革思路

学前教育是一门特殊的专业，它既具有较强的职业性，也具有明显的师范性。早期，学前教育属于职业教育，随着教育改革的不断发展和深入，以及行业对学前教育教师的需求的提升，越来越的普通高等院校也开合的学前教育专业，出现了本科层次学前教育人才教育培养。因此，幼儿园的职前教学改革应该立足于职业教育，贯彻"工学结合"的教学改革思路，实行以就业为导向，以能力为导向的人才培养模式。

（一）与职后培训相衔接形成多层次、一体化的学前教师终身教育模式

学龄前教师教育要从观念到行为，从各个方面改变教育培训方法，按照学龄前教师的职业发展规律来指导，不断提升幼教教师的专业化程度，提升其职业竞争能力，进一步深化职前与职后教育的衔接。我们可以采用多种策略来构建和健全幼儿园的岗前、岗后培养模型。

1. 明确学前教育目标，实行目标一体化

（1）学校要设立一体化的教学目标。通过在目标设定方面进行完善，在每一个教学年度，都为教师设定合理的目标，解决当下教育目标不明确的问题，优化教学管理工作的开展，提升教学的管理质量，维护教学一体化的发展。[1]

（2）同时，幼儿园教师也要树立正确的教育目标。要从自身的专业发展出发，既要做好在职后的培训，又要给自己制定一个合理的工作目标，这样才能更好地提升自身的教育水平。

（3）加强教学目标的考核；在确立整合目标的基础上，针对目前整合目标的实施，剖析现有管理模式中出现的问题，从而实现整合的整体层次与质量的优化。

2. 树立一体化教育观念

（1）在高职管理中，应树立统一观念，加强高职管理，加强高职综合研究。只有做到了思想上的统一，才能使学校的管理工作得到最大程度的优化，

---

[1] 郭凌云，推进职前职后一体化培养大国体育良师[J]．区域治理，2019（33）：162-164.

促进教育一体化的管理。

（2）要在学前教师中达成共识，注重对学前老师的思想引导，通过培训和讲座等方式来提升他们的思想意识，用思想来指导他们的行动，从而提高他们的参与热情。学前教师的思想认知符合一体化发展的需求，可以进一步优化学前教师的职前职后教育的一体化管理，是指导学前教师成长的重要手段，是思想引领实践发展的关键。

（二）以就业为导向，构建能力本位的人才培养模式

人才培养模式是在特定的教育理念指导下，以教师培养目标为中心，在教师培养的过程中，对专业与专业方向、课程体系、培养内容、培养方法、质量监控等几个因素进行了科学的设计，并将它们有机地结合起来。

一体化培养模式的改革，需要对具有专业水准的学前教师进行职前培训，并在教育目标和规格、课程体系和内容、教学方法和手段、教学管理、办学模式等各个方面，全方位地打破传统的办学模式和人才培养模式，以就业为发展方向，建立以能力为核心的人才培养模式，把职业性与师范性相结合，优化人才培养计划，深化课程改革，引进基于行动的教学方法与体系，最终构建出一套从培养目标、课程设置、内容安排、教学方法到管理、考核和评价体系的一整套完整的一体化体系。

确定服务目标，调整公共课、基础课、专业课和实践教学的课程比重，强化学生的教育教学能力，突出综合性，强调实践性，增加适应性，体现职业性，培育终身学习的内部动力，注重提高学生的整体素质，使他们能够适应并推动他们的身体与心理的协调发展，构建一个与他们一起成长的学习共同体。

1. 合理定位人才培养目标，设立多方向的学前教育专业

把职前职后一体化的学龄前教师教育系统和学前教育机构的改革和发展紧密地联系在一起，根据幼儿园的员工需求和办园的特征为基础，在由教育界专家参加的专业建设指导委员会的指导为依据，以高职高专层次培养高端技能型人才为首要任务，贯彻国家对学龄前教师标准的要求，综合制定人才培养目标。根据教育职业群的岗位需要和学生需求，灵活设计专业（方向），探索不

同类型、不同层次的技能型人才系统培养的制度和形式。包括三二分段制专科、"2+3"学制专科、函授专科、函授本科等。采取"高升专""函授专科"等形式，加强与其他中专层次联合办学，促进中等和高等职业教育两个不同办学层次的协调发展。

2. 以"工学结合"理论为指导，构建理论与实践一体化的人才培养模式

（1）突破传统的教学模式，在教学中进行理论与实际相结合的教学模式的设计与实施。按照典型的工作过程，对课程内容进行组织与调整，减少多余的部分，补充不足的部分；加大培训载体，提高业务素质；推行模拟教学，项目教学，案例教学，技能灌输等新的教学方式。提倡讨论式、探究式、协作式和自主学习，对实践教学进行强化，对信息资源进行建设，建立一个网络学习平台。

（2）推动以人为本的教育改革。把学生的发展放在第一位，把显性知识的学习和隐性知识的习得放在第一位，把学生放在核心位置上，创造各种条件，让学生的自主学习能力得到提升，这也是为了以后能够更好的适应自己的职业发展。积极推进与生产、劳动相结合的教学模式，以学前教育行业为依托，加强产学研合作，密切开展校企合作，实现工学结合，共同推进教学模式的改革与创新。

（3）加强职业技术教育和动手操作，构建完善的职业技术教育与实训教育体系。在幼儿教师的教学技术内容中，要突出实用性、针对性和可操作性；构建完善的技术教育系统，制定评价系统、规范，实施评价方法；在此基础上，构建了一套完善的实习目标、实习内容、实习实施和实习考核体系。把学前老师的教育技巧课堂搬到幼儿园的真实环境中，在课程中的实践（训练）环节，按照"能力本位"的理念，"教""学""做""手""口""脑"并用"的原则，让孩子们在"学中做，做中学，学做结合"中，不断提升自己的动手能力。加强与幼儿园的协作，加强实训计划的设计与实施，指导教师的配备，协同管理，保证实训的安全。

（4）注重培养职业能力。针对幼儿园教师、教育技术人员和行政人员的专业特点，加强对幼儿教师的职业道德和专业素养的学习和培训，实施"双导师制"，以集中见岗实习、顶岗实习和园长助理实习为主要形式，与幼儿教师一起完成实习课程的教学任务。通过聘请业内专家授课、讲座等形式，为校内实习营造了一种真实的岗位实习氛围，并将企业的工作环境与企业文化带入学校；鼓励学生考取"双证书"，实现同学们的"零距离"就业。

（5）改革评价模式，以能力水平和贡献大小为依据，构建学校、行业、企业和其他社会组织等多方参与的学校教育教学评价模式。

3. 双向开发教师队伍资源，培育"双师型"队伍

第一，继续优化师资队伍的人员素质，我们将继续加强资深教师在教师队伍中的重要性，不断充实和丰富兼职老师的资料库，充分发挥资深老师对全体老师的引领和引导作用。

第二，继续扩大现有师资队伍，通过校企合作，继续扩大现有师资队伍，继续培养"双师型"师资，提高"双师型"师资在师资中的比重，从而提高师资的总体素质和学术水平，提高师资的产业引导能力和科技服务意识，推动学前教师队伍向更健康、更健全的方向发展。

4. 加大投入，强化实训基地建设

加强实践教学设施设备的投入，建设校内保教型和拓展型实习实训室，能在一定程度上满足实践教学的需要。因此，加强教师实训基地的建设是至关重要的。2019年2月，国务院印发了《国家职业教育改革实施方案》（以下简称《方案》），《方案》明确提出要打造一批高水平实训基地，引发职教研究者和实施者聚焦实训基地内涵的变化，分析推进过程中会遇到的难点以及怎样进行建设的思考。这为我国学校教师的实训基地建设提供了一定的制度保障。

当前，我国学前教育的实践基地建设还存在着许多的问题，如数量少、规模小、模式单一、水平不高等，这就需要我们通过各种方式和手段，建立多层次、多形式、多方位的实践基地。在建立教师实训基地的过程中，应该以我国的国情和学校教育的发展情况为基础，以市场发育对人力资源的需求为依据，对专业设置进行调整，对课程体系进行改进，丰富教学内容，拓宽校企合作的范围和范围。此外，还应该将国际标准的引入和运用做好，加强学生的信息技术应用和外语交流的能力，培养出学前教育的专业人才，提升学前教师的整体素质。

为实现学前教育的目标,要重视实践教学,不断加强实训基地建设。在建设实训基地时,要把能力本位教育理念作为先导,把培养教师的岗位职业能力作为核心,把岗位培训作为服务方向,把培养应用型人才作为目标,把它打造成一个能够满足学前教育需要,与现代社会发展相适应的实训基地。实践训练基地的建设必须与专业设置、课程体系和教学方法相适应,这是实践训练基地建设的基础。在实践教学基地建设中,应坚持"以人为本"的原则,注重对人力资源的投资;在实践教学基地的建设中,应充分体现现代化教学的基本理念,使其达到较高的教学质量,以适应实践教学的需要。

第六章

产教融合背景下学前教育专业人才的职后培训体系

- 第一节　学前教育专业人才职后培训的理念更新
- 第二节　学前教育专业人才职后培训的管理与评估体系
- 第三节　学前教育专业人才职后培训模式的发展

教师职后培训是整个教师教育的重要组成部分，是提高教师专业水平的重要途径和必由之路。一方面，教师的专业发展离不开职前培养，需要通过职前培养为教师今后的专业成长奠定坚实的基础；另一方面，教师的专业发展更加依赖于其职后培训，要让其在其职业生涯中具有普遍性，并可持续地得到保障。与职前培训相比，职后培训贯穿了整个教师教育过程，它所花费的时间更长，并且对教师的职业发展产生了更大的影响。可以这样说，职后培训是学前教师专业发展的"加油站"，对教师的整个职业生涯具有长期的、持续的影响。

第一节　学前教育专业人才职后培训的理念更新

教师培训观念是对"是什么""为什么"这一根本问题进行深刻的思考与解答，它是一种指导思想与精神，直接关系到教师培训能否成功与否。在新的形势下，要保证师资培训的质量，就必须进行传统的师资培训观念的变革。学前教师培训作为我国中小学教师培训体系中的重要组成部分，其培训理念也必然要遵循教师培训的主流思想。随着教育教学实践的不断深化，社会对学前教师的要求与时俱进，它不断地赋予学前教师专业发展新的内涵，这就需要学前教师培训理念不断跟进。

一、学前教育专业人才职后培训理念更新的动因

20世纪以来世界范围内此起彼伏的教育改革，其所带来的客观效应不仅有力地促进了世界各国教育事业的发展，而且每一次都把教师推向了改革的风口浪尖，这不仅因为教师是教育的基本要素，更因为教师是教育改革的生力军，是改革的主体，教师素质是改革成败的关键。因此，在不同时期，教育改革与发展对教师的基本素质要求在不断发生变化，并通过改革教师职后培训来促进教师专业发展。在当前学前教育改革与发展背景下，对学前教师专业发展提出了新的要求，同时世界教师培训发展的新趋势也使学前教师培训面临新挑战，这就需要我们重新审视当前学前教师培训的现状，明确变革的关键所在。

（一）学前教育专业人才职后培训的现存问题日益凸显

20 世纪 80 年代以来，尤其是《幼儿园工作规程》颁布以来，目前，我国学前教育师资队伍建设已取得了较大进展。然而，学前教师的专业发展理念长期未形成，也未将其与教育动态的变化相结合，使其在培训中暴露出了一些不足之处。

1. 过于重视学前教育专业人才的认知发展

教师的认知发展主要是指教师的知识和技能技巧的发展。首先，由于学前教师职前培养学历层次普遍较低，使得过去一段时间内，职后培训的重心放在学历补偿教育上。如今，随着教育程度的提高，"文凭热""学位热"日益盛行，追求更高的教育，以表而不是实质，以文凭而不是层次。因此，在大量的函授教育中，有很大一部分的文凭是通过短期的面授，也就是汇报型的听讲来取得的，而对于函授教育的实质内容——辅导和自学，则被忽略了。其次，由于学前教师工作特点使得学前教师艺术技能的全面性要求较高，因此导致培训过多地停留在技能技巧操作的层面上。无疑，弹、唱、跳、画等基本技能这是每个幼儿园老师都应该掌握的一项基本技能，需要我们在实践中加以改进和提高。但片面强调技能技巧的重要性乃至把它作为职后培训的主要目标，则是不足取的。最后，由于对学前教师"看课上头，分析费力，说理没用"的学习状况，过于关注学前教师更多的是感性体验，更多的是难以理性思考的现实问题，所以，对学前教师的培养，常常把重点放在或局限于某些特定的教学操作上，不了解它的教育原则和含义，对它的教育思想和观念的了解和认识也不多。很少鼓励学前教师体验学前教育工作的意义和责任，帮助学前教师树立学前教育信念和理想。

2. 培训主体地位缺失

目前，学前教师的职后培训仍是在一定行政化驱使下，自上而下进行的，绝大部分幼儿园教师的培训都是遵照上级教育行政部门的指示安排的外部培训。这种方式忽视了教师自身要求的事实，许多的外在价值的约束与局限，许多的规范教育、应然取向的培训实际上是异化了学前教师参训的内在动力，导致学前教师主体在培训场域严重缺失。许多教师都是被动地服从、消极地应付培训。他们在培训中只是扮演了"模仿者""传达者""应用者"的角色，而与我们理想中的"创造者""参与者""研究者"的角色相去甚远，这是一种规训。这就不由得引起我们思考，谁在培训？谁在受益？谁来评估？学前教师凭借职后培训获得了自主还是陷入了更深的奴役，这彰显了教师培训的不同境界。

3. 培训缺乏整体规划，针对性不强

如今，许不少幼儿园及老师对此有相当高的积极性，不管是幼儿园或老师自己，都乐于投入大量的时间、金钱及精力参与到各类培训中。但是，在许多情况下，他们的培训都是盲目地跟风，什么热门学什么，什么时尚学什么，却很少考虑自己的需要，想想自己参加培训是为了什么。目前，幼儿园的大部分培训都是以"低水平""重复性"为主的方式进行的，这使得幼儿园的幼儿教师对于新的教学思想、教学方法等方面存在着"模仿"等问题。这样的学习是不易累积的，难以真正推动教师专业发展。

无论是从教育主管部门还是从培训机构的角度来看，都没有把学前教师的专业化发展作为培训的根本价值，也没有深入地考虑学前教师的专业化发展，也没有从长远、整体和整体的角度来考虑学前教师的培训，这就造成了培训之间缺少了连续性和系统性，在学期、学年之间，培训的内容与形式之间没有任何的联系或者是不连贯，没有进行系统的规划。

除缺乏整体规划外，学前教师培训还存在针对性不强的误区。从理论上讲，在教师的发展过程中，他们会遇到各种各样的问题，而且，每一位教师所遇到的问题都不相同，但是目前针对幼儿园教师成长程度的培训还很少，这就造成了新教师和老教师、城市教师和农村教师之间的"一刀切"。

上述这些问题不仅具有深层性，也具有长期性。特别是近几年来有关学前教师培训力度不够、实效不佳的批评不绝于耳。问题究竟出在哪里？其实，解决学前教师培训中的现实困境，已经不仅仅是技术和方法层面的问题，而是必须解决教师培训理念上的滞后性问题。

（二）学前教育改革对学前教师专业成长提出新的挑战

作为教育的起始环节，近些年，学前教育受到各级政府部门和广大民众越来越多的关注。2003年，教育部等十部委《关于当前幼儿教育改革与发展的若干意见》强调指出，"全面实施素质教育，提高幼儿教育质量"，"幼儿园要建立促进教师专业水平不断提高的机制。要鼓励教师立足教育实践，开展日常教研活动，不断提高教师素质"。学前教育的改革与发展步伐的加快，学前教育质量的全面提升，必然导致学前教师从改革的后台被推向了改革的前台，相应的，学前教师的职后培训就越来越被提到了议事日程。如《国务院关于当前发展学前教育的若干意见》指出，"加快建设一支师德高尚、热爱儿童、业务精良、结构合理的学前教师队伍"，"建立幼儿园园长和教师培训体系，满足学前教师多样化的学习和发展需求。创新培训模式，为有志于从事学前教育的非师范专业毕业生提供培训……各地五年内对幼儿园园长和教师进行一轮全员专业培训"。各省、市在制定当地学前教育发展政策中也高度重视学前教师队伍建设，提出了关于教师专业发展及培训的相关要求。

由此可见，随着教育教学改革的不断深化、社会对学前教师的要求与时俱进，它不断地赋予学前教师专业发展新的内涵，这就需要学前教师培训理念的不断跟进。

（三）世界教师培训发展趋势对学前教师培训提出新的要求

当今通过职后培训来提高教师素质，已成为世界各国教育改革的共识。我国学者曾通过概括国外教师专业发展的四种取向来说明教师发展观的转型及其带来的教师培训的深刻变革："教师的发展目标——从客观能力到实践智慧"；"教师的发展内容——从纯粹理性到情感之维"；"教师的发展之源——从外部力量到个人生活"；"教师的发展场所——从忽视到关注教师的工作现场"。[①]这四种取向也体现了目前世界教师培训理念的转变——从"注重理论"到"关注实践"。即授课内容与教学实际紧密联系，由以往的"重理论，轻实践"到现在的"理论"与"实践"紧密结合。这一转变，源于各个国家对教师培养观念的反思。例如，美国在1986年发表的《明天的教师》《变革师范教育的呼吁》等研究报告中，对当前我国师范生培养过程中出现的"理论性"与"实践性"等问题进行了深入的分析，并针对这些问题，提出了"提高师范生培养质

---

① 姜勇. 从实体思维到实践思维：国外教师专业发展新取向[J]. 外国教育研究，2005（3）：1-4.

量,增强师范生培养理论与现实的结合"的观点。美国政府主张将训练与现实生活中的教学环境、教学过程相结合,强调训练的针对性、有效性,以保证训练对象的实际教学能力得到提升。在德国,在职师资训练中,理论课和实践课尽量安排在一起,这样,当实际工作中出现问题时,就可以在理论上加以讨论,而理论上的问题,则可以在实际工作中得到深化,这样,不仅可以加强教学理论和实际工作的交流和配合,而且还可以提升学生的实际工作能力。

世界教师培训理念的转向,使我国的教师培训也面临着新的机遇和挑战。教育理论与实践的脱节,是目前中小学师资培训的薄弱环节,也是造成师资培训效果不佳的主要原因。为此,在新的形势下,必须对传统的师资培训观念进行改革,以保证师资培训的质量。在我国中小学教师培训体系中,学前教师培训是一个非常重要的环节,因此,学前教师培训的理念一定要与当前的教师培训的主流观念相一致,反映出当前世界上一些国家教师培训改革的主要方向。

二、学前教育专业人才职后培训理念更新的关键

学前教师职后培训体系变革首先要解决的问题就是教育思想和培训理念的问题,这是培训体系构建的基础和理论依据。目前,对学前教师的教育培训正处于快速发展的时期,在这一背景下,需要转变思路,不断认识学前教师培训的本质和内涵,不断顺应学前教师教育发展的趋势。

(一)关注学前教师培训的价值取向,着力追求教师专业发展的境界

对于学前教育老师来说,培训有哪些价值?哪种训练对于学前教育老师的成长是有价值的?这是我们在改革学前教育师资培养观念时所面临的首要问题。

教师培养的起点与终点是教师的专业化。①从其职业特征来看,学前教师与中小学教师一样,都有自己的特征,但也有自己的规律,这种差异最明显的表现就是其教育客体的特殊性。幼儿园教育对象是0~6岁的学前儿童,该年龄段的学前儿童正处于身心发育急剧变化的阶段,也是其自理能力、理解能力和表达能力的初创期。所以学前教育是以游戏为主导活动,实行保育和教育相结合的整合性教育。这就要求学前教师必须经过专门的培训,掌握不同年龄阶

段学前儿童的身心发展规律，具备学前教育的专业知识和专业技能，在保育和教育弱小学前儿童时，能根据不同学前儿童、不同情况做出判断、采取措施。然而，从教师的角度来看，新一代教师不仅要具备一定的知识、技能，而且要具备一定的全面素质，而这种全面素质的取得又与学前教育教师所接受的训练有很大的关系。但是，在传统的教育教学模式中，由于过于注重对教师进行理论的灌输、对知识、技巧等方面的学习，从而导致了对教师综合素质的忽视。因此，幼儿园教师的培训要突出"素质"，从提升幼儿园教师的职业素养入手，主要包括：重视幼儿园教师的职业意识的觉醒、教师的职业理念的确立、教师的职业自主性的增强，促进师资的专业境界；促进教师由传统意义上的"教书匠"变为专家型教师、研究型教师，构建致力于教师职业专业化和教师专业成长的现实道路。②从学前教师个体专业发展角度看，每次培训可以是教师专业发展旅程中的"加油站""助推器"，将教师往前推动一步。而教育又是教师生存和实现自身价值的方式。在某种程度上，教师专业化就是其个体生命的表达和展开。只有将生命融入其中，教师的职业劳动才足以体现其有益于人的本真意义。因此，培训既要注重教师这一特殊的社会职业者应该拥有的显性的专业知识和技能，也要注重教师的生活状态，注重对教师个性的塑造和培养，通过培训，促进教师从性格到精神，从心灵到生活，从理念到行为，从素养到人生意义。所以，提高教师的生活意义和生活价值，是培养教师的最终价值和基本目的。

（二）关注学前教师培训的本质特征，切实让教师参与融入培训

教师培训的实质是"学习"，它是由受训者组织、引导的、以"成人"身份参与的一种学习活动。因此，有效培训的根本目的，在于用良好的沟通来促进老师的学习。所以，这种学习活动应当尊重学生作为一个成年学生的基本学习特点，否则的话，没有针对性的活动一定会给学习者带来很大的困扰，在培训活动中很难让受训教师和培训者之间保持一个相同的情境，从而很难在培训方式上取得一致。

学前教师作为成人学习者，具有成人学习的基本特征：①自我导向的学习。自我导向的学习是成年人能够按照自己的需要，自己的特点，进行独立的、反思性的学习。在训练中，由于教师具有独立自主的概念，一旦他的学习动力被激发出来，他从一开始就会以独立的、积极的态度参与到学习中，从而产生我要学、我想学、我会学的积极的学习心态。②丰富经验参与的学习。每一位老师都在自己的教学实践中积累了丰富的个人经历，这些经历是培养学生的宝贵资源。在训练过程中，老师们丰富的教学经验为他们的学习奠定了良好的基础，同时也为他们的学习转移创造了良好的条件。老师的经验，不仅能让他们自己使用，也能给他们的学习团体带来有价值的学习资源，让老师们相互借鉴，相互提高。③问题为中心的学习。教师的学习往往是以解决现实问题为导向的，这就是他们学习的动力所在。因此，他们在学习的时候，总是把所学的内容与自身的职业发展和个人的内部提升紧密地联系起来，对所学内容的实用性、应急性等方面进行了追求，期望学了就可以运用到实际生活中去。

学前教师由于其特殊的职业背景，因此他们的学习也有自己的特点：学前教师以女性为主，女性的特点导致学前教师的学习较为感性；由于感性，学习中容易引发情感共鸣；在学习的时候不能集中精力，经常会导致学前老师的学习变得比较零散，他们没有长期的计划，一直处于一种补需的状态，经常会出现"书到用时方恨少"的情况。由于起步低，幼儿园教师的理论基础一般比较薄弱，对过于繁重的理论知识缺乏兴趣。

由此可见，培训既要遵循学前教师作为成人学习者的特点，又要考虑学前教师学习的独特性。

（三）关注学前教师培训的主体权利，积极让培训服务于教师的多元需求

首先，我国《教师法》规定，教师享有"参加进修或者其他方式的培训"的权利。《中小学教师继续教育规定》由教育部于1999年发布。对中小学教师进行继续教育的基本原则是五年一次，并对每一位教师进行至少240学时的学习。其分则第22条清楚地表明，该条例中所说的中小学教师，包括幼儿园、特殊教育机构、普通中小学、成人初等和中等教育机构、职业中学以及其他教育机构的教师。这些法律法规都明确指出，学前教师和中小学教师一样有接受继续教育的权利。因此，从权利的视角来看，首先必须保证学前教师的继续教育权，即学前教师无论就职于城市还是农村，是公办幼儿园还是民办幼儿园，无论其身份是在编还是非在编均应享有培训的权利。

其次，从人权的角度来审视学前教育师资培养，也存在着一个实质上的问题，那就是"教师为何要培养"的问题。这一问题的答案应该是：不是教师不适应、不合格才需要培训，而是教师要学习、要成长、要发展才需要培训。由于教书育人是一门专业性强的学科，因此，在教师的整个职业生涯中，教师的专业化始终伴随着教师的职业生涯。因此，站在权利的立场上，对学前教师进行的职后培训，对我们提出了这样的要求：我们不应将其视为一种义务，而应将其视为一种权利。在权责相统一的前提下，在对学前教师进行各种外部的、合理的训练需求的同时，也要注意对其进行各项训练条件的保障。

三、学前教育专业人才职后培训理念更新的具体表现

（一）树立"面向全体，覆盖全员"的理念

首先，"面向全体，覆盖全员"的理念指学前教师职后培训对象应是囊括各级各类幼儿园的所有在职教师，培训的宗旨应是保障每一位学前教师都能公平地享有职后培训的权利。

其次，"面向全体，覆盖全员"的理念强调，培训必须重点关注农村幼儿园教师、民办幼儿园教师等弱势群体，以期最大范围地实现学前教师职后培训的公平性。

（二）树立"以人为本，按需培训"的理念

实践表明，不管是什么样的培训，都要在充分尊重教师的主体性、情感和需求的基础上，将教师作为发展的主体来看待。教师培训并不只是指教师只是培训的被动接受者，要想让岗后培训真正发挥出成效，就必须要将被培训主体的主观能动性激发出来，凸显出他们在培训中的主体作用。

"以人为本"即是要求培训突出教师的主体地位，强调培训应发挥教师的主动性，尊重教师的选择权，尊重教师的专业发展差异。在培训过程中要准确把握教师个体的发展差异，充分考虑教育发展对教师的要求以及不同幼儿园对教师的不同期待，努力为教师的发展提供多级别、多层次、多类型的培训内容

和模式，让教师能够按照自己的意愿选择专业发展的路径。

　　首先，要了解学前教师的培训需求。例如，在每次培训之前，在确定了培训的目标对象之后，就会使用问卷、访谈、座谈、观察等多种方式来展开需求调查。在广泛调查的基础上，对需求进行分析，并制定出相应的培训计划。此培训计划亦可回馈教师，请其作出修正及建议。这样，从培训的准备环节就调动了教师参与培训的主动性，并且能更好地保证培训的针对性和实效性。其次，给予学前教师一定的选择权。例如，宁波市学前教师培训中心每年都会推出一批专题培训项目供学前教师选择。这些培训项目有的是关于幼儿园课程教学问题的，有的是侧重学前教师专业能力和专业素养的，让教师根据自己的兴趣和专长选择相关的项目参加培训。此外，培训要突出学前教师的个性化发展，采用案例教学、讨论式教学、观摩教学、学术沙龙式教学等有利于教师参与的方式开展培训，最大限度地调动学前教师的学习热情、已有经验和发展潜力。

（三）树立"系统规划，全程服务"的理念

　　教师的专业素养不是生而有之、自然天成，也不是经过职前培养就能终身受用的，而是源自教师职业人生的长期历练，是教师在长期的教育实践的过程中不断积淀、养成的；不是一成不变的，而是动态发展的。教师由不成熟到逐渐成熟的发展过程中，其教育态度、作价值观念、教学策略、能力与智慧都不断地发生变化。因此，教师的专业成长是一个持续不断的过程。

　　职后培训是学前教师专业发展的"加油站"，它以促进教师专业发展为基本的价值取向，所以，职后训练应该是一种贯穿于学前教师全过程的教育训练，使学前教师在各个发展阶段都能够获得良好的专业支持。针对这一现状，必须确立"系统计划、全过程服务"的思想，即培训者应根据学前教师专业化的内涵，整体规划学前教师的职后培训。根据学前教师职业生涯发展的不同阶段的特点，系统设计前后衔接的培训目标、内容和形式，为学前教师的专业发展提供持续的专业服务。如根据不同阶段学前教师的工作要求和发展需求，设置了与学前教师成长阶段相适应、前后衔接、逐级提高的培训目标序列。

1. 适应期教师培训目标

　　在这一时期，教师的教学活动以"感觉"为主，更多地关注于"具体"的

教学活动。因此，在适应阶段，教师的培养目标是：角色适应—学习操作—教学能力。

特别是对幼儿园工作的认识，对幼儿园工作的热爱。了解相关的教育法律和教学工作。了解各个学科的教学内容及要求，并对课本有一定的了解。了解幼儿园生活各个方面的具体内容和要求。要对学前儿童在活动过程中的表现与反应给予足够的重视，用关怀、接纳、尊重的态度与他们进行交往，要有耐心地聆听，尽力去了解他们的想法和感受，对他们进行积极的评价。

2. 发展期教师培训目标

发展期教师主要属于接受职业阶段，如果说适应期的目的是要培养出一名合格的教师，那么在发展期的目的就是要培养出一名优秀的教师。所以，发展期教师的培训目标应该是：经验积累—学会研究—发展教学。

具体为：能积极主动地更新教育观念，树立正确的儿童观、教育观。根据一定的教育理念，运用专业知识和专业技能。根据教育目标、本班学前儿童的发展需要灵活地、动态地有机整合适合学前儿童发展的、各领域的教育内容。在与学前儿童进行交往和进行教学的过程中，对学前儿童的发展进行研究，对他们在活动中的需求和变化进行敏锐的感知，并对他们进行适当的回应，最终形成合作探究式的师生互动。能够有效地运用多种教学资源，并具备综合课程的能力。

3. 成熟期教师培训目标

优秀教师进一步发展便成为专家型教师，成熟阶段的教师成长也应以此为目标。因此，成熟期教师的培训目标定位于：专业成熟—学会创造—享受职业。

具体为：能够积极主动的关注学前教育改革的动态，对自己的教育观念进行更新，扩大自己的教育知识。能够灵活地实施教学活动，具备一定的教育智力，能够理解幼儿的需求、想法等。善于发现并正确判断儿童行为中隐藏的教育价值，及时把握机会，对儿童进行正面指导。具备转换教育矛盾和冲突的能力，能在一定的教育情况下迅速做出决定，并适时地调整自身的教学行为。在平时的工作中，要经常保持一种敏锐的洞察力，培养一种探索的习惯，从而形成自我发展的意识、教育教学创新的能力以及自己的教学风格，成为教育与科研并重的专家型教师。

(四)树立"基于实践,研培结合"的理念

教师专业发展的主要内容就是提升教师的实践智慧。"基于实践,研培结合"的理念就是关注学前教师实践性智慧的不断生成,集实践、培训、研究于一体。学前教师通过研究自身教育教学实践(也即教育行动研究)来实现专业发展,达到在职培训的目的。

长期的师资培训实践表明,在教学过程中,单纯地通过课堂教学、传授理论知识等方式,很难有效地解决教学中出现的各种实际问题。更要与现实需求相结合,将"求解"的行动融入到教学活动中去,以达到既能提升自身能力,又能推动自身专业发展的目的。所以,在实践基础上的学前教师培训,力求以理论的实际形式为中心,强调运用理论来分析、判断和指导实际问题的解决,使学前教育的课堂成为知识和能力演练的课堂,变成了教师对其他教师的教学活动进行观察、分析,并亲身体验新观念和新能力的一个实践过程。

如果仅仅是将训练融入到了实践当中,而不去研究、不去思考,那就只会是实践问题的不断积累、叠加,更谈不上成长。所以,要想真正达到培训的目标,教师们还需要自觉地对自己在实践中遇到的问题进行研究,对自己教育教学活动的深刻意义进行思考,在其中探索出教育的规律,并将所学到的知识还原到实践中进行验证,只有这样,才能提高自己的实践智慧。

第二节 学前教育专业人才职后培训的管理与评估体系

一、学前教育专业人才职后培训的管理体系

(一)学前教师职后培训管理原则

1. 战略性原则

学前教师职后培训要服务于幼儿园发展的战略,要拥有长期的目标和系统

的规划并形成持续运转的体系和制度。培训除了为当前的教育服务，解决幼儿园目前运作过程中需要解决的问题之外，还要有战略意识，要看到幼儿园未来的发展和需求，变被动为主动。通过培训，学前教师能够满足学前教育变革发展的需要，能够随时迎接未来的挑战。

2．针对性原则

学前教师的职后培训，旨在提高其在实际工作中解决特定问题的能力，从而进一步提高幼儿园的教学质量与水平。培养目标要明确，培养内容要联系实际，培养实效；要瞄准一个特定的问题，困难，或者实际的培训需求。要因材施教，学以致用。

3．计划性原则

培训管理者负责制订培训方案，并确保方案的执行。培训计划可以让培训目标更加清晰，更好地实现，而且要形成具体的行动路径和方案，避免盲目，让培训工作有章可循，循序渐进，有条不紊。

4．全方位原则

在培训内容上要把基础培训、素质培训、技能培训结合起来；在培训方式上要把讲授、讨论、参观等多种方式综合运用。需要注意的是，全方位并不代表着"全覆盖"，培训不需要也不可能面面俱到地覆盖到每名学前教师的每个需求。在抓大放小时，要全方位地考虑。

5．有效性原则

培训工作不能走过场，培训管理者要针对幼儿园管理的需要策划培训的内容、方式、方法，使培训对幼儿园的教育活动产生实质性的效果。为保证培训的有效性，培训结束后要对培训内容进行考核、对培训效果进行评估，以促进培训工作的持续提升；培训后要巩固所学，强化应用，并定期检查，及时纠正错误和偏差。

6．低成本原则

培训经费和培训效果并不一定完全成正比，培训投入的经费越高，并不代表培训越有效。培训管理者要对培训资金做出合理安排，要在保证效果的前提下量力而行，使培训投入的每一分经费都物有所值。

（二）学前教育专业人才职后培训管理流程

通常情况下，专业的教师培训机构会以学前教师职后培训的需求和国家对学前教师的要求为中心，对学前教师在不同岗位、不同阶段、不同类别的情况下，进行整合或构建、开发出针对学前教师不同岗位、不同阶段、不同类别的系列培训项目。虽然每个培训项目的培训对象不同、目标不同、培训内容不同，但培训的流程却是相似的。作为一个规范化的训练计划，它的流程包括：训练前的需求调研、目标设定、课程的开发和整合，教师队伍的选择与管理，学生的集中学习、跟岗实习、食宿、出行等环节的管理，培训经费的预决算管理，培训后的绩效考核等。这是一件十分繁琐的工作，为了提高培训的质量，必须对这种繁杂的工作进行科学、系统的整合与优化，并将其融入到培训管理制度之中，建立培训管理制度，从而提升培训管理的效能。

通常情况下，工作流程可以被划分成三个大项，分别是：培训前准备工作、培训中开班工作、培训后评估工作，每个大项都可以被划分成若干个小项，然后在每个培训项目中进行具体的实践—提炼—再实践，在多轮的培训过程中，对培训过程进行了持续地总结和归纳，最终让培训过程变得更加系统化，并对其进行了归纳和总结，最终形成了一个可以应用于各类培训项目的流程体系。培训管理流程图如图 6-1 所示。

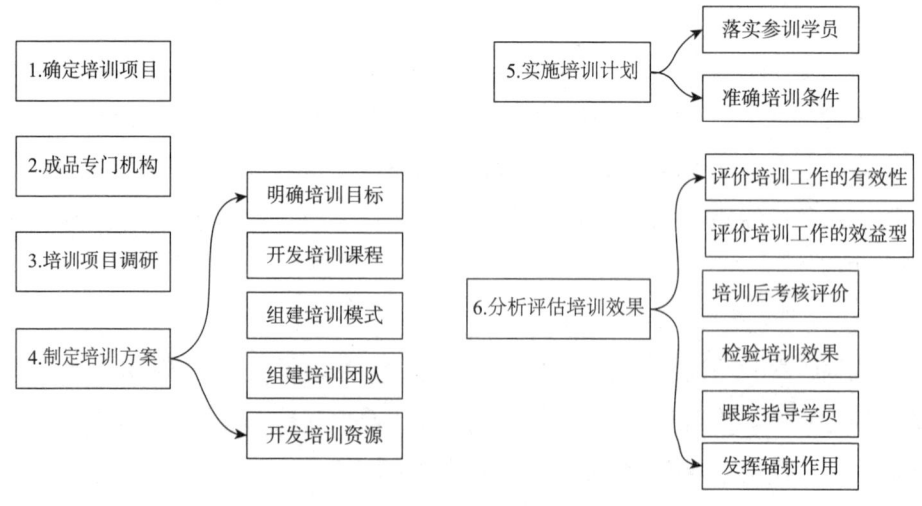

图 6-1　培训管理流程

（三）学前教育专业人才职后培训管理机制的构建

1. 理顺管理体制，优化宏观调控机制

（1）明确学前教师培训专职管理机构。目前，虽然有许多的学前教师培训被纳入到了中小学的师资培训体系中，但是在实施的过程中，却没有一个统一的管理机构，其功能也比较模糊。所以，为了更好地将学前教师培训纳入到中小学教师培训体系中，教育行政部门中负责学前教师培训的职能科室必须与中小学教师培训的职能科室保持一致，对学前教师培训的各项工作进行宏观管理，对学前教师培训的各项工作进行统筹协调。市学前教师培训中心和县（市、区）教师进修学校协助教育行政部门承担学前教师培训的组织管理、过程检查与考核、评估工作，必须参照中小学教师培训人员配备标准配齐配足学前教师培训管理人员。

（2）完善学前教师培训组织网络。建立健全"市—县（市、区）—镇（片）—园"四级培训网络体系。按照分级负责、分层次进行培训的原则，全面搭建了幼儿园师资培训平台。县（市、区）级教师培训机构要将实施本地学前教师继续教育工作作为主要任务，并承担与学前教师继续教育相关的管理、组织和服务职能。发挥区域学前教师培训的主渠道作用。乡镇中心幼儿园要切实履行业务指导职能，根据教育行政部门要求，积极承担辖区内民办幼儿园教师的培训任务。幼儿园是教师培训的主阵地，要充分利用有效资源，积极开展园本研修，促进幼儿教师自主发展。

2. 创建自主选学的培训机制

自主选学的培训机制，是一种体现"尊重人、服务人、提高人"的现代培训理念，强调学生的主体性，保障并执行学生自主选择学习的训练机制。教师应根据自身的工作要求和自身的能力和素质的提高，对学什么、在哪里学、何时学等问题进行思考，对培训机构、培训课程、培训时间、培训师资进行自主选择，将"要我学"转变为"我要学"，自我选择培训，自我实现培训。

（1）建立培训需求调研制度。自主选学的基础是必须有一批供学前教师选择的培训项目，这些培训项目必须适应学前教师的学习需求。所以，在设计各种训练方案时，必须以对教师学习需要的调查为起点，也是首要的步骤。各级教师培训机构一定要深入到幼儿园中去，深入到一线教师中去，运用问卷调查、走访、座谈等多种方法，对不同层次的学前教师的发展需要进行全面的了解，并将其掌握住。这些需求既有幼儿园组织机构需求，又有学前教师工作岗位需求以及教师个人成长需求，我们必须将这些需求整合起来，纳入自主选学项目的设计，以使培训内容更切合教师的实际需求，从而提高培训的针对性和实效性。

（2）建立项目化管理制度。学前教师培训实行项目化管理。每年，各级教育行政机关和培训管理部门都会依据当地的学前师资建设计划以及学生的学习需要，制订出一套训练指导方针，并将训练的总体目标公布于众。各层次的培训机构应按照培训指导方针和工作要求，结合自身的特点和特点，进行对培训需求的调研，设计和策划具体的培训方案，提交培训方案。在开展培训之前，必须通过专家评审，并在"网上选课"平台上发布。为了公平竞争，每个培训机构可以单独或共同申请。

（3）建立考核和反馈制度。项目实施的质量如何，可以采用考核评价的方式进行反映，以保证自主选择培训的顺利实施，收到实效。培训方案的评价包括培训机构、幼儿园、指导教师和受训者四个方面。评价体现了全员、全过程、全方位的原则，并将其应用到培训工作中的每一个环节和全过程中。例如，对培训机构进行评价，就包含了对其组织管理的保证；培训师资，课程设置，教学资源和设备的保证；培训计划的设计、修改和实施，培训的后勤保障，培训的档案建设；对参加培训的人员，如：出勤情况，学习态度，学习情况等，可对其进行评价。同时，还定期通报各幼儿园的选课活动及教师参加培训的情况，推动教师的自主性学习活动得到有效地开展。

3．创新资源共享机制

（1）构建培训实践基地网络。构建市、县（区）、园三级培训基地，设置基地建设标准，逐步建立起组织管理规范，培训能力强、质量高，培训资源共建共享的，与学前教师培训规模和要求相适应的基地网络。市学前教师培训中心应建设成为全市学前教师继续教育的管理中心、指导中心、研究中心和资源中心。各地教育学院、大学教师教育学院要拓展教学、科研、服务功能，发挥学前教师培养培训的示范带头作用。县（市、区）级教师培训机构要继续推进学前教师培训、教研、科研等资源的整合和合作，使其成为区域性学前教师学习和资源中心。同时要建设一批培训能力强、质量高的示范性实践基地，增强幼儿园在教师专业发展中的培训功能。

（2）建立开放性的师资资源库。师资力量是幼儿园教师培养成功与否的关键因素，直接关系到幼儿园教师培养的质量。为此，必须建设一支政治素质优良，结构合理，相对稳定的"专兼结合、专为主导"的教师队伍。建立幼儿园师资队伍，按照"择优录用"的原则，进入幼儿园的老师须向当地教育局提出申请，经认真筛选后，发放聘用证书，把他们的老师信息输入电脑，形成网络资源，供本区域内的各幼儿园使用。幼儿园按照自己的教学计划，在网络上选择合适的师资，达到优势互补、资源共享的目的。同时根据定期考核情况及工作需要，不断地吐故纳新，流动管理。

4．健全经费保障机制

（1）建立多元化经费投入机制。要建立以政府投入为主导、以用人单位为主体、个人和社会力量共同投入的多渠道、多元化的学前教师继续教育经费投入机制。可以参照中小学教师培训经费的投入方式，将公办学前教师工资总额的3%用于教师培训。此外，幼儿园要在各自的公用经费预算中专列学前教师培训经费，并确保投入逐年增加。要加强对学前教师继续教育经费的管理，提高经费使用效益。

（2）实行学前教师"培训券"制度。当前，学前教育师资培训资源的分配非常不平衡，尤其是私立和乡村幼儿园的教师，他们在获取培训的机会和资金上都处在非常不利的地位，这极大地阻碍了他们的专业成长和发展。为教师提供"培训券"服务的方式，就是将师资培训资金转化为一定数量的资金，通过培训券的方式发放给教师，教师凭此选择符合条件的培训机构，由该机构按照所获资金的多少向有关政府部门索取相应数量的资金。所以，"培训券"在学前师资培训中的应用，既能使学前师资培训资源得到合理分配，又能缓解由于幼儿园资金不足而导致的私立及乡村地区师资不能获得培训机会的问题，从本质上实现了学前师资培训的公平与培训机构之间的公平竞争。

二、学前教育专业人才职后培训的评估体系

（一）学前教师职后培训评估的原则

原则是人们行为和工作所依据的法则或标准，作为必须遵守的基本要求，学前教师职后评估原则不仅具有理论参考价值，而且具有实践指导意义。以下就是学前教师职后评估的一些基本原则。

1．目标性原则

目标性原则是指在开展学前教师职后评估工作的过程中，要具有十分明确的评估目标。学前教师职后评估是为学前教育的发展服务的，评估工作的开展要有利于实现具体的学前教育目标。只有遵循了学前教师职后评估的目标性原则，才能进一步确定下一步的评估工作。

学前教师职后评估的目标是整个评估工作的出发点和归宿，它贯穿于评估工作的始终，使得评估工作能够顺利开展。学前教师职后评估的最根本目标就是提高学前教育的整体发展水平，促进学前儿童身心的良好发展。学前教育教学活动的开展能否实现学前教育的预定目标，是整个学前教育的核心问题之一。因此，学前教师职后评估就必须坚持目标性原则。同时，学前教师职后评估目标的确定，还关系着评估标准和评估方法的确定。因为只有有了具体的评估目标，才能根据目标对评估内容的标准进行设定，才能选用适合的方法开展评估。从这一点来讲，评估目标的缺乏将意味着评估工作的无从下手。

另外，学前教师职后评估工作的目标性原则也是由学前教师职后评估的根本性质决定的。作为一种管理手段，学前教师职后评估工作是对学前教育系统的宏观调控。因此，学前教师职后评估工作的最终效果，会直接或间接地对学前教育事业的发展水平产生重要的影响。例如，如果对学前教师的教师责任感进行评估，那就需要在学前教师评估工作的评估标准中突出教师责任感这一因素，在评估方法的选取上要能够适用于教师责任感的评估。

2．全面性原则

所谓的全面性，就是指对学前教师进行职业后评价时，要有一个完整的内容，不能只注重评价指标中的一个方面，也不能有偏颇的评价。只有这样，才

能确保评价标准的完整性，评价过程中所收集的资料的完整性，才能让学前教师的职后评价更加科学化、准确性。

学前教师职后评估要贯彻全面性原则，确保评价标准的全面性；要全面地体现教育目的，不能只注重其中的一个方面，而忽略另一个方面，以免因为一些片面性的因素而使整个学前教育系统失衡。贯彻全面性原则，还要求学前教育的评估者在评估过程中要全面、充分地收集有关信息，不要偏听偏信。例如，在评估某一位学前教师时，要听取幼儿园其他教师、员工的意见，学前儿童对教师的评估，以及广大学前儿童家长的意见，而不能只听取幼儿园中某个领导的意见。除了这些人员的意见，教师所带出来的学前儿童的发展水平如何当然更是非常重要的一个参考标准。评估某一个幼儿园时，也不能只是倾听少数的学前教育老师的建议，而是要从上到下，从四面八方搜集有关的信息，然后进行分析、总结，并做出恰当的评估。

3. 可操作性原则

所谓可操作性原则，就是在实际的学前教师职后评估工作中，所选择的测量方式以及评定方法要切实可行，能够进行具体的操作，进而使评估工作按照测量、评定的结果做出分析以及价值判断。因此，在学前教育的评估工作过程中坚持评估标准、方法等的可操作性是十分必要的原则。如果评估的标准或方法不可操作，学前教育的评估工作就失去了现实的指导意义。为了保证学前教师职后评估的可操作性，应做到以下几点。

第一，评估指标体系要简单易行。虽然学前教师职后评估工作要在一定程度上追求评估指标体系的先进性、全面性，但是它并非过分追求先进和全面以致评估指标体系丧失了可行性。有些学前教师职后评估工作，为使评估标准体系显得先进、全面，设置了过多的评估项目，进行了大量的项目测量，投入了大量的人力、物力、财力，结果却使评估的项目无法与当前的实际学前教育工作情况相符合，最终难以完成评估工作的目标。因此，在保证评估指标体系合理科学的前提下，要尽可能地对评估指标体系进行简化，使评估指标体系在实际的工作中简单易行，减少评估的工作量。

第二，评估方法要简单可行。评估方法的简单可行，要求在实际的学前教师职后评估的过程中，采用最简单实用的方法进行评估，减少不必要的人财物损耗。在计量时,方法不能过于复杂、烦琐,要便于评估人员实施。

第三,不过分追求评估结果的精确性。教师的学前教育工作受到多种因素影响,充满了众多的可变量,具有较差的可控性,因此,很难拥有一个精确的评估结果。这就要求在进行学前教师职后评估时,要采用定量与定性相结合的评估办法,从定量和定性两个方面进行结果的分析。

第四,评估指标具有一致性。具体包括两方面,一是在相同的评估范围内,对同一评估对象所采用的评估标准必须统一;二是指学前教师职后评估过程中的目标要具有一致性,即在国家规定的统一标准和要求下进行,不能降低标准。

在进行学前教师职后评估的过程中,坚持评估指标的一致性,是由我国学前教育的总体目标决定的,它在国家教委颁布的《学前教育机构工作规程》中有具体的要求。《学前教育机构工作规程》规定学前教育机构要在德、智、体、美、劳五方面促进学前儿童的发展,它是我国学前教师职后评估工作的出发点和最终归宿。因此,所有的学前教师职后评估工作都必须在这个总体目标上达成一致。

对学前教师的评估必须有统一的标准,不能对甲采用一个标准,而对乙则采用另一个标准。只有遵循一致性原则进行学前教师职后评估,才能区分评估对象的优劣和好坏,确定评估者在被评估群体中的位置,从而发扬长处,弥补不足。

4. 客观与主观相结合原则

客观性原则是指评估者在学前教师职后评估中,采取客观的实事求是的态度,科学地确定和使用评估标准,尽量减少主观臆断和个人因素的影响。学前教师职后评估结果如果是客观的,则可以推进学前教育事业的发展,否则,就会妨碍学前教育事业的发展。坚持学前教师职后评估的客观性原则,这是所有科学理论研究和实践都必须遵循的原则,是无可置疑的必然要求。贯彻客观性原则,简单来说,就是需要评估者在进行学前教师职后评估工作的过程中,树立客观的、科学的、实事求是的工作态度,并要在评估的标准确定以及评估方法的使用上坚持客观、科学,尽可能少地在评估中掺杂自己的个人因素以及主观臆断等。在具体的学前教师职后评估工作中,标准是客观的,是符合目标要求的。标准一旦确定,任何人都不能随意改动。在评估过程中随意增加标准、减少标准、提高标准和降低标准的做法都是错误的和不符合客观性原则的。所以,学前教师职后评估要依据标准进行科学价值评判。在判定中坚持了客观性;就能对学前教育质量和水平的提高发挥积极的作用;在判定中没有坚持客观性,就会产生阻碍学前教育事业发展的可能性。

学前教师的职后评估工作,不仅要求学前教师职后评估者遵循客观性的原则,还要求评估者在评估的过程中合理的发挥其主观能动性,即在学前教师职后评估中坚持主观性原则。需要说明的是,学前教师职后评估的主观性原则和客观性原则是不冲突的,它并不是要求评估者在评估的过程中随意掺杂自己的主观判断,而是在评估过程中发挥能动性,积极主动地进行评估工作。只有在学前教师职后评估中将二者结合,才能保证评估结果的准确、客观、科学和合理。这主要是因为,学前教师职后评估本身就是一个透过现象看本质的过程,它要求评估者在评估的过程中由此及彼、由表及里、去粗取精以及去伪存真。要实现透过现象看本质,就需要评估者发挥主观能动性,对评估对象进行分析、综合,进而完成评估工作。因此,只有在评估中发挥评估者的主观性,才能在评估的结果上保持客观性。

(二)学前教育专业人才职后培训评估的标准

1. 专业素养评估标准

学前教师的专业素养包括职业道德、专业理念、专业知识和专业能力等方面。

(1)学前教师的职业道德是学前教师从事教育过程中形成的比较稳定的道德观念和行为规范的总和。学前教师的职业道德素养的标准主要是:热爱幼教事业,热爱、尊重学前儿童,不体罚和变相体罚学前儿童,不训斥、不讥刺学前儿童,不侮辱学前儿童人格。

(2)学前教师的专业理念是在对教育客观要求的掌握和科学认识的基础上,在教育教学实践活动中形成的观念。学前教师的专业理念的标准主要是看教师是否具有先进科学的教育观、知识观、教学观、教师观和儿童观等。

（3）学前教师的专业知识是指能够胜任幼儿园教育教学的相对稳定的系统化的知识。学前教师的专业知识的标准主要是看教师是否同时具备丰富的通识性知识、学前教育的基本知识、学前儿童保育知识等。

（4）学前教师的专业能力是指教师将教育理论知识转化为教育教学实际的能力。学前教师的专业能力的标准主要是看教师是否具备较高的教育教学能力、激励与评估的能力、沟通与合作的能力等。

2. 工作评估标准

《幼儿园教育指导纲要（试行）》对学前教师工作从以下几个方面做了要求：教学方案及教学活动的制定是否符合幼儿的实际情况；教学内容、教学方法、教学策略、教学环境等因素对幼儿学习动机的影响；教育程序能否给幼儿带来有用的学习体验，满足幼儿的发展需求；在教学内容、教学要求中，是否考虑了集体需求与个人差异，让每一个幼儿都能获得发展，获得成就感；教师引导对幼儿学习的影响。因此，学前教师工作评估包括安全工作、卫生保健工作、教育活动的设计与组织、环境创设和家长工作等几方面的工作。评估标准主要参考《幼儿园教育指导纲要（试行）》的相关要求。

3. 绩效评估标准

学前教师绩效主要是指教师在教育活动中所取得的效果和成绩。学前教师绩效评估将教师现有工作表现与岗位要求进行比较，从而得出是否达到或者在多大程度上达到工作要求的判断。对教师工作成果的量化是学前教师绩效评估的一个重要前提，教师工作成果一般包括计划的制定和执行、执行教育教学常规、环境的创设与利用、班级人员之间的配合、教育效果以及教研情况等。

4. 培训效果评估

送培幼儿园最关注的就是培训效果评价，在这个环节中，可以看到培训是否对教师的能力有所提升，对幼儿园的绩效有没有提升。对于不同的训练计划，需要选取不同的评价指标体系来进行评价，并对评价结果进行分析，从而为下一计划的实施提供科学的基础。

（三）学前教育专业人才职后多方参与的考核评估体系

1. 建立培训者教学评估机制

将训前备课、训中教学和训后指导作为主要内容，实现对培训者绩效考评的精细化。训前，项目院校和机构应将学生提交的"问题"和"案例"发送给培训者，培训者需进行问题诊断和案例分析，有针对性地备课，并将教学计划提交院校和机构备案审核。训中，通过课程录像、听课、问卷调查、座谈等方法，使学生对课堂教学的效果有一个整体的把握。训后，监控培训者跟踪指导情况，通过观察学生教育实践和收集学生培训成果，有效掌握培训者的教学成效。培训者绩效考评作为项目院校和机构绩效考评的主要内容，并与培训专家库动态管理挂钩。

2. 建立受训者考核办法

以参训学生"成长档案袋"评估方法，建立参训学生培训信息库，分培训前、培训中、培训后三个阶段对学生提出要求和评估办法。训前，要求提交"问题"和"案例"，否则取消学生的培训资格。训中，要求按质按量提交作业、积极参与训练与反馈活动。训后，要求参与实践研修，积极发挥辐射带头作用，否则不得认定合格。把上述内容纳入到参训学生的"成长档案包"中，作为评价学生是否合格的重要参考，并且要加强与所派出学校的教育部门的联系，并向相关学校和学校的教育部门及时反馈学生的师德状况。

3. 对培训管理及其效果实施第三方评估

建立教育行政部门、幼儿园园长、学前教育研究机构等利益相关方共同参与的项目实施评估机构，从是否深刻理解项目要求、切实把握培训需求、准确确立目标内容、切实优化培训资源、有效选择模式方法、强化培训考核评估、着力改善管理服务七个方面持续追踪调查，并将调查结果作为重要指标，进行信息化管理，促使培训质量有明显提高。

（四）学前教育专业人才职后培训效果跟踪反馈体系

在建构培训效果跟踪反馈体系中，可以引入柯氏四级评估模型对学生培训进行全面评估（表6-1）。

表 6-1　培训效果柯氏四级评估

评估层级	评估项目	评估内容
一级评估	反应层评估	及时掌握学生对整个培训项目或培训相关环节的真实感受，倾听他们的意见、建议（主观感觉和满意程度），以此来弥补在培训工作中存在的缺陷，积累培训经验，持续改善培训工作
二级评估	学习层评估	了解学生在培训前后在知识及技能的深度与广度及其变化
三级评估	行为层评估	评估学生在工作中的行为方式有多大程度的改变
四级评估	结果层评估	评估学生经过培训后，在实际工作中由于行为的改变，在多大程度上提高了个人绩效和幼儿园绩效

1. 反应层评估——培训结业时的评估办法

培训结业是对参训教师学习态度的肯定和激励，也是培训评估的重要一步。如广西幼专在每一次集中培训结束时，都要召开结业典礼。结业典礼上，有电子版的培训回顾光盘播放，有来自培训主管领导、班主任、学生代表的总结发言，最重要的是颁奖和颁证。颁奖是奖励培训期间表现优异的学生。一般是培训中心组织编写的学前教师继续教育教材，深受学生欢迎。评定办法是由学习小组推荐，班主任审核，培训中心认可，名额比例一般占学生总数的20%，很好地发挥了以优促劣鼓舞士气、带动跟进的作用。颁证是颁发学生培训结业证，即学生完成集中培训时指定的任务和作业，通过考核，颁发结业证书。结业证书不仅仅是学习培训的凭证，更凝聚了学生培训学习的感悟及收获，学生都分外珍惜。有些培训项目的结业证书，可以放到学生在岗研修结束，提交了研修成果后才予寄发，目的是促使学生将学习感悟和收获运用到教学实践中，强化培训的后期成效。

2. 学习层评估——学生自评的评估办法

在培训中，为了检查学生培训学习情况，促进学生自我学习与成长，设计了"学生调查问卷表"和"学生自检表"。调查问卷表通过表格向学生提出各种与培训效果落实有关的问题，由学生如实填写，借此可以分析、判断学生落实培训内容的真实状态，帮助学生有的放矢地改进与提高。学生自检表（表6-2）有目标的指向性，包括实现目标的计划与措施、完成计划的步骤和完成情况。

表6-2 学生自检表

培训后要达成的目标		
实现目标的计划： 半年： 一年：		季度：
目标计划完成的情况		
自我总结		
相关评语	同事	
	园长	

从学生填写表格可以看出，一部分学生有明确的培训需求和目标，能按照自己的需求和目标，在集中培训学习阶段积极吸收有关知识和方法，为回到幼儿园工作实践中要解决的问题打好基础。但仍有部分学生问题意识不强，需求广泛不集中，目标不明确，因此在制订计划表时目标定得很空泛，培训内容计划落实措施操作性不强。

3．行为层评估——学生回岗后的评估方法

（1）确定培训效果转化的评估标准。培训效果转化即要将培训所学的知识转化，做到"三用"：会用、适用、愿用。会用是将知识转化为技能，并在实践中学会运用；适用是将知识转化为管理办法，使管理方法更具科学性，更能取得同事认可；愿用是将知识转化为自我提升的动力，能带动其他同事共同发展。

（2）对学生回岗后实施评估。第一，学生回岗30天后，培训机构回访参训学生所在单位的老师和园长。回访包括问卷和实地访谈，内容包括：培训前和培训后学生有哪些明显变化？学生在培训结束后有哪些具体应用？这些应用对她本人或幼儿园的工作有多大程度的帮助？哪些成功的案例是可以推广的？等等。第二，培训机构根据回访问卷统计和实地访谈，分析资料，看是否达到了培训目标，还存在哪些差距？差距在哪里？造成差距的因素有哪些？哪些方面证明培训和工作是最不相关的？等等。

这个阶段对于培训效果的考量最为重要，学生培训后的变化、知识技能的运用、理念的落地等都能通过回访获得了解。我们通过两种方式进行回访，即问卷式、访谈式。问卷式包括了学生集中培训阶段内容介绍，包括培训课程、培训专家、培训任务等，培训学生培训回岗后幼儿园教育理念、教学实践、教学研究、家园工作等方面的表现及变化，幼儿园同事、领导的评估，等等。访谈式包括面谈和电话访谈，内容大致与问卷相同。通过回访，不仅了解了学生培训回岗后的表现及变化，掌握了培训的具体效果，也把握了来自基层幼儿园的培训需求，为培训方案的进一步修订，使培训更有针对性和实效性奠定了坚实的基础（表6-3）。

表6-3 学生回岗后的评估

评估的维度	评估的内容	评估方式
学生的专业提升情况	幼儿园教育理念、教学实践、教学研究、家园工作等方面的表现及变化	学生自评 幼儿园同事评估 幼儿园领导评估 培训机构自评
知识技能的应用	学生的专业提升对其本人及幼儿园工作的帮助（发掘成功案例）	
培训效果和培训目标对比	培训效果和培训目标的差异	

4. 结果层评估——培训效果的评估办法

为更好地了解培训效果，我们综合考虑培训效果的评估指标、评估办法、评估时机。

（1）确定培训效果的评估指标，包括教育理念的更新与转变的具体表现，新的教学技能与方法的使用率，对教研与课题的参与度等。

（2）确定培训效果的评估办法，以问卷和访谈的形式，通过班组评估、园长评估、工作绩效比较、工作精神状态比较等了解培训效果。

学生结束培训后，回到自己熟悉的工作环境，同事必以审视的眼光来衡量他的表现。他学到了什么？在工作中如何实践？能否带来新的变化？他真的有变化吗？而这些也是培训效果最为关注的。根据培训效果指标，我们设计了有关问卷，有面向学生个人的问卷，也有面向学生所在幼儿园园长（同事）的问卷。

（3）选择培训效果恰当的评估时机。根据行为心理学研究成果，可以将培训效果的评估时机确定为培训后一个月。在学生回岗一个月后，可采用发放问卷、电话访谈、实地访谈等形式了解、评估学生的培训效果。在实际操作中，我们发现，有的学生回岗后从精神面貌、教育观念、具体行为都发生了很大变化，对教学充满了热情和改革的冲动，如果通过评估及时肯定其作为，并指出努力的方向，就能将培训的成效保留更持久、影响更深远；而对那些改变不大的学生，培训效果评估也能在一定程度上唤回原有的激情，帮助他们解决实践中的问题，重新找到前进的方向。

第三节　学前教育专业人才职后培训模式的发展

一、学前教育专业人才职后培训现有模式

（一）知识传授模式

知识传授模式是师范院校、教育学院、教师进修学校等培训机构统一组织开展全员集中培训中经常采用的一种培训模式，它常常由培训机构根据参训教师的特点和共性需求确定培训内容。该模型的目的在于提升幼儿教师的理论水平，改善其知识结构，使其能够适应新的知识需求。课程的内容以本体论知识为主，包括新的教育理论，学前教育领域的前沿知识，以及其它紧急情况下的知识。因此，其最大特点是以学科为中心，以知识为本位，以讲授为主要方法。

我们认为，在满足迫切需要提高学前教师理论素养，拓宽知识结构，把握学前教育课程改革理念等方面，知识传授模式取得了良好的成效。该模型具有更强的权威性，能给受训者以强烈的心理暗示，使受训者的训练效果更好，训练实施的信心更强。同时，对学生进行无限制的训练，可以在很短的时间里进行大量的训练，因此，它是一种较为经济的训练方法。但是，这种培训模式过于以培训机构为中心，教师作为"旁观者""接受者"等被动学习的色彩较为浓烈，加上大多数课程缺少理论构建，课程设计自上而下，课程内容重理论、轻实践，培训要求整齐划一，因此难以因材施教，淹没了学前教师参加培训的热情。

（二）研训一体模式

所谓研训一体，就是重新思考教研和培训的功能定位，改变思路与方式，将教育教学问题解决和教师专业发展目标有机结合，将教师培训内容定位由以学科为中心变成以问题为中心，通过对问题解决的经历和反思，获得对自己、对专业活动的理解，发现其中的意义，实现新的专业成长。[①]它是我国教师培训机构从实践中创造概括出来的一种培训组织模式。

研训一体最早是由教育科研单位和教育训练部门共同合作，为解决某一区域某一阶段教育科研工作中存在的一些突出问题而进行的一种教训结合的活动。例如，教材教法过关、教学基本功、目标教学、探究教学、研究性学习、边实践边研究边培训等，要将教改实验和教育研究的成果及时地转换成培训内容。90年代以后，研训一体、合作研究在世界范围内已经形成了一种趋势。研究与培训相结合，是一种由教育研究单位与训练部门、高职与中小学、幼儿园组成的新型合作模式。

"研训一体"的培训模式，注重理论与实践的结合，注重学前教师情景性知识的获取与应用，并探讨了学前教师在教学中面临的热点与难点问题。因此，其最大的优点就是研究与训练的相辅相成。"研"指的是从一个问题开始，通过对这个问题的研究来解决这个问题"训"是从主体的发展出发，从促进学前教师专业发展出发，通过多元化的形式提高教师素质。在教学方式上，采取研训一体的教学模式，即指导、研讨、交流和观摩的教学模式，充分发挥了幼儿园教师成人、在职和业余的教学特色。在实效性方面，研究结合训练，训练促进研究，能够帮助一线教师解决现实问题，实现培养目标。尽管研训一体教学模式在幼儿园的实践中表现出了旺盛的生命力，并得到幼儿园教师的广泛认可，但是它仍然存在着一些缺陷。首先，不恰当的运作将导致培训由"理论上的误区"变为"实践上的误区"；其次，为了应用而学习的做法，使得培训缺乏系统性和前瞻性，只满足眼前的需求，而忽略了长期的发展；第三，这个模型对于训练资源的要求是非常高的，如果训练资源的准备不足，训练的支

---

① 吴安春.职前职后一体化教师培养模式的实践探索——兼议教师教育学科建设[J].大学（研究与评估），2007（12）：26-28.

持政策得不到执行,训练的效果将会大打折扣。

(三)园本培训模式

20世纪末,在促进教师专业发展的时代潮流中,"园本培训"在我国生根发芽。所谓园本培训,它将幼儿园作为培训基地,在上级培训机构的指导下,将教师作为学习的主要对象,对园内外的培训资源进行充分的利用,从而直接为幼儿园、为教师、为教学提供服务的培训活动。该模式的主要目的是通过培养教师的自我学习能力和自我发展能力,来推动教师的整体成长,达到可持续发展的目的。园本培训是为了解决幼儿园在教育教学过程中所遇到的一些问题,它与教师个人的成长以及幼儿园的发展息息相关,通过专家讲授、师徒结对、指定教材、课题研究或学术沙龙等形式进行。由于园本培训立足于幼儿园的需要,立足于教师自身的需要,具有很强的内在动力。培训的资源和内容都来自于教师,来自于幼儿园,培训为教师服务,为幼儿园服务,所以,园本培训模式的最大特点就是将培训的重心向前移,将培训的自主权放在了一边,将培训的内部需求放在了一边。然而,在幼儿园教育的发展过程中,也出现了现实与理想之间的矛盾。目前,我国高职院校人才培养模式在实践中面临的最大难题是人才培养模式的缺失和人才培养模式的不确定。充分的培训自主权、单一的培训环境极易使园本培训滑入庄园式或家族式的封闭怪圈。当组织者和参与者心态失衡或心态疲软时,它又最易趋向急功近利或流于形式。

二、学前教育专业人才职后培训模式发展的出发点

(一)立足当前与着眼未来相结合

在目前的情况下,在培训过程中,要将注意力集中在解决学前教师目前急需解决的问题上,比如:在幼儿园集体教学中,存在着许多问题,如幼儿园集体教学的策略和方法,幼儿一日生活的管理等。这可以是很小的事情,或者是很大的事情。否则,就会出现人才培养与师资要求相脱节的现象。以解决问题为目的,培训师应采取各种方法,如:问卷调查,面谈,座谈,观察等。通过对教师的需求调研,对教师的特点和学习需要进行了分析,并据此制定了相应

的培训计划。

"面向未来",首先,本课程的主要研究内容包括:一是在教育教学理论和学科教学改革等方面,所取得的最新研究成果、最新动态和发展趋势;二是对教师进行问题思维与问题解决的训练;如果立足当前的培训指的是授给教师"鱼"的话,那么解决问题、思考问题的方式则是"渔",通过授之以"渔",来促进教师可持续发展的能力,实现培训是为了"助人自助"的目的。

(二)理论与实践相结合

由于没有进行过理论上的实践训练,通常情况下,教师只知道该怎么做,却不明白为什么要这么做。因此,在教学实践中,教师在面对问题时,也不知道该如何去解决,只能是一味地模仿,或者等着专家们手把手地教他们。到最后,当情况发生变化的时候,他们却不知如何是好,只能埋怨那些专家们只会纸上谈兵。为此,在培训中,要充分利用专家的专业性,将教育与教学相结合的思想方法,向广大教师灌输教育与教学理念;同时,要认识到,理论的教授不可脱离教学实践,所以,在训练时,要注意把理论建立在教学案例之上,用真实的教学情景来说明理论。

(三)共性与个性相结合

共性与个性相结合,就是说,教师培训既要解决教师们普遍存在的问题,满足他们对于专业成长上的共性需求,同时也要考虑教师的个别差异。在师资培养过程中,受训教师在知识背景、教学能力以及个人心理特征等方面均存在较大差异。在教师的训练中,不可能全部按照同质性的要求而将教师分组、分班。因此,针对不同需要,不同发展特征的教师进行培训就显得十分重要。与此同时,在各个发展阶段,教师对自己的发展要求也是不尽相同的,所以,我们要建立起一个适合于各个阶段教师发展的培训模型,根据培训的目标和任务,对各个类型、各个层级的模块化的培训内容进行细致的设计,并采用不同的培训方法。

（四）适应现代社会人才的竞争

21世纪最重要的是人才，而人才竞争的关键在于教育。学前教师在教育过程中起主导作用，教师的质量在很大程度上决定了未来人才的质量。知识经济时代，一切竞争归根结底是人才的竞争。当今社会，教师群体的整体素质决定了人才培养的质量，进而影响到一个国家的未来竞争力。通过形式多样的职后培训，可以有效提升学前教师的整体素质，从而为国家培养更多的高质量人才。

（五）提升学前教育教学质量

在当前大力发展教育的背景下，党和国家陆续出台了相应的法规、政策、决定等促进教师整体素质的提升。但目前我国教师队伍发展中还存在许多问题亟待解决。例如教育观念陈旧，不少教师依然把传授知识作为教学的主要任务和目的，不能很好地从知识传授者向学生学习的引导者和发展的促进者方向转变。教学方式落后，许多教师依然是课程的忠实执行者，难以转变为课程的建设者和开发者，离开了教科书就不知道教什么；离开了教参，就不知道怎么上课；离开了练习册和习题集，就不知道怎么出考卷。诸如此类问题，在我国学前教育中也是普遍存在的。这非常不利于我国学校教育事业的发展。教师职后培训给学前教师提供了一个继续学习的机会，对于我国学前教育的发展具有重要的意义。

（六）促进学前教师专业成长

一般来说，教师的成长与发展要经历从新手教师到合格教师再到优秀教师的阶段。当教师是新手教师时，适时的职业培训可以给他们提供教学参考，帮助新老师快速成长。当教师逐渐成长为合格教师后，各种职后培训可以促进教师们反思、总结、提高，通过职后培训还能促进老师之间的交流，便于大家取长补短，进而提高专业水平。当一名教师最终成长为优秀教师后，职后培训可以帮助其戒骄戒躁，时刻保持学习状态，跟上时代的脚步。[①] 综上所述，无论教师处于哪个发展阶段，教师接受继续教育都是教师成长规律的内在要求。

---

① 孔养涛.教师职后培训的模式、问题及对策[J].中国成人教育，2016（22）：127-130.

参考文献

［1］唐桂林．面向农村的英语学前教育专业人才培养模式研究——评《中国乡村学前教育发展研究》［J］．中国农业气象，2023，44（4）：342．

［2］陈妤．论高职学前教育专业人才培养模式研究［J］．创新创业理论研究与实践，2021，4（20）：138-140．

［3］晏波，李小惠，陈桂春．民办高职院校学前教育专业人才培养模式研究［J］．黑龙江教师发展学院学报，2022，41（5）：61-63．

［4］范媛．"1+X"证书制度下高职学前教育专业人才培养模式研究［J］．现代职业教育，2022（26）：169-171．

［5］晏波，康守军，谢佳芸．民办高职院校学前教育专业人才培养模式研究［J］．淮南职业技术学院学报，2021，21（2）：59-61．

［6］金金．“校”“园”合作视域下高师学前教育专业人才培养模式研究综述［J］．吉林广播电视大学学报，2014（8）：40-41．

［7］肖小梅．学前教育专业应用型人才培养模式研究［J］．科学咨询，2021（10）：246-247．

［8］宓艳．中职学前教育专业多元化人才培养模式研究［J］．现代职业教育，2021（26）：150-151．

［9］王晓征．智慧教育背景下学前教育专业人才培养模式研究［J］．卷宗，2019，9（32）：190．

［10］颜绍梅，张艳红，高林林．开放教育背景下学前教育专业人才培养模式的创新研究［J］．云南开放大学学报，2022，24（1）：27-32．

［11］单清清．关于高师院校春季招生学前教育专业研究型幼儿教师人才培养模式构建的思考——以济宁学院为例［J］．文教资料，2016（33）：109-110．

［12］李爱香．基于院园合作的现代学徒制学前教育专业人才培养模式研究［J］．大众标准化，2020（14）：149-150．

［13］冯茜．转型背景下学前教育专业人才培养模式研究——以Q市某中等职业学校为例［D］．山东：中国海洋大学，2019．

［14］田海杰．高校学前教育专业人才培养模式的改革研究［J］．现代职业教育，2020（50）：134-135．

［15］任海燕．地方综合性大学学前教育专业人才培养模式研究——以A、B、C三所大学为例［D］．河北：河北大学，2021．

[16] 王晶，乔丽红.产教融合背景下学前教育专业人才培养模式研究［J］.产业创新研究，2020（10）：167-168.

[17] 李璧强，何启明.基于D校三年制学前教育专业人才培养模式改革的个案研究［J］.甘肃高师学报，2016，21（7）：49-52.

[18] 杨颖.中职学校学前教育专业人才培养模式研究［J］.数码精品世界，2020（12）：322.

[19] 李燕艳.论高职学前教育专业人才培养模式研究［J］.电脑校园，2019（5）：547-548.

[20] 李贤奎.开县职业教育中心学前教育专业人才培养模式研究［J］.大观周刊，2013（13）：170-170.

[21] 王媛媛.产学研一体化背景下高职双创人才培养模式研究——以学前教育专业为例［J］.产业与科技论坛，2023，22（6）：207-208.

[22] 刘淑颖，茹荣芳，张燕.基于"三全育人"的学前教育专业人才培养模式研究［J］.石家庄学院学报，2020，22（4）：64-70.

[23] 徐学莹，王永奎，谭晓娟.职业本科学前教育专业人才培养模式研究——以广西城市职业大学为例［J］.教育观察，2021（8）.

[24] 马锐.高职学前教育专业"双线融合、四元协同"人才培养模式研究［J］.产业与科技论坛，2023，22（5）：168-169.

[25] 李双，刘山陵.学前教育专业"五位一体"人才培养模式研究［J］.德州学院学报，2023，39（3）：91-96.

[26] 梁若娴，罗秋怡.以"定制式"人才培养模式为导向，优化学前教育专业课程体系的探索与研究［J］.学周刊，2021（14）：17-18.

[27] 王维.学前教育职教本科专业人才培养模式研究——评《高校学前教育专业建设研究》［J］.中国高校科技，2022（5）：9.

[28] 张晓玲.学前教育专业人才培养模式创新研究［J］.漯河职业技术学院学报，2017，16（6）：96-99.

[29] 吴扬廷.专科层次学前教育专业人才培养模式对比研究——以长江师范学院学前教育专业为例［J］.长江师范学院学报，2017，33（4）：136-140.

[30] 刘成菊.四川省民族地区学前教育专业体育教育人才培养模式改革研究［J］.牡丹江教育学院学报，2020（2）：49-51，103.

[31] 刘成菊.四川省民族地区农村学前教育专业体育教育人才培养模式研究［J］.牡丹江教育学院学报，2020（4）：70-72.

[32] 顾伟俊，徐毅.针对高等学校学前教育专业创业型人才培养模式的研究［J］.考试周刊，2017（A0）：173.

[33] 丁永亮，孙维富，王红玉，等.在产教融合背景下学前教育专业技能人才培养模式的研究［J］.才智，2022（17）：79-82.

[34] 李小丽，雷紫雁.能力本位的全日制学前教育专业硕士人才培养模式研究［J］.河南科技学院学报，2022，42（8）：43-49.

[35] 戈春燕.应用型人才培养模式下成专学前教育专业现代教育技术课程改革研究[J].科学咨询,2022(23):178-180.

[36] 彭陶,田春."课岗证赛"人才培养模式下的学前教育专业认同感研究[J].现代职业教育,2022(30):88-90.

[37] 陈新文.高职学前教育专业人才培养模式创新研究[J].襄阳职业技术学院学报,2015,14(5):130-132.

[38] 张淑利.学前教育专业人才培养目标及培养模式改革研究[J].佳木斯职业学院学报,2016(4):242-242.

[39] 王润军.中职学前教育专业人才培养模式实施策略研究——以大连女子职业中专学前教育专业为例[J].中国校外教育(中旬刊),2014(z1):637-637.

[40] 吴彬.应用型人才培养模式下的高校学前教育专业英语教学研究[J].海外英语(上),2019(9):108-109.

[41] 钱庆兵.高职院校学前教育专业人才培养模式改革研究[J].科学大众(科学教育),2018(9):161.

[42] 史晓丹,郑敏."双创"背景下学前教育专业创新创业人才培养模式研究[J].现代职业教育,2018(29):2.

[43] 郭滕.基于"1+X证书制度"的学前教育专业人才培养模式创新研究[J].文教资料,2021(27):144-147.

[44] 王芬.现代学徒制人才培养模式存在的问题与对策研究——以学前教育专业为例[J].佳木斯职业学院学报,2021,37(6):145-146.

[45] 马芸芸."赛教融合"模式下高职学前教育专业人才培养的途径研究[J].现代职业教育,2021(52):224-225.

[46] 赵文莉.就业导向视角下高职学前教育专业人才培养模式的构建研究[J].甘肃教育,2021(8):36-37.

[47] 许晶.学前教育专业应用型人才培养模式研究[J].山西青年,2021(23):72-73.

[48] 张端端.高职院校学前教育专业人才培养模式改革研究与实践——基于国考背景下教师资格证考试的视角[J].济源职业技术学院学报,2021,20(2):21-27.

[49] 咸月月,高艳艳,唐柳.中职学前教育专业人才培养的困境与突破研究——基于OBE教育模式视角[J].福建茶叶,2020,42(2):193-194.

[50] 郑爱民.高校学前教育专业"校—园"合作人才培养模式研究[J].黄冈师范学院学报,2020,40(2):77-81.

[51] 张晓伟.学前教育专业应用型人才培养模式研究[J].佳木斯职业学院学报,2020,36(1):237,239.

[52] 邰康锋.基于校园合建的学前教育专业实践型人才培养模式研究[J].现代职业教育,2021(32):36-37.